CÓMO GANAR
UNA HORA
EXTRA
CADA DÍA

*El sistema
más eficaz para
ahorrar tiempo*

CÓMO GANAR
UNA HORA
EXTRA
CADA DÍA

*El sistema
más eficaz para
ahorrar tiempo*

Ray Josephs

grijalbo

MÉXICO BARCELONA BUENOS AIRES

Título original
HOW TO GAIN AN EXTRA HOUR EVERY DAY
Traducido de la edición de Plume Book,
a division of Penguin Books USA Inc.,
de acuerdo con New American Library, Nueva York, 1992
Cubierta: Blanca Marqués
© 1992, RAY JOSEPHS
© 1993, EDICIONES GRIJALBO, S.A.
          Aragó, 385, Barcelona
Primera edición en esta colección
Reservados todos los derechos
ISBN: 84-253-2319-3
Depósito legal: B. 19.956-1993
Impreso en Libergraf, S.A., Constitució, 19, Barcelona

Para Hanny,
quien hizo que valiera la pena ganar todas
esas horas extras

Índice

Introducción

«No sé qué hago con el tiempo. Tengo tantas cosas que hacer que parece como si nunca dispusiera de tiempo para...

»realizar todas mis tareas en el trabajo...
»estar con mi esposa y mis hijos...
»oír música o ir al cine...
»leer los libros de los que he oído hablar...
»ayudar a otros de mi comunidad, tomar parte en las actividades cívicas y religiosas...
»emprender los proyectos que siempre había esperado llevar a cabo...
»¡Si sólo dispusiera de un poco más de tiempo!»

¿Ha expresado alguna vez estas frustraciones? ¿Se siente a menudo precipitado y acosado? ¿Bajo la tensión y la presión, con incontables cosas que hacer?

¿Se está perdiendo experiencias nuevas e interesantes?

A medida que nos acercamos hacia el año 2000, cada vez hay más gente que se siente en esta situación. La revista *Time* (un nombre mucho más adecuado ahora que cuando se inició) informó recientemente que a la población de Estados Unidos, sencillamente, le faltaba tiempo. Según una encuesta Harris, la cantidad de tiempo de ocio del que disfruta el estadounidense medio ha descendido un treinta y siete por ciento entre 1973 y 1990. En ese mismo período, la semana media de trabajo, incluyendo los desplazamientos, aumentó desde menos de cuarenta y una a casi cuarenta y siete horas. En algunas profesiones (particularmente la abogacía, las finanzas y la medicina), las exigencias abarcan a menudo hasta ochenta o más horas semanales. Las vacaciones se han reducido hasta el punto de que, en comparación con años anteriores, ya no parecen más que largos fines de semana. El *sabbath* es para comprar..., ¡para qué otra cosa podría ser!

Si todo esto continúa igual, el tiempo terminará por convertirse en los años noventa lo que fue el dinero en los años ochenta, el objetivo definitivo, y el necesario para disfrutar de la vida se convertirá en lo más difícil de obtener.

LOS SECRETOS DE CONTROLAR EL TIEMPO

Algunas de las personas más ocupadas del mundo no sólo son capaces de desarrollar carreras de mucho éxito, sino que encuentran constantemente tiempo para todas las actividades no profesionales de las que disfrutan.

¿Cuál es su secreto?

Empecé a hacer preguntas al respecto ya en los años cincuenta, cuando apareció en Estados Unidos la primera edición de este libro (seguida por otras en el Reino Unido, Francia, Alemania, Italia, España, Japón, Taiwan y otros países). Descubrí que la respuesta se encontraba en aprender a hacer lo que se desea hacer en menos tiempo, y habitualmente con menor esfuerzo, de modo que uno pueda trabajar con mayor inteligencia, no con mayor dureza.

Descubrí que algo denominado gestión del tiempo podía ser la respuesta. Pero ese término, como observa Todd L. Pearson en *Maestros del tiempo*, es, en realidad, un nombre equivocado: no podemos gestionar el tiempo; lo único que podemos hacer es gestionarnos a nosotros mismos en relación con el reloj. Eso requiere dos cosas: organización y estructura.

Durante las tres últimas décadas he seguido incansablemente los secretos para ahorrar tiempo de las personas de mayor éxito, y a menudo las más famosas de todo el mundo. He buscado la opinión de incontables expertos, maestros, escritores, realizadores y otros que, aun cuando sean quizás menos conocidos, se las han arreglado para desarrollar y emplear una tremenda variedad de estrategias para ahorrar tiempo. En este libro espero compartir algunas de esas técnicas y ofrecerle una amplia variedad de consejos prácticos para ayudarle a descubrir las que sean capaces de permitirle ir un paso por delante en su trabajo, su carrera, en su vida hogareña y social.

DISPONE DE 1.440 MINUTOS AL DÍA

Todos nosotros empezamos cada día con las mismas veinticuatro horas. Su día es, en efecto, como una cuenta bancaria de la que va retirando del haber

13

en forma de minutos y horas. Las existencias son limitadas. El uso que haga de ellas no lo es. Tal y como explicó un viejo amigo, Fred Decker, en algún tiempo editor de la revista *Printer's Ink*: supongamos que dispone usted de una cuenta bancaria en la que cada mañana se ingresan 86.400 dólares y que cada noche cancela todas aquellas cantidades que no haya logrado utilizar durante el día. Denominemos a ese banco «tiempo», y a los dólares «segundos». Cada mañana, dispone usted de 86.400 segundos, y cada noche hace que sea irrecuperable todo aquello que no haya podido invertir para un buen propósito. El banco tiene 365 días al año, no permite saldos al descubierto y no arrastra balances. Cada día abre una nueva cuenta para usted; cada noche quema los registros del día. No hay forma de obtener préstamos sobre las disponibilidades de mañana.

No hay forma de engañarse acerca del mensaje, dice Decker. El tiempo no tiene valor alguno antes de usarlo o después de haberlo despilfarrado. Sólo tiene valor ahora mismo, en el instante en que está leyendo esta frase. Tenía valor potencial hace un momento, y habrá perdido todo su valor dentro de un instante..., a menos que su uso haya creado un valor para usted.

¿Qué ocurre con las veinticuatro horas al día de que dispone? Bueno, probablemente emplea ocho horas, o 480 de los 1.440 minutos del día, en dormir. Muy probablemente, esa misma cifra la emplea en trabajar. En cuanto al resto, nos ofrece a la mayoría la máxima libertad de elección.

En la práctica, sin embargo, descubrimos que esas horas difícilmente son suficientes para hacer la mitad de las cosas que queremos. Nunca parece haber tiempo suficiente a nuestra disposición como para evitar esa constante sensación de presión. Nuestro ritmo parece previamente establecido, dejándonos escasas oportunidades de dedicarnos a las actividades maravillosas y llenas de gusto con las que soñamos.

El secreto para alcanzar sus objetivos y disminuir tanto el esfuerzo como la tensión que conlleva consiste en ganar esa hora extra que necesita cada día. Puede hacerlo acumulando minutos, pues esos sesenta o más minutos diarios pueden proporcionarle tiempo para compartir su vida con otros, para mejorarse a sí mismo, para encontrar oportunidades de mejorar su trabajo o su carrera, momentos para un ocio gratificante, una oportunidad de vivir más plenamente, así como para usar y expandir toda su creatividad. Sesenta minutos diarios es lo suficiente como para haber obtenido un título universitario en diez años.

¿POR QUÉ DESEA TIEMPO?

Antes de entrar en la cuestión de cómo ganar ese tiempo extra, detengámonos un momento para decidir por qué lo deseamos realmente.

Para conseguir tiempo es casi indispensable tener un objetivo, algo que desee hacer con el tiempo que gane. Evidentemente, no buscamos tiempo extra porque seamos perezosos.

Si está leyendo este libro y desea beneficiarse de su lectura, su motivación es evidente. Desea hacer más cosas en menos tiempo. Quiere alcanzar logros de la forma más sencilla y práctica posible. Desea disponer de más tiempo para sí mismo, para sus intereses, su familia y amigos y un montón de cosas más.

Tal y como observé en la primera edición de este libro, tomando prestado un pensamiento del escritor Ted Malone: «Nunca en la historia ha sido posible vivir una vida tan colorista e interesante como se puede hacer en nuestro mundo actual. No existe prácticamente nada que no pueda hacerse si se dispone de tiempo para ello. Están los viajes, las diversiones, los libros, la jardinería, el estudio, la música, los paseos por casa y por el campo, la visita a otros continentes, la fotografía, el conseguir el rosal más hermoso de la ciudad. Todas esas cosas, y muchas otras... son realmente posibles».

Todos nosotros necesitamos tiempo para crecer, para desarrollar nuevos intereses, ganar nuevos amigos, llevar a cabo planes y proyectos, participar en actividades que nos entusiasmen de veras. Necesitamos y podemos usar el tiempo para desplazarnos a nuevos lugares y aprender sobre cosas estimulantes y divertidas. Eso constituye una de las partes más importantes de la vida. Vivifica y vigoriza el tiempo pasado en el cultivo de las relaciones sociales, estimula nuestra jornada laboral y toda nuestra vida.

Sin embargo, cuando se trata de la mayoría de las cosas que queremos hacer realmente, aquellas en las que soñamos, nos encontramos tan atestados, tan aparentemente llenos con lo que deberíamos hacer, que dejamos de lado lo que nos gustaría hacer hasta que dispongamos de más tiempo.

A la semana que viene, al año siguiente, nos decimos. Ese tiempo, sin embargo, nunca llega. Y nunca llegará... a menos que planifiquemos formas y medios para conseguir esa hora extra o más de nuestras veinticuatro horas cotidianas.

El tiempo pasa constantemente ante nosotros, con rapidez. Debemos buscar, reunir y hasta atesorar los minutos. Olvídese de las grandes ideas capaces de ahorrarle horas. En lugar de eso, concéntrese en cosas que le permitan ahorrar veinticinco minutos, o diez.

Las personas que parecen conseguir más dicen que el ahorro de tiempo puede reducirse a tres cosas esenciales:

1. Eliminar lo innecesario, lo que nos convierte en esclavos del hábito y en lo que empleamos tanto tiempo.

2. Dejar de hacer lo que se debe por la vía más dura; lo sencillo suele ser más fácil y rápido.

3. Aprender a hacer dos o tres cosas al mismo tiempo.

Aprender a emplear un mínimo de tiempo en esas cosas que son extravagantes porque no vale la pena emplear tanto tiempo en ellas exige observar sus actividades diarias con una nueva mirada, como exploraremos en los capítulos siguientes. Las empresas disponen de ingenieros en eficiencia dedicados a buscar formas de reducir los movimientos innecesarios. Trabajan constantemente para facilitar hasta la tarea más sencilla por medio de atajos. Descubrir y utilizar sus mejores sistemas le ayudará a usted del mismo modo.

Multitud de expertos a los que he consultado estiman que muchos de nosotros, a menos que estemos absolutamente concentrados, perdemos probablemente entre el 50 y el 70 por ciento de nuestro tiempo y nuestra energía haciendo cosas irrelevantes, que no valen la pena, y del modo menos efectivo. Más de un inventor o creador de un nuevo servicio se ha enriquecido creando formas de lograr que las máquinas o los procesos sean de un 5 a un 10 por ciento más eficientes. Ahora hay cada vez más especialistas tratando de hacer eso mismo con las tareas individuales consumidoras de tiempo.

Podemos conseguir más en menos tiempo y hacerlo mejor si ponemos nuestras mentes a trabajar en ello, no sólo leyendo sobre las técnicas que se describirán en este libro, sino adoptándolas y siguiéndolas, y descubriendo en ese proceso otros métodos, incluso mejores, que trabajen en nuestro beneficio.

El doctor Frederick W. Taylor, fundador de lo que se conoce como la gestión científica de las fábricas, ha explicado: «La mayoría de nosotros puede hacer de tres a cuatro veces lo que hace ordinariamente, sin prolongar por ello las horas de trabajo, y sin quedar exhaustos cuando termina la jornada laboral». Aun cuando hayamos alcanzado aparentemente el más alto nivel de efectividad, habitualmente todavía es posible mejorar más lo que hemos conseguido. Ése es el objetivo de esta edición de *Cómo ganar una hora extra cada día*.

Estará usted de acuerdo y en desacuerdo. Se sentirá inmediatamente de acuerdo con muchas de las cosas que se dicen en estas páginas. Con otras le resultará difícil estar de acuerdo. ¡Bravo! De hecho, descubrirá una serie de sugerencias contradictorias. Eso es natural, porque el sistema que a usted le parezca efectivo puede parecer absolutamente ridículo para cualquier otra persona.

No obstante, si le ofrezco ideas suficientes para

pensar en cómo salir de algunos de los caminos tri-
llados y hábitos en los que solemos caer, si consigo
ayudarle a clarificar y refrescar su propio pensamiento, si le obligo a levantarse y echar un vistazo crítico
a sí mismo y a su propio estilo de vida, este libro habrá tenido éxito para la única persona que más importa: ¡usted!

1

Empiece por un estudio
del tiempo y el movimiento

Si pudiera usted contratar al mejor especialista
del país en el estudio del tiempo y el movimiento,
para que trabajara para usted y sólo para usted, de-
dicándose a analizar sus hábitos de trabajo y presen-
tándole un informe personal de recomendaciones a
seguir, no necesitaría usted este libro. Esos expertos
existen, pero contratarlos resulta muy caro.

También podría seguir un curso igualmente caro
de gestión del tiempo, y aprender con un buen profesor todos los pasos necesarios. Quizá lo haga. No
obstante, si esas alternativas no se encuentran a su alcance, y si desea comprobar lo que mis descubrimientos pueden hacer por usted antes de investigar con
mayor profundidad, preste atención a lo siguiente:

- Por cada ejemplo citado aquí, hubo alguien
que consideró un problema exactamente como el
suyo y, mediante el método de la prueba y el error,
elaboró una solución o volvió a descubrir una que ya
existía.

- Como observará, no puede ahorrar tiempo y

esfuerzo en su conjunto: si necesita conseguir más con menos esfuerzo para hacer las cosas que realmente desea hacer, tiene que utilizar todas las técnicas prácticas posibles para manejar con mayor facilidad y rapidez muchas de las tareas que tiene que cumplir, y eliminar o delegar aquellas que no tenga que hacer necesariamente.

• Debe usted reducir las interrupciones y acortar muchas de las acciones que ahora consumen tanto de su tiempo. Debe tener en cuenta los 480 minutos de que dispone aproximadamente en su día laboral para liberar tiempo, en lugar de convertirse en un robot mecánico.

• Debe mantener una mente abierta en lo que se refiere al ahorro de tiempo. Desafíe todo aquello que haga para ver si hay una forma más sencilla, rápida y mejor de hacerlo. Entonces se le ocurrirán ideas que le inducirán a preguntarse: «¿Por qué no se me había ocurrido antes?».

CUENTE CON SU TIEMPO

A medida que se vaya adentrando en estas páginas se encontrará contando con su tiempo del mismo modo que cuenta con sus ingresos: recortando los minutos despilfarrados del mismo modo que recorta los gastos para mantener una economía saneada. Descubrirá que, igual que su presupuesto y sus ahorros regulares le permiten comprar ese nuevo compact disc, o realizar ese viaje a Cancún, la buena administración y mejor uso de su tiempo le permitirá obtener esa hora extra al día necesaria para expandir su vida, descubrir la aventura, desarrollarse, crecer y disfrutar de la vida.

22

Los métodos que se presentarán aquí, junto con la autodisciplina que sólo usted puede aportar, pueden ayudarle a controlar la marcha de los acontecimientos diarios. Le quitarán de encima una parte de la carga de los detalles y le proporcionarán la libertad y el ocio que resultan de desprenderse de las cadenas esclavizadoras del «tengo que».

PONGA LAS IDEAS EN PRÁCTICA

Recuerde cómo aprendió a conducir un coche. La teoría fue necesaria pero, en realidad, empezó a ser un conductor bueno y sin esfuerzo al sentarse tras el volante, apretar el acelerador y empezar a moverse por la carretera. ¿Errores? Sí, claro que los cometió. La práctica, sin embargo, le permitió llegar a ser un conductor perfecto, o casi. Lo mismo sucedió cuando aprendió a mecanografiar, a preparar un pastel o a navegar en bote. Lo esencial del aprendizaje es el hacer. El realizador es el que aprende.

Es posible que este libro le induzca a dejar de lado algunas de sus ideas más queridas. Con frecuencia, conservamos y arrastramos con no poca dificultad formas y métodos anticuados, y no estamos dispuestos a desprendernos de ellos aun sabiendo que hay métodos mejores. Encontrar la forma más fácil no es pereza, sino aplicar la astucia. Utilizar su cerebro en lugar de sus músculos demuestra que tiene usted inteligencia para descubrir una forma mejor de hacer las cosas. A medida que descubra métodos más sencillos y relajados de hacer las tareas, obtendrá una mayor satisfacción del trabajo realizado. Cuanto más apagada y rutinaria sea la tarea, tanto más valdrá la pena ajustar el tiempo que se necesita para hacerla.

En lugar de rebelarse, es mucho mejor dirigir su descontento por canales constructivos. Mantenga una actitud feliz y aventurera. Busque constantemente el centro de interés en lo que está haciendo, una forma mejor, más rápida y eficiente de hacerlo. Pregúntese, también, por qué debe hacerlo, o si lo tiene que hacer necesariamente. Tanto en estos como en los puntos que siguen hallará la clave para encontrar tiempo para todo.

Creo que todo se resume en lo siguiente: el individuo ineficaz se esfuerza indefinidamente con un trabajo; el que tiene éxito dispone de ocio para disfrutar tanto del trabajo como del juego. Gracias a la concentración, el control, el uso de una parte de su reserva todavía sin explotar, y con la disposición de su propio tiempo para producir ideas que funcionen y planes que alcancen resultados, ya no tendrá que seguir soñando en los logros que intenta alcanzar. Dispondrá de la capacidad para alcanzarlos. Veamos si, trabajando juntos, podemos conseguir el tiempo que necesita para ello.

En el capítulo segundo empezaremos con su rutina matinal y luego revisaremos todas las fases de su día de trabajo, a lo que seguirán capítulos dedicados a explorar formas de ahorrar tiempo en la realización de tareas, en la salud, en casa, en la educación y muchas otras cosas. No lea el libro con rapidez, prestándole una atención superficial; lea un capítulo cada vez. Considere lo que ha leído. Aplíquelo. Vuelva atrás si lo cree necesario. De ese modo habrá dado el salto para conseguir algo más que una hora extra al día.

2

La rutina matinal

No importa lo que haga, ni dónde ni cómo viva, sólo hay una forma de empezar el día: despertándose. Como sin duda ya habrá descubierto desde hace tiempo, cómo se siente al despertar tendrá una relación con lo que consiga del día que se presenta. De hecho, la forma de empezar constituye toda una diferencia en lo que consigue en casa, en el trabajo y en otras actividades. Determina su forma de interactuar con las demás personas con las que se encuentra, así como el espíritu con el que vivirá ese día.

Un despertador que ha olvidado poner, efectos personales mal colocados, una caja de cereales vacía, la leche agria, papeles desparramados por cualquier parte y un vaso vacío sobre la mesa del televisor, todos son pequeños detalles consumidores de tiempo que establecerán la pauta del día. Así pues, para empezar a ganar minutos, abordemos una serie de rutinas matinales que pueden ayudarle a funcionar mejor y más rápido incluso antes de llegar a su lugar de trabajo, y a establecer el ritmo del día.

Arthur Godfrey, comediante y personalidad de la televisión, cuya actitud relajada le ganó una audiencia de millones de personas, me dijo una vez: «Hace tiempo aprendí un método que ahorra en cualquier parte entre veinte y cincuenta minutos diarios. Simplemente, me levanto en cuanto me despierto. Permanecer en la cama, confiando en que, de algún modo, no sea tan tarde como uno sabe que es, no hace sino retrasar lo inevitable. Además, de todos modos ya no se logra descansar más. Desarrollar el hábito de apartar las sábanas en cuanto se abren los ojos por la mañana puede proporcionar una hora más de tiempo al día en ese mismo instante».

Muchas de las personas que he conocido dicen que poner el despertador a una hora realista para las necesidades del día, y levantarse disciplinadamente a pesar de todas las tentaciones de permanecer en la cama, constituye la mejor forma de ahorrar minutos por la mañana.

Oblíguese a desear levantarse

Naturalmente, cada cual tiene su propia idea sobre cómo obligarse a levantarse. Una de las personas mejor motivadas que conozco me dijo: «Trato de pensar en aquello que sea más agradable o de lo que pueda disfrutar más durante ese día. Esa concentración, en lugar de pensar en las cosas que me desanimen y me induzcan a permanecer en la cama, me proporciona el ánimo y la energía para querer levantarme en ese preciso momento».

Elsa Maxwell, la famosa articulista y escritora de ecos de la alta sociedad, ejemplificó la alegría de vivir diciendo: «Yo nunca tengo problemas para levantarme. No importa lo tarde que me haya acostado la noche anterior, contemplo cada día con el mismo anhelo de un niño que espera la llegada de la mañana de Reyes. Un picnic en el bosque o una fiesta de cumpleaños, esas cosas siempre actuaban sobre nosotros como una verdadera magia cuando éramos pequeños. Pueden ser igual de efectivas, sin que importe la edad que se tenga. Levantarse de ese modo elimina la pérdida de tiempo, el estado de ánimo desinflado que hace que todo lo que se realiza a continuación se sienta como precipitado y parezca acosarla a una».

EMPIECE TEMPRANO

S. I. Newhouse, Jr., jefe de Advance Publications, que incluye los periódicos *Newhouse*, las revistas *Condé Nast*, la editorial Random House y una amplia variedad de otros medios de comunicación, ha seguido desde hace tiempo el sistema de levantarse temprano. A menudo ya se encuentra en su despacho, en pleno Manhattan, a las seis de la mañana, una costumbre desarrollada porque, cuando él y su hermano David eran jóvenes, desempeñaron puestos clave en los periódicos de la familia, que exigían esos horarios para las ediciones matinales. En su moderno despacho, relucientemente blanco, realiza sus tareas más importantes mucho antes de que hayan llegado muchos editores y empleados. Examina una gran cantidad de cifras sobre ingresos por publicidad, circulación y toda una serie de otras variables. Luego suma resultados, obtiene porcentajes y hace proyecciones sin esperar a que sus ayudantes lo hagan por él. Resultado consiguiente: tener siempre el dedo en los elementos cruciales que implican a muchas de las propiedades familiares que alcanzan mayor éxito.

Al igual que su padre, S. I. Newhouse, Sr., que se convirtió en uno de los principales editores de Estados Unidos, mantiene las comunicaciones escritas reducidas al mínimo, trata personalmente con su gente clave, en muchas ocasiones durante reuniones breves, celebradas a primeras horas de la mañana y siempre muy prácticas, abordando lo fundamental. Sus almuerzos de trabajo en el Four Seasons de Manhattan, su restaurante favorito, se celebran a menudo siguiendo un programa semanal regular. Esas reuniones son mínimamente sociales y se concentran en los trabajos de una forma directa (los críticos dicen que a veces brusca), pero son muy eficientes, tienen éxito y ahorran tiempo.

Los madrugadores lo consiguen

Dos de los hombres más ricos de Estados Unidos son buenos madrugadores. Sam Walton, que transformó una pequeña tienda en la enorme cadena que dirige en la actualidad, es el tipo de director que aparece a las cuatro de la madrugada en uno de sus almacenes para intercambiar información con los encargados. Su estilo, orientado hacia la gente, combinado con una profunda comprensión de la venta al por menor, y una jornada de trabajo de dieciséis horas, le ha permitido crear lo que se cree es la mayor fortuna personal de Estados Unidos.

El más reciente aspirante a miembro de los «muy ricos» de Estados Unidos es David Geffen, propietario de Geffen Records, quien vendió su compañía a la MCA Inc., el gigante del espectáculo, que a su vez acordó dejarse comprar por un total de ocho mil millones de dólares por el conglomerado japonés de electrónica de consumo Matsushita Electric Industrial Company.

Geffen, que había alcanzado su acuerdo apenas ocho meses antes, cobró 710 millones de dólares netos por sus acciones. Pero el día que se anunció el acuerdo, a las siete de la mañana, había vuelto al interrumpido negocio, produciendo los grandes discos que se venden por millones.

Newsweek, al informar sobre el extraño éxito de Geffen y su personalidad dinámica, reveló otro consejo capaz de ahorrar tiempo. Jon Landau, director del cantante Bruce Springsteen, pasaba por una verdadera agonía antes de tomar una decisión de negocios; finalmente, se acercó a Geffen para pedirle consejo.

Según informa *Newsweek*, treinta segundos después de haber empezado a explicarle el problema, Geffen le dijo lo que tenía que hacer. Landau intentó seguir adelante con su explicación interrumpida, pero Geffen le cortó: «¡No! ¡Hazlo ahora! ¡Deja de pensar y hazlo!». Ahí, desde luego, no se había perdido un solo minuto matinal.

PLANIFIQUE LA ACTIVIDAD ANTES DEL DESAYUNO

Una de las cosas que establecen las personas muy ocupadas para ahorrar tiempo, sobre todo cuando trabajan en proyectos importantes, es una zona para trabajar antes del desayuno. El desayuno sirve como recompensa tras la terminación de esa actividad extra de treinta a sesenta minutos. Si dispone en casa de algún lugar adecuado para realizar un trabajo concentrado, tanto mejor; utilícelo. Quizá descubra que, a pesar del hambre, trabajar antes de que se levante el resto de la familia le permite disfrutar del tesoro de una concentración sin interrupciones, cuya eficiencia puede ser muy superior a la de las últimas horas de la jornada.

ACTIVIDAD ANTES DEL AMANECER

El ejecutivo Tom Mahoney me dijo una vez que sobre una gran chimenea existente en el Club Saturno de Buffalo, Nueva York, cuelga un lema: «La mejor forma de prolongar nuestros días es robar unas pocas horas de la noche». Esta idea puede seguirse de muchas formas.

William J. Lederer, un escritor al que conozco, puso la idea en práctica. Al empezar su carrera como escritor, se levantaba a las cuatro y trabajaba hasta las ocho: «Me disgustaba, sobre todo en invierno, pero eso me permitía escribir. Tenía que beber mucho té o sopa, y luego tomar una ducha para despertarme. En ocasiones, permanecía sentado, abatido y reflexivo, antes de desear teclear siquiera en la máquina de escribir. Sin embargo, finalmente lo hacía. La casa estaba en silencio. Me sentía alerta, fresco y lleno de expectativas. Con esa práctica empecé a ser cada vez más productivo. En la actualidad, puedo hacer la misma cantidad de trabajo que hacía antes levantándome a las cinco y media y trabajando hasta las ocho. El hábito ha quedado tan establecido que ya se ha hecho casi automático». Los resultados obtenidos por Lederer dejan bien claro que nadie está demasiado ocupado para escribir, o para hacer cualquier otra cosa en la que uno haya puesto el corazón.

MUY BIEN, QUÉDESE ENTONCES AHÍ

Ese período en que se permanece despierto y arropado en la cama, puede transformarse en unos minutos extra que valgan la pena. Conozco a una ejecutiva de la industria de la moda que estableció su propio programa único para conseguir hacer en un solo día casi dos de trabajo. Coloca la cafetera automática junto a la cama para que suene a las seis de la mañana. En lugar de levantarse e ir de un lado a otro, se queda en la cama. Tiene a mano montones de papeles, informes, blocs, sobres y un tazón bien surtido de lápices afilados.

Ella dice: «Sin molestar a la familia y sin interrupciones, hago en dos horas lo que en el despacho tardaría en hacer cinco». Escribe informes importantes y estudia las ventas al por menor en el mercado estadounidense, se ocupa de la correspondencia personal y empresarial, elabora nuevas ideas, y lee extractos preparados para este tiempo de reflexión. Ha aprendido a permanecer relajada al mismo tiempo que acelerada. Raras veces experimenta fatiga a últimas horas del día, explicando: «Si tengo que salir por la noche y no puedo acostarme temprano, duermo una siesta. Me siento tan fresca los días que parecen eternos como aquellos otros en los que el programa es más normal y, sin embargo, me las arreglo para hacer todo lo que deseo».

Winston Churchill utilizaba un sistema similar. Sir Winston no se despertaba a las seis, aunque lo hizo así durante muchos de sus años jóvenes. Al ocupar el cargo de primer ministro, convirtió en una regla levantarse entre las siete y las ocho. Arropado entre las almohadas, ojeaba un montón de periódicos, tanto de Londres como provinciales. A las nueve ya estaba dispuesto para empezar a dictar, y con frecuencia permanecía en la cama hasta la hora de almorzar.

Un ayudante con quien mantuve correspondencia relativa a esta idea me dijo: «Al primer ministro siempre le ha parecido una tontería levantarse cuando puede permanecer sentado, o estar sentado cuando puede permanecer acostado». De este modo satisfacía su deseo de obtener más descanso, especialmente durante las largas horas de trabajo en tiempos de crisis, en la guerra (y llegaba a recibir en la cama a visitas oficiales como el embajador de Estados Unidos). Tenía la sensación de que el método le proporcionaba dos horas extras al día, aunque seguía conservando su fortaleza y agilidad mental. De hecho, editó toda su serie de libros sobre la Segunda Guerra Mundial siguiendo esta misma rutina.

¿ES EFICIENTE EL TIEMPO QUE PASA EN EL CUARTO DE BAÑO?

Suponiendo que se ha despertado y se ha levantado, uno de los muchos problemas a los que nos enfrentamos la mayoría de nosotros en las rutinas matinales esenciales es el hecho de que en muchas casas y apartamentos suele haber escasez de cuartos de baño, sobre todo cuando todos los miembros de la familia acuden al mismo tiempo y con prisas. Tanto si dispone de su propio cuarto de baño como si lo comparte, es muy importante considerar las cosas con el ojo deliberado del experto en aprovechamiento del tiempo y de los movimientos, para descubrir aquellas cosas que le retrasen. Por ejemplo: ¿guarda en los estantes bajos de los armarios aquellos objetos que vaya a utilizar con más frecuencia, y los menos utilizados en los estantes superiores o al fondo de stos? No hace mucho tiempo, alguien comprobó cien armarios de cuartos de baño: el 78 por ciento, es decir, más de tres de cada cuatro, provocaban un fuerte despilfarro del tiempo.

Otras ideas para el cuarto de baño

¿Dispone de estanterías suficientes para guardar todo lo que necesita antes? ¿Ha agrupado los objetos que necesita en un solo lugar, como por ejemplo los útiles del afeitado en un solo grupo, los cepillos de dientes y la pasta dentífrica en otro, y los artículos de maquillaje y limpieza en otro? He aquí algunos consejos útiles:

• Para aumentar el espacio, pruebe a instalar unas pocas estanterías, armarios o toalleros extra. En los grandes almacenes y tiendas especializadas encontrará una amplia variedad; eso le ayudará a aumentar el espacio y a ahorrar tiempo sin necesidad de tirar la pared abajo.

• Otra cosa que contribuye a ahorrar tiempo: asignar a cada uno de los miembros de la familia sus propias estanterías evita incontables minutos de búsqueda entre las cosas desparramadas del otro.

- Si no dispone de una, considere la idea de tener una pequeña radio portátil para el cuarto de baño. No sólo le permite oír las noticias mientras se asea, sino que las señales horarias pueden ayudarle a acelerar el ritmo.

- Un pequeño aparato de televisión en el cuarto de baño ofrece visualmente noticias después del baño o de la ducha. Introducido primero en los hoteles de lujo, se están haciendo cada vez más populares en los hogares, entre quienes desean ahorrar tiempo.

- Si comparte el cuarto de baño, considere la idea de instalar lavabos dobles. No son tan caros y, sorprendentemente, ocupan muy poco espacio más.

- Si el espacio lo permite, añadir divisiones en el cuarto de baño le permite disfrutar de una mayor intimidad y ahorrar minutos de espera.

LO VERTICAL ES MÁS RÁPIDO QUE LO HORIZONTAL

Si está acostumbrado a tomar un baño por la mañana, pero el tiempo es importante para usted, la ducha es un elemento realmente útil capaz de reducir el tiempo en una tercera parte.

AHORRO DE TIEMPO PARA HOMBRES

Cada hombre que tenga que afeitarse diariamente debería considerar los siguientes puntos:

- Si se va a duchar, aféitese primero para evitar tener que enjuagarse en el lavabo.

● Utilice un bote de espuma, en el que sólo tenga que apretar un botón, en lugar de brocha o las manos.

● Pruebe con maquinillas eléctricas de afeitar. Muchos aficionados a la navaja o cuchilla las prueban durante algún tiempo, les parecen insatisfactorias y se niegan a perseverar la semana o los diez días necesarios para que una maquinilla eléctrica sea realmente efectiva. Las maquinillas no sólo ahorran tiempo al eliminar el proceso de la espuma de afeitar, sino que proporcionan un afeitado muy cercano al que se hubiera conseguido con una cuchilla, como dice Victor Kiam, de Remington. Si ya utiliza maquinilla, emplee preparados previos, que le ayudarán a levantar la barba y afeitarla con movimientos rápidos. Algunos hombres han aprendido a afeitarse sin necesidad de mirarse en el espejo, y de ese modo pueden leer el periódico o realizar otras tareas. Conozco a una serie de hombres muy ocupados que utilizan maquinillas de afeitar que funcionan con pilas y que utilizan mientras conducen hacia el trabajo.

TELÉFONO EN EL CUARTO DE BAÑO

En la actualidad, un teléfono de pared en el cuarto de baño es casi un equipo habitual en los hoteles de primera de todo el mundo. Eso evita tener que precipitarse hacia el teléfono en momentos embarazosos. Si es usted hábil, no hay necesidad de que quien le llama sepa dónde se encuentra. También descubrirá que, en las llamadas recibidas en el cuarto de baño, preferirá ir al grano más que en los intercambios telefónicos más convencionales, que roban unos preciosos minutos por la mañana.

Muchas personas prefieren bañarse por la noche, convirtiéndolo en una sesión prolongada, relajada, capaz de aliviar la tensión, en lugar de tomar la ducha normal por la mañana. Tomar un baño relajado también es un buen momento para leer. Un ejecutivo me dijo: «Cuando me meto en la cama después de un baño, me quedo dormido más fácilmente, y eso me ahorra por lo menos treinta minutos diarios».

ACELERE EL PROCESO DE VESTIRSE

Vestirse es una de las rutinas matinales en las que casi todo el mundo consume más tiempo. El material que se indica a continuación puede ayudarle a ahorrar la cantidad de tiempo que emplea para vestirse. La revista *Women's Day* ofrece las siguientes sugerencias:

Para las mujeres

Las ropas
 • Limite su guardarropa. Disponer de menos posibilidades de elegir ahorra tiempo.
 • Lleve una bolsa de mano con todas sus ropas para el día.
 • Elija la ropa siguiendo un esquema coordinado de colores, para que sea fácil conjuntar cosas separadas.
 • Póngase varias veces a la semana los mismos pantalones y falda, con diferentes suéteres, blusas y chaquetas. Una falda lisa y negra (justo por en-

cima de la rodilla) es una bendición divina en la oficina.

- Compre ropas fáciles de llevar y conservar, como suéteres de nudos, que no tienen virtualmente arrugas.
- Para evitar que el maquillaje le manche la ropa, y tenga que eliminar la mancha, póngase un gorro de ducha sobre el rostro cuando tenga prisa.
- Al vestirse, mire continuamente el espejo para captar en seguida cualquier error, una arruga, quizá, para que no tenga que cambiarse en el último minuto.
- Organice su armario por categorías (pantalones, faldas, etcétera) y por colores, para que pueda encontrar las cosas con rapidez.
- No guarde las joyas en un montón desordenado. Hágalo de acuerdo con las que use con mayor frecuencia. Si se pone muchos pendientes, por ejemplo, divídalos en los de oro, los de plata y los de fantasía, y guarde cada grupo en un compartimiento del joyero o del cajón.
- Cuelgue las bufandas y los pañuelos en perchas, para evitar arrugas y tener que plancharlos en el último momento.
- Utilice una esponja para limpiar los zapatos en un momento.

Maquillaje en minutos
- Para una base rápida, utilice disimulador, en un tono algo más ligero que el color natural de su piel, bajo los ojos y sobre cualquier mancha. Luego un poco de colorete, y ya está.
- Para los días laborables, la artista del maquillaje Kenichi aconseja un tono tierra. Da buen aspecto con la mayoría de los colores.

Las siguientes son ideas que le ahorrarán tiempo:
Cualquier colorete rosado o amarronado puede
doblar una sombra de ojos.
Cualquier base con pantalla bronceadora significa ponerse un solo producto en lugar de dos.

Manicuromaniacas

• Elija colores pálidos y puros. Dejan ver menos los desconchados que los tonos más profundos, y se tienen que hacer con menor frecuencia.

• Si quiere tener un aspecto brillante para una fiesta de fin de semana, póngase color sobre la base pálida, sin necesidad de rehacer toda la manicura.

• Intente usar una laca de una sola capa, que pueda llevarse largo tiempo, y una capa superior de base en un solo producto.

• Aplíquese la laca en capas delgadas y emplee un mínimo de capas. Su manicura se secará con mayor rapidez, sobre todo si mete las uñas ya terminadas en una vasija de agua llena con cubitos de hielo.

Para hombres

Ropas

• Ahorrará tiempo de planchado, y logrará que los trajes, chaquetas, pantalones, etcétera, tengan mejor aspecto si los cuelga siempre en buenas perchas de madera. No abroche los botones. Para mantener bien la raya utilice perchas para pantalones, en lugar de barras; deje las arrugas colgando.

• Deje los trajes colgados uno o dos días antes de ponérselos de nuevo, para que recuperen la forma que tenían antes de llevarlos. Eso le permitirá ofrecer un mejor aspecto, la ropa le durará más y se ahorrará tiempo de planchado.

- Puede eliminar muchas manchas por el sencillo procedimiento de frotar ligeramente la tela con agua corriente.
- Cuelgue las corbatas por colores, de más oscuro a más claro, para poder seleccionarlas con mayor rapidez.
- Los nuevos tejidos han permitido eliminar la limpieza en seco de la ropa deportiva cara, que consume mucho tiempo. Muchas combinaciones ahorran tiempo y se pueden lavar en casa. Lo mismo se aplica a las camisas que no necesitan plancha; de ese modo no se pierde tiempo en la lavandería.
- Al vestirse, seleccione primero el traje o la chaqueta que vaya a ponerse; a continuación la camisa, la corbata y los calcetines. Tenga con cada par de pantalones un cinturón o unos tirantes cuyos colores combinen bien. Eso le ahorrará el tiempo de ponerlos y quitarlos. Al alternar la ropa que se ponga, dejándola descansar unos días, también prolongará la vida de los accesorios que la acompañen.

Llevar consigo: asegúrese de disponer de artículos esenciales que le ayuden en caso de retrasos imprevistos, llevar dinero suelto suficiente y un periódico, aunque sea comprándolo de camino. El dinero le evitará tener que acudir precipitadamente al banco. Lleve también plumas y bolígrafos, un bloc de notas y su dietario programador (del que hablaremos más adelante).

MEJORAR EL ORDEN DE LOS ARMARIOS

Invertir en la compra de un buen armario puede ahorrarle mucho tiempo si es incapaz de organizar el espacio por sí mismo. Una organización realmente adecuada le ayudará también a mantener las cosas en mejor estado.

Algunos prefieren guardar todos los artículos en un lugar. Otros intentan agrupar todo lo posible aquellos objetos que usan juntos. Por ejemplo, los calcetines cerca de los zapatos, y las corbatas cerca de las camisas.

(Para más ideas al respecto, véanse los capítulos 25 y 26.)

LOS ARTÍCULOS QUE SE PIERDEN CON FACILIDAD

Tenga preparada una bandeja vacía de plástico, que puede dejar en un cajón de la cómoda. Al regresar a casa, guarde en ella el dinero suelto, las llaves del coche, los gemelos, el sujetador de corbata, los pendientes, etcétera. Por la mañana, lo tendrá todo a mano y de ese modo se ahorrará unos minutos de búsqueda.

Otra variante: cuelgue en el armario de la ropa una de esas nuevas estanterías compartimentadas que se venden en muchas tiendas. Disponen de compartimientos donde dejar el dinero suelto, el reloj, la cartera y las cosas que suelen llevarse en los bolsillos. Cuanto menos complicados sean los compartimientos, tanto mejor.

Reorganice los bolsillos y bolsos

Los bolsillos abarrotados, los bolsos atestados, las carteras desorganizadas y cualquier cosa que tenga que llevar en la mano constituyen a menudo una molestia que hace perder tiempo. No hay ninguna necesidad de ir rebuscando por todas partes si, de vez en cuando, se toma unos pocos minutos para organizar lo que lleva en los bolsillos y en el bolso. He aquí algunas sugerencias al respecto.

● Vea ahora mismo lo que lleva en la cartera. Probablemente está abarrotada de tarjetas inútiles, de una selección de fotografías que ya tienen cinco o diez años, de recortes doblados y toda otra clase de cosas. Considere la idea de comprar un clip para los billetes, aun cuando no desee cambiar. Revise las tarjetas y lleve sólo aquellas que vaya a utilizar. Si quiere llevar fotos, elija dos o tres; no convierta los bolsos o las carpetas en álbumes andantes llenos de fotografías.

● Disponga de un juego de llaves esenciales en cada traje y bolso, y añádales algo de dinero suelto. Si tiene que vestirse precipitadamente, es posible que se le olvide el dinero, el documento de identidad o las llaves. Los duplicados pueden ahorrar mucho tiempo y evitar la frustración.

● En general, una sola tarjeta de crédito será suficiente para satisfacer todas sus necesidades. Tal y como se comentará en otro capítulo, usar una sola tarjeta para todo significa muchas menos cuentas individuales, que también tienen que pagarse individualmente.

Planifique su desayuno

Estudie y sistematice una rutina de preparación del desayuno, para tener que hacer sólo un recorrido por la cocina. Por ejemplo, empieza junto al fregadero para tomar el agua con la que hará el café, luego se dirige al horno, después a la nevera y finalmente a la mesa. Circular en lo que le parezca el orden más eficiente le ayudará a evitar movimientos innecesarios y le permitirá ahorrar tiempo.

(Para más detalles, véanse los capítulos 25 y 26.)

- *Bandeja del desayuno:* al quitar los platos de la cena, prepare bandejas individuales para cada uno de los miembros de la familia. De este modo, cada persona podrá prepararse el desayuno haciendo un solo viaje a la mesa. Si le es posible, prepare todo aquello que pueda la noche anterior, ya que, muy probablemente, por la mañana será más lento.

- *Evite lavar los platos a mano:* disponga de un juego de platos que no sean caros para el desayuno, de modo que pueda lavarlos más tarde, con los demás. Muchas personas lavan y secan los platos concienzudamente tras el desayuno y cualquier otra comida, a pesar de que es mucho más higiénico, y también más rápido, dejarlos en el fregaplatos para que se laven con agua caliente y se sequen con aire.

Otras ideas para el desayuno

- Para no leer el periódico, tenga una pequeña radio para que todos puedan oír las noticias, o un televisor portátil para la cocina. O mejor aún, emplee el tiempo del desayuno para hablar y ponerse de acuerdo con los otros miembros de la familia sobre los planes del día, que deberán anotarse en una hoja y colocarse a la vista, en una cartelera.
- Ahora, el café instantáneo ha alcanzado ya una

buena parte del sabor de las variedades preparadas. Eso permite eliminar el tiempo de espera de la cafetera filtradora.

- Aproveche la gran variedad de artículos que se pueden preparar con rapidez en la tostadora o el microondas.

- Las vitaminas, pastillas o cualquier otra cosa que se tenga que tomar, pueden guardarse con facilidad y dejarlas a mano sobre la mesa.

- Una bandeja llena con los cereales individuales, y dejada sobre la mesa, elimina la dispersión de las cajas sobre ésta.

SI HAY NIÑOS

Tratar de ahorrar tiempo mientras se atienden las necesidades de los niños depende, evidentemente, de la edad de éstos, pero también de su propia habilidad para ayudarles a desarrollar rutinas matinales capaces de satisfacer las necesidades de la familia. Pero eso requiere un libro por sí solo; lo único que deseo resaltar aquí es que se puede implantar una rutina para satisfacer las necesidades de tiempo de todos los miembros de la familia y reducir las crisis que suelen aparecer durante las rutinas matinales.

Y ahora que ya hemos iniciado el día, vayamos al lugar de trabajo y empecemos a ver cuáles son las prioridades y los programas.

3

Dietarios programadores

«Aquel que prepara las cosas que tiene que hacer durante el día, y luego se atiene a ese plan, lleva consigo el hilo que le guiará a través del laberinto de una vida ocupada. Pero allí donde no se traza plan alguno, donde la disposición del tiempo se deja exclusivamente en manos del azar, no tarda en reinar el caos.»

Esa cita no procede de ningún asesor en gestión o experto en el estudio del empleo del tiempo y la economía de los movimientos, sino de uno de los más prestigiosos escritores, el francés Victor Hugo.

Nada ayuda más que la planificación para ganar una hora extra al día, y conseguir los objetivos que se ha propuesto uno para su vida personal, su trabajo y cada una de las fases de sus actividades.

A pesar de que prácticamente todo el mundo está de acuerdo en ello, y todos somos conscientes del valor del tiempo, suele hablarse más de esta necesidad vital que emplearse en llevarla a la práctica.

En este capítulo nos concentraremos en lo que la mayoría de las autoridades en la materia denominan programación, o sea abordar directamente el problema inmediato: cómo manejar de la mejor forma su carga de trabajo, y emprender la acción hacia la consecución de sus objetivos decididos para la siguiente hora, día, semana e incluso tan previsoramente como sea práctico.

El autor británico C. Northcote Parkinson, que ha establecido la famosa ley de Parkinson (el trabajo se extiende al tiempo de que se dispone para hacerlo), ha dicho: «Demasiadas personas encuentran su carga de trabajo excesivamente pesada porque son incapaces de programar, evaluar y coordinar sus tareas diarias. Se dejan sobrecargar y distraer por aquello que, en realidad, es trivial. Posiblemente piensen que todo lo que hacen es importante, pero son los primeros en darse cuenta de las cosas menores con que otros ejecutivos llenan su día».

POR QUÉ HACERSE UN PROGRAMA

¿Se le ocurriría construir una casa sin planos, o tratar de conducir hacia un lugar situado a cientos de kilómetros de distancia sin disponer de un mapa de carreteras? Claro que no, dice la compañía estadounidense Day-Timers, que produce una amplia variedad de materiales efectivos para la programación, algunos de los cuales llevo utilizando desde hace un cuarto de siglo. En su propaganda pregunta por qué confiaría usted su carrera o su vida al azar o a los caprichos de otros. «Necesita una forma de planificar y medir el progreso de cada día, a medida que se esfuerza por alcanzar sus objetivos.»

Eso significa, en primer lugar, establecer objetivos y prioridades, que luego habrán de traducirse en una lista de cosas por hacer: las acciones individuales se anotan en su dietario programador de tal forma que pueda ejecutarlas de acuerdo con el programa previsto. Y, lo más importante, al final del día le ayudarán a recuperar lo atrasado cuando, inevitablemente, se vea distraído por interrupciones y otros factores sobre los que no puede ejercer un control.

Posiblemente piense que una lista de cosas por hacer que esté siempre al día, con las nuevas prioridades, le dificultará la creatividad y eliminará la espontaneidad. Antes al contrario: mantener la conciencia de lo que tiene que hacer cada día para que éste sea importante no hace sino aumentar el tiempo de que puede disponer para pensar, crear y planificar cómo usar sus momentos de ocio para disfrutarlos al máximo.

Day-Timers añade: «En lugar de arrastrar un sentido de culpabilidad por haber dejado cosas pendientes de hacer, afrontará cada tarea en su propio orden de prioridad. En lugar de despertarse con un sobresalto recordando de repente la importante reunión que había olvidado preparar, dispondrá del descanso que necesita antes de una presentación importante. Y podrá acudir a ella preparado».

COMPARE LA LISTA DE COSAS PENDIENTES CON SUS OBJETIVOS

El primer paso para ahorrar el tiempo con efectividad consiste en establecer objetivos que le ayuden a seguir un curso firme. Debe elegir de forma inteligente, decidiendo lo que va primero, lo que puede posponer y lo que puede desechar. Una vez que haya hecho esto, estará preparado para organizar y programar el tiempo de que dispone.

Tal y como explica la propaganda de Day-Timers: «Algunos dicen que son capaces de recordarlo todo: citas, encargos, plazos, pasos y proyectos..., todo. No necesitan listas para recordar lo que tienen que hacer».

Es posible que eso sea cierto en su caso, pero el simple acto de recordar es costoso, tanto en tiempo como en esfuerzo. En ello se emplea una valiosa energía que exige el seguir mentalmente los detalles de lo que se tiene que hacer.

Las listas que se hace mucha gente no sirven para nada práctico; les falta un plan, un orden de prioridades o secuencia, y el compromiso de evaluar o comprobar el progreso de cada cosa. Ésas son las personas que dicen: «No sé en qué se me ha ido el día». Y es cierto. No tienen el control.

Day-Timers observa que controlar su tiempo exige autocontrol. Hay que empezar por adquirir el hábito de anotar diariamente una lista de las cosas por hacer en este mismo día, así como, de ser posible, el momento en que deban hacerse. Si no puede encajar algo inmediatamente, utilice encabezamientos como «Cosas para hacer esta semana» y «Cosas para hacer la semana que viene» (o el mes que viene).

Si no ha utilizado nunca una de estas listas, empiece despacio. Con frecuencia, el fracaso es el resultado de haber intentado hacer tanto demasiado, como demasiado poco. Las listas más efectivas son aquellas que pueden conservar alguna forma permanente.

En su libro *Cómo hacer más en menos tiempo*, Joseph D. Cooper concluye diciendo:

Para que el día tenga éxito y sea satisfactorio, no puede usted abordarlo como si se tratara de un período de tiempo en y por sí mismo. El día es un período de acción dentro de la corriente de su disponibilidad total de tiempo. El que haga su trabajo diario con efectividad depende en parte de los recursos institucionales que apoyen sus esfuerzos, de su propia capacidad de autoorganización y de sus hábitos de trabajo. Todas estas cosas, combinadas, constituyen la base para recorrer con éxito cada uno de sus días.

INTRODUZCA PRIORIDADES EN SU LISTA

Podrá utilizar mejor su dietario, con secciones para cada día y un resumen para los meses del año, siguiendo dos tipos de sistemas: numérico y alfabético. El sistema numérico, más sencillo, suele ser mejor si tiene que ocuparse diariamente de menos de diez asuntos. Anote cada uno de ellos en su lista de «Cosas para hacer hoy». Una vez anotados, determine su orden de importancia y anote esos números al lado de cada asunto. Éso le recordará que tiene que hacer primero la tarea más importante, y le animará a consolidar las fases que puedan agruparse, lo que le permitirá ahorrar un tiempo valioso.

Habitualmente, el sistema alfabético requiere una combinación de letras y números. Una vez que haya decidido qué asuntos son vitales (es decir, importantes y urgentes), desígnelos a todos ellos con la «A». Utilice la «B» para las cosas importantes, pero no urgentes. La «C» para los asuntos de algún valor.

Una vez que haya anotado algo en su diario, se dará cuenta de que probablemente lo hará. Ésa es la razón por la que numerosos expertos en organización animan a la gente a utilizar sólo un dietario y a revisarlo no sólo una vez al día, sino constantemente. Debe estar siempre delante de usted, como recordatorio de lo que tiene que hacer, y debe disponer de un lugar donde pueda anotar nuevos pasos que dar a medida que se presenten. Un dietario de bolsillo es una cosa que puede llevar consigo como algo constante e indispensable, tan importante como la cartera o las gafas para leer.

OTROS TEMAS SOBRE EL USO DEL DIETARIO

Para obtener el mayor beneficio en ahorro de tiempo de su dietario, asigne todos los asuntos a una fecha específica, inmediata o para cuando lo crea disponible. Esta técnica anima a realizar cada asunto en el tiempo estipulado y le ahorra la molestia de tener que volverlo a anotar y reprogramar. Utilice la tinta o el bolígrafo para los asuntos fijos, y el lápiz para aquellos que puedan cambiar. Incluya una marca de comprobación en aquellos asuntos que ya haya realizado, en lugar de tacharlos haciéndolos ilegibles. Estas listas pueden ser muy valiosas a la hora de revisar o evaluar lo hecho.

PROGRAMAR Y ORGANIZAR CUANDO HAY OTROS IMPLICADOS

Un buen consejo: programe para las primeras horas del día aquellas cosas que tenga que hacer y que exijan la colaboración de otros. Es decir, establecer contacto con las personas que deben encargarse de transportar sus mercancías, completar un servicio, trabajar en su nombre, etcétera. Al ponerse en contacto con ellas temprano, es mucho más probable que logre inducirlas a ponerse a trabajar para usted ese mismo día. Además, de este modo no descubrirá demasiado tarde que aquello que desea ya no está disponible.

Este concepto también se aplica a las secretarias, ayudantes, etcétera. No sea esa clase de jefe que acude a la secretaria un cuarto de hora antes de terminar la jornada exigiendo que se envíe algo por correo cuando, en realidad, podría haber delegado esa tarea mucho antes, cuando aún podía encajar en el programa de trabajo de un subordinado.

DIVIDA Y VENCERÁ, CON COLOR

Otra forma de mejorar su dietario consiste en utilizar el color. Escriba en varios colores, o subraye los asuntos a tratar con diversos colores que representen prioridades y niveles de importancia. Un sistema menos elaborado consiste en emplear el rojo para indicar asuntos urgentes y el negro para indicar asuntos de importancia marginal. Las elecciones dependen de sus necesidades y, hasta cierto punto, de la fase de dominio de su habilidad para manejar el tiempo en que se encuentre.

Anote los asuntos a medida que éstos se le ocurran o se le presenten, y adscríbales una prioridad después de haber analizado su importancia relativa. A menudo, el uso del color sirve para atraer la atención más que los números de prioridad. Yo prefiero utilizar el marcaje transparente para asignar códigos de color que indiquen las prioridades, ya que eso permite leer a través de ellos. También ofrecen la ventaja de no quedar reflejados en las copias, y de permitirle establecer, con un solo vistazo, cuáles son las cosas prioritarias y secundarias que tiene que realizar. También puede usar los colores para designar los mismos tipos de trabajo a programar en secuencia, en lugar de buscarlos cada vez y pasarlos por alto, lo que le ahorrará muchos minutos a la hora de prepararse.

RECORDATORIOS PARCIALES

Utilice su lista para descomponer grandes proyectos en bloques manejables; anote recordatorios parciales para programar bloques de tiempo en los que trabajar en la ejecución de cada una de esas partes. Si tiene que redactar un informe, por ejemplo, y ha calculado que eso le llevará cuatro horas, prográmese un bloque de media hora en su columna de entrevistas para preparar un bosquejo. En las páginas posteriores, anote otros bloques adicionales para redactarlo, preferiblemente por secciones.

Los recordatorios parciales, incluidos bastante antes de la fecha tope en que deba terminar un trabajo, le ayudarán a realizar progresos continuos, asegurándose así el tenerlo listo a tiempo. Este concepto de establecer una especie de cita consigo mismo, por así decirlo, es la forma más segura de reservar tiempo para los proyectos importantes. Al programar tiempo para ello en su columna de entrevistas, y tratarlo con el mismo respeto con que trata otras citas importantes, podrá concentrarse en hacer primero lo más esencial. Eso también le ayudará a evitar el aplazamiento de las cosas.

Casi todos los expertos en la gestión del tiempo concuerdan en que los minutos más productivos del día son aquellos dedicados a planificar las horas restantes del día. Algunos ejecutivos dicen que por cada hora empleada en procedimientos de planificación, se obtiene un dividendo de dos o tres. Así, veinte minutos diarios de planificación pueden ayudarle a ahorrar una hora; hacerlo diariamente le ahorrará cinco horas a la semana, lo que significa 250 horas al año, es decir, más de dos semanas extra de tiempo para alcanzar sus objetivos.

Day-Timers dice que es mejor establecer un momento específico del día para las sesiones con el dietario. A algunos les gusta hacerlo tranquilamente, en casa, antes de salir para la oficina. Otros lo planifican en cuanto llegan, y otros lo hacen antes de marcharse por la tarde, cuando los asuntos del día todavía están frescos en su memoria. Personalmente, prefiero este último método.

Planificar y anotar esos planes, así como la programación y organización de éstos, debería llevarlos a cabo cuando y donde mejor se adapte a su estilo de vida. Su efectividad como método de ahorro de tiempo exige que se convierta en una parte fija de su rutina diaria. Elegir un momento y un lugar para enfocar la atención sobre cómo usar cada día para acercarse más a sus objetivos puede serle muy útil.

ASIGNAR Y ANALIZAR SU TIEMPO

Tal y como dice la ley de Parkinson, si tiene que realizar una tarea en una jornada de ocho horas, es muy posible que le ocupe ese tiempo. Pero si sólo dispone de dos horas, probablemente la hará en dos horas, aun cuando es posible que no la haga todo lo bien que habría podido hacerla en ocho.

Una dificultad a la que nos tenemos que enfrentar todos consiste en determinar de una forma realista cuánto tiempo queremos dedicar a cada proyecto. Casi todos creemos poder hacer más en pocos minutos de lo que se exige en realidad. Para ayudarle a cumplir con su asignación de tiempo, que habrá determinado usted mismo, anote en el dietario el tiempo que puede asignar a una tarea concreta, y procure luego cumplir con los plazos que se ha marcado usted mismo.

Si ha desarrollado una buena capacidad para estimar el tiempo, dice Day-Timers, podrá introducir mucho trabajo en los huecos de que disponga durante el día, esos momentos entre citas y otras tareas en los que puede perderse el tiempo con facilidad. *Un consejo:* al confeccionar su lista, trate de estimar el tiempo necesario para cada cosa. Luego, compare su actuación real con la estimada. De ese modo irá agudizando sus habilidades estimativas. El procedimiento también es muy útil al delegar tareas en los subordinados o plantearles exigencias: «Dedica una hora para hacer esto y veamos lo que resulta. No vale la pena emplear en ello más de sesenta minutos».

JUZGAR SU PROGRAMA

Según Werner C. Brown, de Hercules Powder, el propósito fundamental de toda programación consiste en lograr *calidad de ejecución*, en lugar de *cantidad de actividades*, y añade: «Lo importante no es

54

lo que *hace* un ejecutivo, sino lo que *consigue que hagan los demás*». Un buen método para asegurarse de que sus principales prioridades ocupan el más alto lugar en su lista, consiste en concentrarse en las diez más importantes de las que tenga que ocuparse ahora. El ya fallecido Fred Lazarus, Jr., que fuera durante mucho tiempo presidente de Federated Department Stores, me dijo en cierta ocasión: «El mayor secreto consiste en efectuar una reevaluación frecuente para determinar los asuntos de la más elevada prioridad. Yo anoto primero los más difíciles. Luego, me atengo a ese programa. Retrasar las tareas más desagradables no hace sino prolongarlas».

USOS ADICIONALES DEL DIETARIO

Para viajar, siempre anoto en mi dietario los horarios establecidos, para asegurarme de que, una vez confirmado un vuelo, siempre dispongo de los datos que necesito. En el caso de viajes en avión, es mejor anotarlos a lápiz y luego pasarlos a tinta, una vez confirmado un vuelo, porque los horarios reales cambian a menudo.

El dietario también puede utilizarse para anotar los nombres, direcciones, números de teléfono y datos de las personas a las que quiera ver o con las que quiera contactar más tarde. Cuando no recuerdo un nombre o dónde he dejado una tarjeta de visita, recordaré, por ejemplo, la reunión en la que conocí a esa persona, buscaré la página correspondiente a esa fecha y encontraré allí su nombre y toda la información que necesito.

Lucy Hedrick, asesora de gestión del tiempo y autora de *Cinco días de una vida organizada*, recomienda el uso de dietarios sencillos, disponibles en las papelerías: un bloc de notas de bolsillo y un calendario. En la libreta de notas, dice, se anota todo aquello que se tiene que hacer, dividiéndolo en cuatro categorías: llamadas telefónicas, recados, algo que escribir y algo que hacer. Luego, sencillamente, se van marcando las cosas a medida que se hacen.

En la sección de calendario anota las citas personales con médicos, los maestros de su hijo, las citas consigo misma, etcétera, y explica: «Al anotarlo en el calendario, se tienen mayores posibilidades de cumplirlo. No debería intentar llevar toda su vida en la cabeza. La razón por la que se anotan las cosas es para poder liberar el cerebro para dedicarlo a propósitos más creativos».

GRÁFICOS MURALES COMO DIETARIOS

Además de los dietarios de que hemos hablado antes, considere la idea de utilizar los gráficos murales y otros métodos similares. Hay empresas que producen materiales para gráficos murales, en los que se puede borrar y escribir de nuevo, calendarios generales de pared, calendarios de vacaciones, proyectos personales y otros gráficos; también existe una amplia variedad de productos que le ayudarán a compartir con otros, en su lugar de trabajo, los asuntos previamente programados.

Divididos sobre una base de día a día, semana a semana o mes a mes (o incluso formando un gráfico anual), estos productos transforman una pared vacía en un «centro de comunicaciones», dejando a la vista de todos lo que se tiene que hacer: plazos que cumplir, citas, reuniones, programas de producción e itinerarios. También son muy útiles para tener en cuenta las fechas de pago, los análisis de venta, el control del tráfico y el inventario de materiales.

ACELERAR LA EJECUCIÓN DE TAREAS

Una vez que haya aprendido a programar sus tareas y haya encontrado un ritmo de trabajo que le resulte cómodo, intente ganar tiempo introduciendo en el día una tarea más que realizar. Acostumbrarse a añadir esa tarea adicional (siempre que no provoque una actitud contraproducente) puede ayudarle a realizar muchas más cosas, dejándole así tiempo libre al día siguiente para usarlo en otras.

Una buena forma de acelerar el cumplimiento de un programa consiste en establecer segmentos de tiempo y aprender a comprimir en esos períodos muchas actividades que normalmente le llevarían más tiempo.

El doctor Daniel Pawling, un clérigo autor de veintitrés libros y antiguo presidente de World Christian Endeavor, me dijo en cierta ocasión: «Hace años, empecé a dividir mi día de trabajo en segmentos de quince minutos y preparar programas para cada período. Aprendí así a comprimir en un cuarto de hora cosas para las que previamente había necesitado de veinte a veinticinco minutos. De ese modo, gané una hora extra o más al día. Ahora ya no necesito recordar esos segmentos. El hábito se ha hecho prácticamente automático».

El reloj de 25 horas

Morton Rachofsky, de Dallas, Texas, ha desarrollado un reloj que está dividido en 25 horas, cada una de ellas con 60 minutos, aunque cada uno de ellos está compuesto por 57,6 segundos. Esos 2,4 segundos ganados con cada minuto se utilizan para crear una «hora» extra al día. El reloj está sincronizado con un reloj normal al mediodía. Si lo utiliza para dejar que guíe su propio programa, se acostumbrará a acelerar sus actividades, con una mejora de la eficiencia diaria del orden del cuatro por ciento.

ORGANIZAR Y GESTIONAR ACTIVIDADES POR COMPUTADORA

Una serie de programas de software le permitirán organizar y programar sus actividades en una computadora personal. Una de las mejores que he encontrado es la Agenda Lotus 2.0, de los mismos que han desarrollado la hoja de escala 1-2-3, de la que se dice que es una de las usadas más ampliamente, tanto en Estados Unidos como en otros países. Paul Hatchett, director de Agenda Marketing, explica:

Cada mañana, se enfrenta uno a una muralla de información: llamadas, memorándums, reuniones, cartas, planes, programas, recordatorios, notas, conversaciones. Cuando cree uno tenerlo todo bajo control, algo cambia y se da uno cuenta de que necesita algo más que recortes y una grapa para tenerlo todo junto.

Con la Agenda Lotus, la computadora se convierte en un poderoso gestor de información personal, con lo que uno puede sentirse más tranquilo. Lo que hace es seguirles la pista a las citas, los proyectos, la gente y las ideas, de tal modo que se relacionen unos con otros.

Simplemente, se introduce la información en el PC (cualquier computadora personal compatible con IBM), tanto si se trata de un memorándum como del día y la hora de una reunión importante, o una idea o proyecto. Ni siquiera tiene que estructurarlo por adelantado. La agenda organiza, pone al día y cruza automáticamente las referencias para usted, de cualquier forma que desee hacerlo.

Al consolidar toda su información en un solo lugar, la agenda le proporciona la flexibilidad para visualizarla de numerosas formas: por personas, por proyectos, por fechas. Es capaz de manejar .cualquier cosa, desde citas y recordatorios hasta números de teléfono e ideas para el futuro. Lo organiza de tal modo que obtiene usted lo que necesita cuando lo necesita, lo que le permite experimentar un mayor control y tener la sensación de ser más capaz de tomar decisiones informadas.

Si, por ejemplo, y como parte de su trabajo, necesita trabajar con Jones en Fusiones y Adquisiciones, para ver cómo puede apoyar a su departamento para cerrar un próximo negocio, mecanografía una nota en la computadora: llamar a Jones a las 4 de la tarde sobre preparación de reunión para fusión, en tal fecha. La agenda puede leer información tan poco estructurada como ésta, y sabe exactamente dónde colocarla. Una vez incluida, puede usted buscar esta información bajo el nombre de Jones, por el de fusión o por la fecha de hoy. La agenda hará algo más que recordarle comprobar los preparativos con Jones, ya que le proporcionará incluso su número de teléfono, para que no tenga necesidad siquiera de buscarlo.

Si decide incluir a alguien más en los preparativos, puede colocar el cambio allí donde se encuentre trabajando en ese momento, y la información se añadirá en cualquier otra parte con la que se halle relacionada. Todo esto le permite ver de qué otras formas afecta eso a sus prioridades personales y las de la empresa para la que trabaja, así como ver el trabajo que se está realizando e incluso otros pasos. El sistema ofrece un dietario de actividades, un gestor de personal, un gestor de cuentas y una plantilla para mostrarle cómo puede ayudarle la agenda a organizar la información, que se le envía por correo electrónico o en discos compactos.

Los fabricantes afirman que los añadidos son muy fáciles de incorporar en su rutina diaria, hasta el punto de que puede empezar a utilizarla de forma productiva en apenas media hora, lo que resulta muy útil para aquellos que no disponen de mucho tiempo para aprender su manejo. El formato no estructurado de la agenda permite introducir información al vuelo, en el despacho, en una computadora portátil durante un viaje, o allí donde disponga de un acceso a un teclado. *Nota:* para un producto mejor, vea el software de Lotus Magellan 2.0, Gestor de Fichas, que ofrece una amplia variedad de características adicionales.

Dietarios computarizados

El dietario electrónico Brujo, de Sharp Electronics, se ha comercializado con la idea de disponer de un equipo compacto y ligero que le permita contar con importante información personal y empresarial, de programas, etcétera, allí donde se encuentre. El dietario dispone de un teclado tipo máquina de escribir, con teclas elevadas, y contiene numerosas características útiles, como un calendario de doscientos años, un modo de programación para la entrada y llamada fácil de reuniones o citas, tres directorios telefónicos para almacenar nombres, números y direcciones, y muchas más cosas. El sistema también ofrece un bloc electrónico, un recordatorio de aniversarios, una calculadora, un reloj mundial y otras funciones.

El dietario de Sharp también le permite marcar cualquier información como secreta, protegiéndola con una contraseña que sólo conoce usted. Con conexiones opcionales, puede intercambiar información con computadoras compatibles IBM o Macintosh, o con otros dietarios Sharp que tienen tamaños de bolsillo de camisa o de la palma de la mano.

Los dietarios electrónicos Brujo pueden incluir los siguientes servicios: gestor de costes de tiempo, diccionario, traductor en ocho idiomas, planificador de dinero, guía de ciudades de América del Norte, gestor de hoja de trabajo y computadora científica. También puede cargar información de su propia computadora, para poder viajar ligero de equipaje, pero llevando en el bolsillo gran cantidad de información.

Atari afirma ser el fabricante de la primera computadora tamaño bolsillo MS-DOS, compatible, que tiene incluidas cinco aplicaciones, entre las que se encuentra un libro de direcciones capaz de almacenar y ofrecer cientos de direcciones y números de teléfono, un diario para ayudarle a planificar sus programas de negocios y sociales, y una compleja calculadora con cinco memorias. La computadora también contiene un fichero Lotus, hoja de trabajo compatible para planificar y calcular un presupuesto o seguir la pista de los gastos, y un editor de textos para mecanografiar memorándums y cartas.

La función de programa del Atari incluye citas y una alarma programable para recordarle fechas clave. Las entradas pueden repetirse diaria, mensual o anualmente.

El popular programa Sidekick 2.0, de Borland International, es una herramienta de organización para ejecutivos que resalta un sistema de mando de gráficos, dotado con menús y ventanas. Ya sea utilizando las teclas o un ratón de mando, le permite elegir aplicaciones nuevas y viejas (con millones de usuarios, según se afirma). Entre las características sustancialmente mejoradas se incluyen herramientas para gestionar el tiempo, un libro electrónico de direcciones con automarcador, un reloj despertador, un bloc de notas, una calculadora y software de comunicaciones. La mayoría de los programas no interfieren hasta que se los necesita, y tras su utilización se desvanecen y pasan a un nivel secundario.

Se afirma que el programa de software del *Dietario del Director* «le proporciona todas las herramientas que necesita para organizar tareas, tiempo y personas en un solo lugar... [y] para manejar el a veces abrumador número de obligaciones que maneja actualmente a mano, o que tiene la impresión de no poder controlar en absoluto». Según se dice, ha sido desarrollado con las informaciones suministradas por diez mil directores, e incluye una amplia variedad de disciplinas, así como el software siguiente: organizador del tiempo, fichero de tarjetas de visita, anuario telefónico, gestor de personal, informes de gastos, anuario automovilístico, informes de viajes, calculadora empresarial y datos sobre acuerdos. El *Dietario del Director* «centraliza la enorme masa de información que espera mantener organizada, exacta y actualizada, con todo aquello que puede necesitar aportar en un instante, y que se encuentra accesible con sólo apretar una tecla o dos». Otras características incluyen menús de despegue y aterrizaje para navegación simple, opción de memoria residente, siluetas móviles instantáneas, un nuevo sistema de tutoría para empezar las cosas con rapidez, y una función de ayuda en pantalla con sólo apretar una tecla.

El dietario portátil Chronos es un sistema de software para gestión desarrollado por la empresa Chronos, que ofrece un calendario de citas con dispositivo de alarma, comprobación de conflictos, lista de prioridades, programador de oficina, nombres agrupados, programas de proyectos, ficheros de plazos y objetivos, gráficos de tiempo, categorías de ficheros de tarjetas, historiales de clientes y contactos, ficheros de seguimiento y delegación, citas «inteligentes», automarcador, bloc de notas, teclas «calientes» y muchas más cosas. El sistema también puede acoplarse a los sistemas Day-Timer, Day-Runner y dietario Franklin, permitiendo la transferencia de datos de uno a otro.

Advertencia: aunque los fabricantes de todos estos dietarios afirman que resulta fácil manejarlos, se necesita una cierta comprensión de cómo introducir y extraer información. La increíble miniaturización que proporciona tantas funciones en tan poco espacio aumenta la probabilidad de que estos artilugios se usen cada vez más para ahorrar tiempo. Para conseguir ganar una hora extra al día, decida ahora aprender a utilizar con efectividad un dietario electrónico.

4
Tareas repetitivas rutinarias

Cuando utilice plenamente su dietario, sin duda alguna se dará cuenta de que pasa muchos minutos al día realizando actividades rutinarias y repetitivas. Es fundamental encontrar atajos para realizar estas tareas. Tanto en las actividades personales como empresariales repetimos innumerables tareas día tras día. Muchas de ellas pueden sistematizarse con efectividad para poder realizarlas así en menos tiempo y mantener al mínimo el tiempo que otros empleen para llevarlas a cabo.

Para ello se requieren dos estrategias centrales:

1. *Simplificar:* si hay papeleo de por medio, desarrolle una variedad de procedimientos y formas que sean más eficientes para usted.

2. *Delegar:* asigne tareas a las secretarias, ayudantes o subordinados.

Tal simplificación y delegación se deriva de la ingeniería industrial, cuyos principios básicos fueron muy bien formulados hace años, y que desde entonces han sido constantemente refinados y mejorados. J. M. Sinclair, en *Public Relations Journal*, explica:

Los ingenieros industriales trabajan basándose en la premisa de que si un procedimiento se repite con frecuencia, hasta las más ligeras mejoras del método pueden tener como resultado ganancias sustanciales de productividad. En consecuencia, analizan sistemas integrados de personas, máquinas y materiales para diseñar e instalar los mejores. En el proceso, pueden llegar a eliminar incluso un ligero movimiento de la mano, o diseñar una nueva planta, todo ello en beneficio del aumento de la eficiencia.

Debido al énfasis que se pone en los procedimientos repetidos, los principios de la ingeniería industrial se han utilizado fundamentalmente en la producción en masa. Algunos, sin embargo, pueden aplicarse también a la gente que trabaja en los despachos, incluso en el caso de aquellos que piensan que su trabajo es diferente cada día. Pregúntese con qué frecuencia abre o contesta la correspondencia, hace llamadas telefónicas, asiste a reuniones de personal, lee periódicos o revistas empresariales, acude a ver a los suministradores, escribe sobre temas diversos y muchas otras cosas.

Sinclair sigue diciendo que en todo esto se pone de manifiesto que aun cuando el contenido del trabajo pueda cambiar constantemente, los procesos siguen siendo los mismos. Después de haber revisado sus actividades, también descubrirá una notable similitud cotidiana en las secuencias con las que realiza muchas de sus funciones.

Sinclair dice que consideró su propio trabajo no con un cronómetro y una regla de cálculo, como podría haber hecho un ingeniero industrial, sino teniendo presente dos supuestos que forman parte del espíritu del ingeniero industrial:

1. *Puede encontrarse una forma mejor de hacer cada trabajo.* Los ingenieros industriales son optimistas; incluso cuando desarrollan una mejora, raras veces se refieren a ella diciendo que es la mejor, sino que más probablemente la consideran como la mejor disponible, o la mejor que se ha inventado por el momento, suponiendo como inevitable un progreso posterior.

2. *Adoptar una constante actitud interrogadora con respecto a toda acción repetida* permite descubrir mejoras. Según Sinclair, antes de sugerir cambios, los ingenieros industriales los estudian. Al mantener el mismo tipo de apuntes diarios que en cualquier otra parte, junto con los tiempos necesarios para llevar a cabo las tareas, empiezan a darse cuenta de cuáles son las rutinas que pueden dividirse en pasos y unidades más pequeñas, que luego pueden combinarse, o para las que pueden encontrarse atajos, sistematizándolas y simplificándolas.

Gracias a esa clase de análisis, dice Sinclair, ha hecho usted exactamente lo que haría un ingeniero industrial: ha desmembrado el proceso y lo ha vuelto a reconstruir para establecer el mejor método disponible. Aunque posiblemente el tiempo que ahorran sea insignificante al principio, los ingenieros recuerdan que, al repetir una actividad, el método de las mejoras pequeñas puede tener como resultado importantes ahorros totales de tiempo y energía.

Una vez que un ingeniero industrial ha determinado el mejor método disponible, calcula cuánto tiempo tardará en realizarse. Calcular el tiempo de una forma realista le permite determinar por adelantado cuánto podrá hacer probablemente en un período determinado de tiempo, lo que le facilitará el establecimiento de objetivos más realistas. Esa clase de cálculos son valiosos, porque se basan en observaciones directas del tiempo que se tarda en realizar actividades prolongadas (en oposición a cuánto tiempo le gustaría que durasen).

Reconocer desde el principio sus necesidades de tiempo, en lugar de hacerlo al final del día, le permitirá tomar mejores decisiones acerca de qué hacer primero, qué puede tener que eliminarse de períodos posteriores y qué cosas puede delegar en los demás. Sinclair indica que esta estrategia le permitió:

- Acortar el tiempo de lectura de la prensa económica y otras publicaciones profesionales.
- Pedir la entrega de ciertas cosas que normalmente habría ido a buscar él mismo.
- Retrasar reuniones programadas o hacerlas más eficientes para ganar tiempo.
- Asignar al día siguiente aquellas cosas que podían esperar.

Sinclair concluye diciendo: «Cuando un ingeniero industrial proyecta cuánto puede realizar un obrero al día, no asume una eficiencia del ciento por ciento. Calcula también el tiempo perdido debido a necesidades personales y a la fatiga; esos porcentajes varían de acuerdo con el tipo y las condiciones de trabajo. Adoptar estos principios en la realización de sus propias tareas repetitivas le permitirá conseguir que se hagan más cosas en menos tiempo».

Lo que funcionó para Sinclair puede funcionar igualmente bien para otros, incluido usted, si observa sus actividades repetitivas rutinarias y trata de ahorrar minutos en cada una de ellas. Muchas empresas, como la Sea Land, una gran compañía de transportes internacionales, aspiran cada vez más a permitir que los trabajadores se libren de tareas repetitivas que hacen perder tiempo, un objetivo particularmente importante a la vista de la disminución del negocio, con una cantidad cada vez menor de empleados dedicados a realizar el mismo trabajo. Uno de los resultados inesperados para Sea Land ha sido que las numerosas descripciones de tareas a realizar han disminuido de tal modo que, de ocupar cinco páginas, han pasado a ocupar una sola. Eso se consigue, por ejemplo, porque los vendedores, que tienen que redactar informes rutinarios excesivamente detallados que nadie lee, han dejado de hacerlo. Según la revista *Fortune*, una de las pruebas directas pero efectivas que utiliza Sea Land para determinar la necesidad de realizar una tarea concreta es la siguiente: si un departamento concreto lo necesita más que el suyo, que sea ese grupo el que se encargue de hacerlo. A menudo, resulta que ese otro departamento tampoco necesita que esa tarea concreta se realice.

La Digital Equipment Corporation, al llevar a cabo su reestructuración, invitó a los empleados a fijarse en las ineficiencias del trabajo rutinario y repetitivo. Entre otras cosas, Digital comparó los sistemas de control de talleres utilizados por los fabricantes estadounidenses y japoneses de automóviles con los suyos propios, buscando formas más sencillas y capaces de ahorrar tiempo para mover los materiales por las fábricas. Según *Fortune*, que cita a John F.

Smith, vicepresidente ejecutivo de operaciones, el resultado fue que los propios empleados prefirieron eliminar las tareas rutinarias.

Pizza Hut, otra empresa intensiva en mano de obra, ha aliviado la presión de tiempo que se ejerce sobre muchos de sus empleados al pedirles que sugirieran formas de rediseñar la rutina y los aspectos repetitivos de su trabajo. Según *Fortune*: «Las ventas y la moral aumentaron cuando los directores de establecimiento ayudaron a decidir qué papeleo podía evitarse tener que enviar a la compañía matriz. Uno de ellos descartó su sistema de salarios e introdujo el suyo propio, con bonificaciones más generosas, responsables del aumento del 40 por ciento en las ventas».

Maids International, un servicio de limpieza del hogar en régimen de franquicia, con ventas anuales por valor de 16 millones de dólares, enseñó a los empleados a acelerar sus procedimientos rutinarios y repetitivos, permitiéndoles así realizar más trabajo en menos tiempo y, en el transcurso del proceso, ganar más.

MANEJAR LAS TAREAS ASIGNADAS

Lo opuesto a las tareas rutinarias y repetitivas son las nuevas responsabilidades que se le puedan encargar. Virtualmente, cada trabajo que realice implicará una serie de cometidos, ya sean autoimpuestos o bien asignados por los superiores a los que tiene que informar. Tales cometidos pueden tardar en realizarse minutos y, algunos, meses e incluso años. Lauchland A. Henry, en *La guía profesional del trabajo inteligente*, dice que, no importa el cometido que se le haya asignado, hay ciertos pasos básicos que pueden ayudarle a conseguir realizarlo en menos tiempo, con una mayor satisfacción y con la seguridad de que no tendrá que volver atrás para rehacerlo. Henry ofrece los siguientes consejos:

- *Defina el cometido con claridad.* Frecuentemente, muchos de los cometidos recién asignados se interpretan mal, incluso en aquellas situaciones en que el empleado sabe básicamente lo que tiene que hacer. Si se le ha expresado directamente, repita con sus propias palabras el cometido asignado. Es posible que dé un salto hacia adelante, pensando en cómo llevará a cabo la tarea que se le pide que haga, saltándose quizás un elemento importante. Si no se le plantean los datos necesarios, clarifique mediante sus propias preguntas qué es lo que tiene que producir, cuál es el tiempo esperado para producirlo, si hay alguna circunstancia especial y cuáles pueden ser las posibles fuentes de ayuda y otros recursos. Si la tarea fuera compleja, busque una oportunidad para revisar periódicamente el progreso.
- *Lleve notas puestas al día.* La asignación de cometidos cambia a menudo durante su realización. Las notas le ofrecen un registro actualizado de lo que está intentando hacer, de lo bien que progresa hacia su consecución. Si hay algo importante que no queda claro, vuelva a consultar con el superior que le ha encargado la tarea, y pídale una aclaración. No confíe en esa forma que se utiliza tan a menudo para expresar las cosas: «Hágalo así y asá. Ya sabe lo que quiero decir».
- *Evite plazos irrazonables.* A veces, un superior, al asignar un cometido, dice algo así como: «Y no se pase una eternidad haciendo esto». Evidente-

mente, la cantidad de tiempo que emplear en un proyecto debería basarse en la importancia del cometido asignado, y en la prioridad que éste tiene para la persona que se lo ha encargado.

- *Si se le encarga un cometido por escrito, léalo atentamente.* No examine superficialmente las directrices escritas. Identifique los resultados que se pretende conseguir, las fuentes de información, los informes necesarios y las debidas fechas. Anote lo que no comprenda, asegúrese de no haber pasado nada por alto que pueda clarificar esas cuestiones que no ha entendido. Póngase en contacto con la persona que le ha transmitido el encargo y discuta esos temas hasta tenerlos bien claros. Si como consecuencia de la discusión surgieran cambios, anótelos, incluyendo la fecha, para estar seguro de trabajar siempre con la última versión del cometido asignado y de no estar perdiendo el tiempo.

- *Ejecute de modo flexible el plan asignado.* Al ejecutar el plan, no lo descarte en cuanto se encuentre con el primer punto que parece fallar, pero tampoco se atenga ciegamente a él. Los planes siempre están sujetos a cambios a medida que se avanza en su realización. No deje de plantear las dificultades importantes a la atención de la persona que le ha encargado la tarea.

Yo añadiría el siguiente consejo: si la asignación del cometido ha sido un largo proceso, considere la posibilidad de encabezar su informe con un resumen ejecutivo, destacando los puntos en los términos que sean más beneficiosos para el superior. Conserve la documentación y el material de apoyo con el informe, o incluya una nota indicando que lo tiene disponible. William Benton, un antiguo senador de Estados Unidos, cuya *Encyclopaedia Britannica* utilicé durante mucho tiempo, explicó una vez: «No haga que lo evidente parezca irrefutable». Al ofrecer todo lo que sea significativo, hacerlo de forma directa y con la menor cantidad de palabras posible, no sólo ahorrará el tiempo de aquellos para los que ha realizado un cometido concreto, sino que también se asegurará de que su informe sea leído y tenido en cuenta.

5

Utilice sus horas más efectivas

¿Cuándo debería realizar las numerosas tareas anotadas en su dietario? Si tuviera posibilidad de elegir (pues a menudo no tenemos control alguno sobre las muchas que hay que hacer), ¿cuál sería su mejor momento para emprender la realización de las tareas más importantes?

A nadie se le ocurriría hacer funcionar máquinas muy complejas sin disponer de una amplia variedad de artilugios e instrumentos de medición para obtener datos esenciales sobre lo que está sucediendo dentro. Y, sin embargo, tendemos a pasar por alto el hecho de que nosotros mismos somos máquinas muy complejas, y que estamos dotados con nuestros propios artilugios personales, indicadores que nos dicen con claridad cuál es nuestro estado físico durante el día, y los efectos que tiene ese estado personal sobre nuestra capacidad para realizar más en menos de nuestro mejor tiempo.

Otro de los principios que suelen pasarse por alto y que, sin embargo, ahorran mucho tiempo, es el de realizar sus tareas más importantes en sus horas más productivas. Todo lo que se diga sobre este principio es poco.

Da la impresión de que esta fórmula no exigiría ninguna elaboración posterior. Sin embargo, muchas personas se instalan tanto en sus rutinas que utilizan sus horas más productivas para manejar los asuntos relativamente poco importantes, y dejan los problemas más importantes y prioritarios para algunas de las horas en las que rinden menos.

El doctor Nathaniel Kleitman, un fisiólogo de la universidad de Chicago, es un notable especialista en lo relacionado con el sueño y el permanecer despierto. Al utilizar lo que él denomina el termómetro clínico, Kleitman descubrió que la rapidez con que empiece la actividad por la mañana depende en buena medida de la temperatura corporal.

La temperatura normal del cuerpo es de 37 ºC. Según ha observado el doctor Kleitman, eso puede variar en un grado o más durante el día, aun cuando la persona se encuentre perfectamente bien. Las variaciones en la temperatura del cuerpo (más baja cuando se está dormido que cuando se está despierto) reflejan el metabolismo basal, un complicado proceso mediante el que su cuerpo quema oxígeno y, por así decirlo, mantiene encendido el horno.

Las pautas de variación de temperatura coinciden con la elevación y el descenso de su eficiencia en el trabajo, el estado de alerta mental y la sensación de bienestar.

Aunque no todos somos iguales, es muy probable que usted pueda ser adscrito a una de las tres categorías siguientes:

● *Matinal:* se despierta usted con el horno caliente y preparado para entrar en pleno funcionamiento; está lleno de impulso. Alcanza su momento culminante al mediodía y luego se va enfriando gradualmente. Por la noche, se siente bastante cansado después de un día de trabajo.

● *Nocturno:* odia tener que levantarse y se pasa la mañana en un estado de falta de atención, letárgico y hasta sombrío; a primeras horas de la tarde, empieza a brillar. Pocas horas más tarde se siente como una bola de fuego, tan bien como el tipo matinal se siente a las diez de la mañana. Para cuando empieza a actuar más calmadamente, el sol ya hace tiempo que se ha puesto.

● *Siempre dispuesto:* este individuo feliz tiene las virtudes de los termostatos de las otras dos personalidades: empieza temprano, se enfría un poco al mediodía, durante el almuerzo, y vuelve a encenderse por la tarde.

SU PAUTA DE EFICIENCIA

En el transcurso de cada día, su eficiencia mental y física varía considerablemente. En un período de veinticuatro horas hay un momento en el que su eficiencia es más alta, y otro en el que es más baja. Estos altibajos ocurren diariamente, aproximadamente a la misma hora, constituyendo así lo que podría denominarse como su pauta de eficiencia. La mayoría de nosotros funcionamos a tope aproximadamente una hora después del desayuno. A partir de ahí, vamos declinando, con lentitud al principio, y luego con mayor rapidez, empezando poco después del almuerzo.

Si es usted como la persona de tipo medio, su momento diario más bajo puede encontrarse hacia las cuatro de la tarde. No obstante, se anima un poco después de la cena, y vuelve a bajar hacia las diez de la noche. Incluso entonces, es probable que sea más eficiente que durante la calma de primeras horas de la tarde.

Todo esto es válido, siempre y cuando encaje en la norma. Pero a la mayoría de nosotros no se nos puede incluir en la norma. Debido a las diferencias de hábitos y estilos de vida, cada individuo varía algo con respecto a esa media. No obstante, puede convencerse de que es usted una persona matinal o nocturna, y actuar en consecuencia.

Numerosos estudios han demostrado el hecho de que las horas de la mañana son mejores para la mayoría de nosotros. Pocas son las personas capaces de encenderse a las nueve y apagarse a las cinco de la tarde, pero una gran mayoría afirma que se siente en su mejor momento antes de que empiece el jaleo del día.

DETERMINE SU PROPIO CICLO

Hay muchas formas de determinar los períodos culminantes de su propio ciclo. He aquí algunos consejos para ello:

- Lleve un gráfico durante dos o tres semanas para averiguar cuáles son los mejores y los peores momentos.
- Si quiere elevar el calor de su cuerpo, aumentando así la eficiencia matinal, tome un baño o una ducha más prolongados y calientes. O hágalo

tras media hora de practicar el *jogging* o el *aerobic*. Una vez elevada, la temperatura permanecerá alta, estimulando el ciclo de todo su día.

● Si no funciona bien al empezar el día, considere si está durmiendo lo suficiente. Adicionalmente, encontrará un buen estímulo en una adecuada nutrición durante el desayuno, en lugar de tomar apresuradamente una tostada y una taza de café. Necesita elevar los niveles de azúcar en la sangre, preparando su cuerpo para que funcione a plena capacidad.

ADÁPTESE A LAS REALIDADES DEL LUGAR DE TRABAJO

Si su jefe parece medio adormilado por la mañana y está muy despierto y activo por la tarde, y usted exhibe el ciclo opuesto, posiblemente tenga que aprender a vivir con esa pauta hasta que usted mismo sea el jefe.

Si las costumbres predominantes en su lugar de trabajo hacen que se utilice la mañana para saludar a los colegas, inventariar las noticias y recordar el partido de la noche anterior, corte esa situación. Aunque resulta agradable intercambiar saludos, las amabilidades pueden ser breves. El principio de la jornada, logrado mediante su resolución de propósito, puede establecer toda la diferencia en su día de trabajo.

● Y, lo más importante, no pierda el tiempo de la mañana, que suele ser muy eficiente, leyendo el periódico, contestando una correspondencia no esencial y solucionando cosas sin importancia. Dedíquese a las grandes cosas.

Una vez que haya identificado los períodos de alta energía, concéntrese en:

- Los problemas principales de su programa.
- El pensamiento creativo.
- La discusión y elaboración de cuestiones de primera importancia.

Aborde las tareas desagradables o difíciles en el momento óptimo. Dejarlas para más tarde, o para los períodos bajos, las hará todavía más difíciles y desagradables. (Prográmese los trabajos más grandes y arduos para los lunes y los martes. Lo más probable es que esos días disponga de una mayor energía y tiempo libre. Hacer pronto los trabajos arduos representará un estímulo psicológico que le proporcionará la sensación de que lo peor de la semana ya ha pasado.)

En los momentos de eficiencia media concéntrese en:

- Intercambios con otros en su oficina o en cualquier otro lugar de trabajo.
- Dictado de cartas y memorándums rutinarios.
- Planificación y programación.

En los momentos de eficiencia baja concéntrese en:

- Clasificación preliminar y estudio de la correspondencia.
- Hablar con visitantes sobre temas rutinarios.
- Llamadas telefónicas.

Nota personal: he descubierto que mi mejor período es durante la mañana. Durante muchos años, me levantaba antes del desayuno para dedicar una hora a escribir. Durante algunos de esos años, en los que tenía que recorrer diariamente un largo trayecto, también descubrí cómo hacer un buen uso del tiempo de viaje. En ese momento del día me encontraba en un período de energía alta y, simplemente, bloqueaba las interrupciones. Hacía trabajo creativo original, y me las arreglé para escribir dos libros e innumerables artículos durante este rato diario de media hora. A los tentadores titulares de la prensa sólo les dedicaba un vistazo superficial, dejando para más tarde, en momentos menos efectivos, la lectura detallada de los artículos que me interesaban. También aprendí a abordar las tareas creativas más importantes en el mejor período para ahorrar tiempo, utilizando las técnicas que se detallan en otra parte de este libro.

6

Irresolución

La irresolución es a menudo el resultado del autoengaño: razones perfectamente válidas que nos damos a nosotros mismos para aplazar un informe que puede hacerse mañana (cuando estemos en nuestro mejor momento), en lugar de hacerlo hoy (cuando no estamos «inspirados»). Sin embargo, aplazar las cosas que se tienen que hacer, aquellas que uno sabe constituyen sus más altas prioridades, puede doblar o triplicar el tiempo necesario para llevar a cabo lo que ineludiblemente se tiene que hacer. El simple pensamiento de tener que realizar muchas más cosas de las que parece disponer de tiempo para hacer, paraliza a menudo la voluntad. El no hacer nada, o dedicarse a otras cosas menos importantes, amontona cosas pendientes como la nieve sobre un surco, hasta que hay una montaña.

Atrapados en esta situación delicada que nos hemos creado nosotros mismos, tendemos a embrollarnos un poco. Nuestra mente subconsciente protesta. Nos ponemos nerviosos, nos sentimos constantemente bajo presión, perdemos la calma, nos sentimos frustrados, le gritamos a cualquiera que esté a nuestro alrededor y, lo peor de todo, nos odiamos a nosotros mismos. Todo esto es contraproducente e innecesario.

¿LE CUESTA DECIDIR LAS COSAS?

Si la respuesta es afirmativa, felicidades por ser tan honrado. Hasta cierto punto, eso nos pasa a todos. La irresolución es algo tan universal que, por lo visto, en Estados Unidos existe incluso un club nacional de la irresolución. Sus miembros tienen la intención de reunirse desde hace algún tiempo..., pero no acaban de decidirse a hacerlo.

A menudo resulta difícil detectar la irresolución porque es una nulidad. Las tareas que usted realiza son lo que hace. El resto, se deja sin hacer o se pospone. Una vez, Dale Carnegie escribió: «La irresolución se convierte en un problema porque, al descuidar y rechazar las cosas que son importantes para usted y su progreso, éstas se convierten en un obstáculo continuo».

¿Reconoce lo siguiente?

Los doctores Merrill E. Douglass y Larry B. Baker, del Centro de Gestión del Tiempo, dicen que la irresolución es:

- Realizar tareas de baja prioridad antes que las de alta prioridad.
- Arreglar la mesa del despacho cuando tendría que estar trabajando en un informe vital.
- Llamar al cliente amable que compra poco, en lugar de preparar una presentación para el posi-

ble cliente duro que podría comprar mucho más.

● Posponer el tiempo que sabe debería pasar con sus hijos hasta que éstos ya estén medio criados y sea demasiado tarde para hacerlo.

Douglass y Baker dicen: «Es evitar a los colaboradores antes que decirles las malas noticias. Mantenerse alejado del despacho para no tener que disciplinar a un subordinado». Al no decidirnos a abordar las tareas realmente importantes y más vitales, «la irresolución es un hábito insidioso capaz de arruinar carreras, destruir la felicidad y hasta acortar la vida..., impidiendo el éxito en todos los ámbitos».

La irresolución le cuesta muchos minutos, horas y días. Controlar la urgencia de posponer las cosas exige disciplina, pero la buena noticia de todo este asunto es que, una vez que se emprende, la tarea aplazada no es ni la mitad de difícil de superar que como se había supuesto.

CAUSAS DE LA IRRESOLUCIÓN

El hábito es una de las principales causas de la irresolución. Todos tenemos tendencia a desarrollar ciertas pautas y a continuar practicándolas, en lugar de aceptar el desafío del cambio.

Solemos mostrarnos irresolutos con respecto a ciertas tareas porque son desagradables, difíciles o porque hacen que nos sintamos indecisos. Sin embargo, no solemos aplazar las cosas que nos resultan fáciles o de las que disfrutamos. Pero aplazar lo desagradable raras veces consigue hacerlo desaparecer; eso no hace sino aumentar el nivel de ansiedad, porque las cosas que deben hacerse continúan ahí, fastidiándonos y, frecuentemente, causándonos irritabilidad.

MÉTODOS PARA ROMPER LA IRRESOLUCIÓN

He aquí algunos de los mejores métodos para romper la irresolución en un instante:

• *Haga primero lo más desagradable.* Intente programar para el principio del día sus tareas más desagradables, aquellas que tiende a aplazar con mayor frecuencia. Eso le permite dejar atrás la cuestión, en lugar de tener que afrontarla y posponerla continuamente (Douglass y Baker).

• *Reserve una pequeña cantidad de tiempo* para el supuesto asunto no resuelto. Decida trabajar en los componentes manejables de un problema durante diez a treinta minutos diarios. Déjelo una vez transcurrido ese tiempo. Problemas de gran envergadura, como preparar un presupuesto o hacer un inventario, pueden manejarse de este modo (*Japan Times*).

• Desgraciadamente, algunas tareas desagradables no se prestan a este método. Despedir a un empleado o ser el portador de malas noticias no puede abordarse por sectores. La mejor sugerencia que puede darse al respecto es bien sencilla: *hágalo de una vez y termine con el asunto*. Lo único que conseguirá no abordando hoy lo que pueda resultar desagradable será sentirse igualmente sobrecargado con tales problemas el día de mañana, lo que inducirá más irresolución (*Japan Times*).

• *Establezca un plazo de compromiso consigo mismo.* Apueste con alguien para obligarse a sí mismo a la acción. Por ejemplo, dígale al jefe que tendrá el presupuesto preparado con una semana de antelación, o lo invitará a cenar. Si es usted representante de ventas, diga a uno o más de sus colegas que superará en un 20 por ciento las ventas del mes anterior, o los invitará a una ronda la próxima vez que festejen algo. Si apuesta con alguien, habrá obtenido algo en el caso de ganar. De ese modo establece usted mismo un incentivo por alcanzar el objetivo, y un castigo por haberse quedado corto (*Japan Times*).

● *Prémiese a sí mismo por sus logros*. Por ejemplo, establezca un almuerzo especial con su esposa por haber terminado el proyecto que había estado posponiendo hasta ahora. Las autorrecompensas no pueden ser sino gratificantes para usted, tanto si son pequeñas como grandes. Si no se ha ganado la recompensa, no debe concedérsela; si la consigue, asegúrese de que se la concede. Las recompensas ocasionales hacen que la vida sea más interesante y le ayudan a superar su tendencia a la irresolución ante las tareas que pueda temer más.

● *Trabaje hacia atrás*, para desmembrar trabajos en subunidades más pequeñas. Empiece por los resultados que desea alcanzar, por el fin de la tarea, y pregúntese luego qué tendrá que hacer para llegar hasta ahí. De ese modo, hasta la tarea más compleja puede desmembrarse en unidades tan pequeñas como sea necesario para reducir la naturaleza abrumadora del proyecto (Douglass y Baker).

● Después de haber dividido grandes tareas en otras más pequeñas, *añada marcas distintivas*, para ser consciente del progreso. Las investigaciones demuestran que quienes gestionan su tiempo de forma extraordinaria se crean su propio sentido de la urgencia y superan la irresolución planificando el objetivo del tiempo (doctor James Steffin).

El temor a no lograr la perfección inmediata es otra causa común para aplazar las cosas. *Un consejo:* hágalo lo mejor que pueda desde el principio, en el bien entendido implícito de que más tarde volverá para introducir mejoras. Al saber que habrá una o más revisiones, progresará con mucha mayor velocidad y confianza.

- *Siga adelante con lo que tiene.* Si retrasa el hecho de empezar a trabajar con un informe porque no dispone de toda la información que necesita, recuerde que el 80 por ciento de ésta habrá quedado anticuada en más de un grado cuando lo haga. Si se pone a hacer inmediatamente el trabajo, y lo hace lo mejor posible *ahora*, evitará las desventajas y deficiencias que trae consigo la irresolución (doctor James Steffin).
- *Considere la idea de delegar* una tarea que le resulte pesada o desagradable. Asigne un proyecto, o parte del mismo, a un subordinado; contrate un servicio exterior, o comparta la tarea con un colega que no padezca el mismo bloqueo mental.
- *Déjese llevar momentáneamente por la irresolución.* No haga nada durante quince minutos. «Se sentirá muy incómodo y finalmente se pondrá a trabajar. Si lo ha despejado todo de su mesa o lugar de trabajo, excepto la tarea que tiene entre manos, y no trabaja en nada más durante por lo menos una hora, probablemente se encontrará superando muchas de las causas que le inducían a la irresolución» (Alan Lakein).

Lester B. Bitell, en *Justo a tiempo*, dice que las mejores formas de vencer la irresolución son las siguientes:

- *Introduzca en su rutina un cambio definitivo, e incluso radical.* Es decir, elimine el comportamiento asociado con el hábito que desee cambiar. Por ejemplo, si se muestra irresoluto al mismo tiempo que se dedica a tomar café o charlar con sus colaboradores, deje de hacer esas cosas durante un tiempo, y ofrézcase a sí mismo una recompensa durante los períodos en que se atenga a su nuevo hábito.
- *No permita excepción alguna a su nuevo hábito* al principio de su campaña. Si decide clasificar su trabajo por orden de prioridades, y completar siempre la tarea de más alta prioridad antes de pasar a la siguiente, hágalo así de forma consistente.
- *Empiece inmediatamente.* Habitualmente no seguimos las resoluciones destinadas a introducir un cambio efectivo a partir de la semana que viene. Bitell indica: «Si necesita eliminar hábitos que le hagan perder el tiempo, empiece ahora mismo. Los rudimentos de una campaña llevada adelante con éxito para romper un hábito pueden elaborarse en unos pocos minutos».
- Finalmente, *ponga barreras al hábito de la irresolución.* Entre éstas pueden incluirse establecer un momento para iniciar cada tarea planeada; generar impulso de una forma fácil y rutinaria, y, tal como se sugirió antes, descomponer las grandes tareas en subtareas más pequeñas.

Según Thomas J. Quirk, algunas personas aplazan las cosas porque creen trabajar mucho mejor bajo presión. Hay algo de verdad en ello. Una cierta cantidad de presión puede ayudarle a moverse, pero si ha adquirido la costumbre de esperar siempre hasta el último minuto antes de empezar, es muy probable que acabe por hacer mal el trabajo, o al menos con una calidad inferior a la que es capaz de producir.

Según Quirk, el no aplazar las cosas sino, por el contrario, iniciar los grandes proyectos bastante antes de las fechas debidas, ofrece dos ventajas: estará preparado para superar las crisis que puedan exigir su atención, y no necesitará buscar una excusa plausible porque el jefe no tendrá que preguntarle: «¿Qué quiere decir con eso de que no tiene ese informe preparado a tiempo?».

Quirk ofrece también los siguientes consejos:

• *Cada semana, reduzca sustancialmente algo que le haga perder tiempo.* Es posible que no lo consiga eliminar todo, pero podrá reducir el tiempo despilfarrado.

• *Sígales la pista a aquellas cosas que le hagan perder el tiempo* y que le produzcan la sensación de que se ha regodeado con ellas en exceso durante la última semana. Si, al final del año, ha logrado detectar cincuenta y dos, habrá avanzado mucho en la tarea de convertirse en una persona que usa su tiempo con habilidad, y habrá dejado de ser una de esas que no logran saber en qué pierden el tiempo.

Lo *agradable* frente *a lo importante*

James Steffin, asesor en gestión del tiempo, concluye:

> Muchas personas estimulan con regularidad la irresolución al preguntarse: «¿Qué me gustaría hacer ahora?», en lugar de preguntarse qué es lo más importante que tienen que hacer. Al dar prioridad absoluta a lo más importante se concentra en lo que se halla significativamente relacionado con sus objetivos, no con las cosas agradables del momento... Podría muy bien descubrir, como les sucede a muchos, que, cuando logra comprometerse por completo con la actividad que ha estado aplazando, ésa es su tarea realmente más importante ahora, y que aquello que empezó siendo desagradable puede convertirse en todo lo contrario al comprobar el progreso que realiza hacia los objetivos que desea alcanzar.

7

El despacho: un lugar de trabajo para ahorrar tiempo

Puede realizar usted su pensamiento, planificación, organización y programación claves en una variedad de lugares, pero lo más probable es que su trabajo diario tenga que concentrarse ante una mesa, en un despacho o cualquier otro lugar de trabajo. Disponer su mesa como un lugar de trabajo personal y efectivo, que sea lo más adecuado a sus necesidades, puede ser una de las formas más importantes de ahorrar tiempo. Teniendo en cuenta el tiempo que pasa allí, vale la pena examinar el tema con detalle.

El peligro es que, demasiado a menudo, una mesa se convierte en un lugar donde enterrar convenientemente papeles y todo tipo de materiales de referencia que no se usan con frecuencia, en lugar de destinarla a hacer progresar las tareas que debe o desea hacer. Por ello, un número creciente de hombres de negocios que mantienen una actitud alerta, se muestran ávidos por tener la mesa limpia, reflejando así el control directo, pendiente de los minutos.

Si tiene posibilidad, busque una mesa con espacios que sean especialmente aptos para su trabajo específico: entre las posibilidades de elegir se incluyen bandejas en los cajones, que ayudan a eliminar una gran cantidad de objetos de la superficie; ficheros personales con guías especiales; una papelera móvil, que ahorra espacio en el suelo y resulta especialmente útil en los bancos o en aquellos despachos donde se tiene que trabajar a la vista del público.

Si se le asigna una mesa, lo que debe hacer es utilizarla de la forma más efectiva posible.

ORGANICE SU DESPACHO TAN BIEN COMO SU CASA

Según Day-Timers, tanto si se da cuenta como si no, su hogar es un modelo de diseño eficiente: la cama está en el dormitorio, el horno en la cocina, la televisión allí donde más le guste tumbarse y relajarse. Eso mismo, sin embargo, no suele poder decirse de su despacho. Muchas personas intentan trabajar en despachos que, en realidad, dificultan su productividad. Se pierden carpetas o están fuera de lugar; los documentos se apilan en montones; las mesas están atestadas de cosas.

Si esta descripción se aplicara a su despacho, no se preocupe, porque tiene buena compañía, dice Day-Timers. La respuesta a este problema consiste en reflexionar sobre cuál sería la mejor forma de organizar su equipo y sus suministros de tal forma que le permitan un máximo de productividad y un ahorro de tiempo. Un sistema eficiente de archivo evitará que el papeleo se amontone, al mismo tiempo que le permite acceder a los papeles que necesita ahora. Una vez que se haya organizado con efectividad, le resultará relativamente sencillo mantener el orden en el lugar donde se gana la vida.

Según Day-Timers, los despachos, en general, deberían concebirse como un país dividido en tres provincias, que serían:

1. *Trabajo:* donde lleva a cabo sus responsabilidades diarias.
2. *Almacenamiento:* donde guarda los recursos necesarios para el trabajo.
3. *Visitas.*

Estas divisiones son funcionales antes que físicas. Es inevitable que se produzca un cierto amontonamiento, como por ejemplo con el espacio dedicado al trabajo y al almacenamiento, pero los despachos mejor organizados son aquellos en que estas zonas se encuentran definidas con mayor claridad.

DÓNDE SITUAR LA MESA

Muchos directores prefieren colocar las mesas de modo que den al despacho exterior, para poder verlo desde donde se encuentran. Eso permite saludar cómodamente a las visitas al mismo tiempo que se disfruta de una agradable sensación de mando sobre su espacio, pero hay en ello un inconveniente: puede verse distraído por cada colaborador que pase por delante. Si tiene la posibilidad, coloque la mesa, o bien en ángulo con respecto al movimiento que se produzca en el despacho exterior, de forma que éste no pase directamente ante su línea de visión, o bien, como suelen hacer muchos, colóquela de cara a la pared, lo que también deja libre el mayor espacio posible para otros muebles y utensilios. Recuerde que no está allí para disfrutar de la vista.

Los ejecutivos que pueden añaden cada vez más otra mesa o superficie de trabajo. A menudo sólo se trata de una mesa sin cajones, con espacio suficiente para extender grandes trabajos u otros asuntos que de otro modo ocuparían el espacio principal. Un aparador permite espacio adicional de almacenamiento, y le permite pasar de un proyecto a otro, sin necesidad de tener que guardarlo todo o de restituir los componentes en cada período de trabajo, lo que constituye una clara pérdida de tiempo.

Day-Timers observa: «Aun cuando no necesite de espacio para distintos proyectos, puede utilizar una unidad separada para variar la rutina y aliviar la fatiga que a menudo afecta al que se ve obligado a permanecer ante una mesa».

Otra opción que vale la pena tener en cuenta es una mesa en ángulo recto para el teléfonos, las libretas, las carpetas de archivador y otros accesorios que pueda desear tener al alcance de la mano. En esta mesa también se puede colocar una máquina de escribir o un PC.

Saber con exactitud dónde localizar algo y poder conseguirlo con facilidad ahorra durante el transcurso de un año muchos más minutos de los que puede imaginar.

Habitualmente, puede realizarse más trabajo si las mesas no se colocan de cara a las ventanas, las puertas abiertas o los pasillos transitados, que constituyen fuentes de gran número de distracciones. Si eso representa un problema y el movimiento del mobiliario tiene que descartarse por alguna otra razón, puede que le resulte financieramente beneficioso invertir en algunas particiones.

Adicionalmente, si tiene algo que decir respecto a la colocación de las mesas y del personal, examine el elemento humano. Un experto en estos temas dice: «Tanto si nos gusta como si no, es un hecho que algunas personas son incapaces de trabajar en un ambiente de grupo sin crear habitualmente una conversación inútil. Eso produce una gran pérdida de tiempo y puede deteriorarse hasta el punto de convertirse en sesiones de habladurías. Aunque no siempre resulta fácil corregir este problema en particular, suele poder solucionarse. Empiece por efectuar una cuidadosa revisión de los lugares físicos donde está situado cada empleado. Una vez realizado esto, trate de separar al personal que tenga tendencia a pasar el tiempo hablando demasiado. Un método consistiría en situar estratégicamente a individuos que no estarán en lugares específicos de trabajo el tiempo suficiente como para enzarzarse en discusiones prolongadas con los compañeros. Por ejemplo, el personal de archivo suele ser gente excelente para colocar de esta forma, puesto que, en general, su responsabilidad les obliga a efectuar un movimiento continuo entre las mesas y las zonas de archivo».

Day-Timers observa las siguientes consecuencias de tener las mesas continuamente desordenadas:

- Pérdida de control sobre su trabajo.
- Disminución de la productividad.
- Distracción, fatiga, y estrés.
- Una pobre imagen ante los colegas y otros que le ven en un lugar de trabajo desordenado.

También existe la fuerte probabilidad de perder constantemente documentos importantes, correspondencia y proyectos, algo que, según algunos ejecutivos, representa una de las cosas más frustrantes y que hacen perder más tiempo.

Estoy de acuerdo con los defensores de la «mesa limpia», quienes insisten en que sobre ella sólo debería estar el proyecto en el que se encuentre trabajando actualmente. Elimine todo aquello que no tenga por qué estar allí: documentos no archivados, libros, recuerdos personales, utensilios para escribir y todo aquello que pueda tirar o apartar de la vista.

AMONTONOMANÍA

Tal y como Jeffrey Mayer describió en *Cosmopolitan*:

Probablemente, habrá visto despachos que dan la impresión de haber pasado por el proceso de centrifugado de una lavadora, o como si un camión de la basura hubiera pasado y dejado caer su carga. Hay montones de papeles por todas partes, sobre las mesas, en los aparadores, en el suelo y hasta en los sofás. Hay periódicos, revistas, libros, anuarios telefónicos, listas de distintos colores, blocs y tacos de papel. Carpetas nuevas, carpetas usadas, carpetas de colores y papeles de todos los tamaños y colores, nuevos y viejos. ¿Cómo puede trabajar alguien en medio de esta amontonomanía? Es posible que la persona que se sienta tras esa mesa pueda parecer muy ocupada, pero ¿está realizando realmente su trabajo? La razón principal por la que se mantienen ocupadas las mesas y los archivadores es la resistencia a guardar nada por temor a no encontrarlo..., o a olvidarlo. Al dejarlo todo a la vista, podemos ver todo el trabajo que no está terminado aún, allí mismo, delante de nosotros, extendido. Pero, desgraciadamente, todos los demás también pueden verlo.

LA LEY DE DOUGLASS SOBRE EL DESORDEN

Merrill E. y Donna N. Douglass, autoridades y escritores sobre la gestión del tiempo, han desarrollado lo que han denominado su ley del Desorden, aplicable a la mesa de despacho, explicando: «El desorden tiende a expandirse para ocupar espacio disponible para la conservación. Si es usted una persona desorganizada con una mesa pequeña, ésta se encontrará atestada y desorganizada. Si consiguiera una mesa cinco veces más grande, también quedaría totalmente abarrotada». ¿Por qué se abarrotan las mesas con tanta facilidad? La respuesta es que a mucha gente la falta criterio para determinar qué hay que guardar o dejar encima de una mesa. Utilizan la mesa para lo que no deben, tienen hábitos de trabajo descuidados, o no se les ocurre pensar lo suficiente en el problema para solucionarlo. Las soluciones exigen una cierta disciplina y nuevos hábitos.

LIMPIAR LA MESA EN CINCO FASES FÁCILES

Limpie la mesa de todo aquello que la abarrote, siguiendo estas cinco fases fáciles sugeridas por Day-Timers:

1. *Estipule una cantidad concreta de tiempo* para abordar el problema que se le plantea. Prepárese para dedicar a esta tarea unos pocos períodos de tiempo pertenecientes a sus momentos más bajos, o después de las horas de trabajo. La peor parte de limpiar lo que abarrota una mesa consiste en desembarazarse de todo lo acumulado; después, la tarea de mantenimiento preventivo puede ser rutinaria.

2. *Utilice la técnica del «salchichón»* si lo que se ha acumulado es realmente abrumador. Corte la operación de limpieza en «rebanadas» más manejables. Por ejemplo, puede limpiar simplemente lo que hay encima de la mesa, o lo que contiene un solo cajón, dejando el resto para otra ocasión.

3. *Elimine aquellos objetos de los que pueda prescindir.* Fotos, artilugios y otros objetos extraños y sin propósito no tienen lugar sobre la mesa. Debe guardar los libros, revistas y viejos informes que no sean esenciales para el trabajo que esté realizando en estos momentos. Demasiadas mesas se hallan repletas de cosas para «algún día» que, en realidad, raras veces se usan.

4. *Haga instalar en un rincón unas cuantas estan-*

terías para libros. Las unidades fáciles de hacer y de instalar se colocan mejor detrás de la mesa, de modo que pueda llegar hasta ellas sin necesidad de levantarse. Puede instalar otras en un rincón para colocar en ellas cosas que no vaya a necesitar cada día.

5. *Reúna todos los papeles sueltos en un solo montón o en una caja.* Coloque la papelera o una bolsa de plástico al alcance y empiece a repasar el montón de papeles, emitiendo un juicio sobre cada uno de ellos. ¿Lo ha utilizado en el último mes? ¿En el pasado año? ¿Cuándo espera tener que utilizarlo? ¿Qué es lo peor que podría suceder si decidiera tirarlo? Tenga en cuenta el viejo dicho: «Si duda, tírelo» (excepto documentos de carácter legal o relacionados con los impuestos, claro está).

Elimine todo lo que pueda. Si no está seguro sobre ciertas cosas, trasládelas a lugares de almacenamiento inactivo, y tome nota en su dietario para ocuparse de ellas en un momento determinado. Actúe sobre aquellas cosas acerca de las cuales tiene que actuar, y elimine todas las demás, por categorías y, en caso de necesitarlas para el futuro, guardándolas en carpetas claramente marcadas.

EL ARTE DE TIRAR A LA PAPELERA

La papelera es un eslabón funcional en el flujo del papeleo, dicen Donna y Charles Douglass, que ofrecen el siguiente consejo para convertirla en una herramienta útil:

Consiga una papelera lo bastante grande como para contener todo aquello con lo que pueda alimentarla sin que moleste a la vista. Debe ser conveniente para su uso y no estar situada simplemente para complacer los caprichos del decorador de interiores o del conserje. Establezca sus propias reglas para tirar y conservar. Objetivo: tirar todo lo posible. Para algunas personas, tirar algo constituye un acto decisivo; para otros, en cambio, crea un nivel de recelo inusualmente elevado. Intente superar su relación emocional con los papeles, y no evite el trauma entregándole a otro lo que en realidad le sobra a usted. A medida que aprenda a dominar estos principios de organización, se dará cuenta de que se produce un aumento significativo tanto en la calidad como en la cantidad de sus logros, y que es capaz de hacer más cosas en menos tiempo.

Una vez que ya se haya librado de la confusión existente, estará preparado para empezar su propio programa de mantenimiento preventivo: un sistema para seleccionar y manejar los papeles que pasan por su mesa de despacho (véase el capítulo 8). ¿No se siente bien al ver de nuevo su mesa de despacho limpia?

OTRAS TÉCNICAS DE ORGANIZACIÓN

Hay un buen número de técnicas de organización del despacho que han sido desarrolladas por expertos altamente considerados; se trata de ideas que usted también puede adoptar.

R. Alec Mackenzie, que ha desarrollado el curso «Métodos de gestión del tiempo», está convencido de que el 95 por ciento de los ejecutivos se ven afectados por lo que él denomina el síndrome de la mesa abarrotada. Muchos ejecutivos aseguran que amontonan las cosas sobre la mesa porque no desean olvidarlas, pero cada vez que ven el montón se interrumpe su línea de pensamiento en ese momento. A medida que el montón aumenta, son incapaces de recordar lo que está en el fondo, y empiezan a mirar. Pierden tanto tiempo recuperando papeles perdidos y volviendo a descubrir todas las cosas que no debían haber olvidado, que resultaría difícil calcular todos los minutos que pierden en ello. Mackenzie ofrece las tres reglas siguientes de trabajo para ayudarle a curarse del síndrome de la mesa abarrotada:

1. Limpie la mesa de todo aquello que no se halle directamente relacionado con el proyecto en el que está trabajando ahora.

2. No permita que otros objetos queden depositados sobre su mesa o lugar de trabajo hasta que esté preparado para ocuparse de ellos.

3. Integre gradualmente en su rutina de procesamiento diario los documentos que exijan una acción. Preste atención personal a aquello que debe, y delegue en los demás todo lo que pueda. Divida las publicaciones en aquellas que tiene que leer y aquellas otras que podría leer, desprendiéndose de tantas de estas últimas como le sea posible.

Organice su despacho para un trabajo fácil mediante las siguientes líneas-guía:

• Colóquese teniendo en cuenta si es usted diestro o zurdo, y pensando en cuáles son sus movimientos típicos.

• Deje espacio libre delante para trabajar en lo

que esté haciendo en estos momentos. Si fuera necesario, coloque el teléfono y otros equipos, así como las referencias que tenga que consultar con mayor frecuencia, en extensiones laterales o en el aparador, que debe hallarse situado a su espalda y al alcance de la mano.

- Coloque los objetos que utilice con mayor frecuencia en zonas inmediatamente accesibles.
- La noche anterior, coloque sobre la mesa los materiales necesarios para iniciar trabajos prioritarios, y que ésos sean los únicos que haya sobre la mesa.

Mackenzie dice que Ralph Cordiner, que fue presidente de la General Electric, expuso otra razón más para no tener papeles encima de la mesa: «Cuando viene a verme una visita con quien he concertado una cita, quiero dedicar toda mi atención a esa persona. No debe haber distracciones. Ésa es otra de las razones por las que exijo tener la mesa limpia».

UN PLAN DE GESTIÓN DE LA MESA DE DESPACHO

Piense en su zona de despacho como un objetivo, dice Charles R. Hobbs, autor de *El poder del tiempo*, añadiendo: «La mesa de despacho ante la que se sienta es lo más importante. Su espacio más valioso es aquel que llena usted personalmente. A continuación, el más valioso es aquel que está a su alcance. Lo que podríamos denominar *área A* incluye disponer de un dietario a mano, ya sea sobre la mesa o en el bolsillo cuando tenga que salir. El *área B* se halla destinada a las cosas que utilice con

104

menor frecuencia. El *área C* está destinada a las cosas que no utiliza con frecuencia».

Hobbs ofrece los siguientes consejos:

- *Tómese tiempo para limpiar su mesa de despacho, el mobiliario de apoyo y todo aquello que le rodee.* Evalúe cada cosa de acuerdo con la frecuencia con que la utilice. Luego, guarde en los lugares correspondientes cosas como clips, tijeras y grapadoras.

- *Utilice un sistema A-B-C para organizar todos los papeles en su zona de trabajo.* Los papeles designados con la *A* exigen una acción inmediata; los marcados con la *B* deben colocarse en un lugar de acceso fácil, y los que tienen la *C* deben guardarse para revisarlos en algún momento posterior.

- *No guarde todos los materiales interesantes y deje sólo una habitación de aspecto austero.* Es deseable la presencia de una planta tropical, de una pintura al óleo, de aquellas cosas que le hacen ser usted mismo. Convierta su despacho en una zona confortable, de modo que, cuando otros se encuentren presentes, se sientan aceptados, cómodos y personalmente productivos..., pero dentro de lo razonable.

A menudo, la existencia de un sofá o de un lugar donde sentarse y poder hablar cómodamente estimula la discusión y la conversación, si puede disponer de esa clase de decoración en el puesto que ocupa. No obstante, hay un punto en el que una excesiva comodidad le distrae a uno de la productividad.

Robert C. Lowery, en *El lugar de trabajo organizado*, sugiere una mesa de trabajo que contenga, entre otras cosas, los siguientes objetos:

• *Una bandeja para las entradas*, otra para las cosas urgentes y otra para las de salida, que deben contener, respectivamente, los documentos que se reciben, que se tienen que revisar y que se despachan o devuelven.

• *Un archivador de cajón* para contener documentos y materiales que esperan a ser procesados, y una bandeja de mesa móvil que contenga una lista de los números de teléfono a los que se llama con mayor frecuencia.

• *Un «banco de datos» personales sobre los hechos esenciales* que necesite con mayor frecuencia, como direcciones, dimensiones, tamaños, capacidades, números de la seguridad social, números de tarjetas de crédito, etcétera.

• *Un teléfono*, junto con calendario y reloj, preferiblemente con alarma. Una máquina de escribir o procesador de textos o PC con teclado, pantalla, impresora, modem e instrumentos de interconexión. Como se comenta en otro capítulo, la computadora también puede servir como una especie de bandeja de salida si se halla conectada con otras estaciones de trabajo.

Desde luego, también necesita un asiento realmente cómodo (preferiblemente de la variedad giratoria), y una papelera muy grande.

Lester R. Bittel, en *Justo a tiempo*, dice que la mesa de despacho que más tiempo ahorra en el flujo de papeleo es aquella que tiene forma de U, explicando: «La correspondencia que llega o las peticiones que se reciben por teléfono o personalmente deben colocarse en la bandeja de entrada, situada en la esquina superior derecha. Los documentos que lleguen deben clasificarse lo antes posible y ser dirigidos para su acción inmediata hacia la bandeja de asuntos urgentes, o archivarse en el archivador del cajón de la mesa. Los asuntos urgentes deben moverse lo antes posible hacia la superficie de trabajo, para quedar completados, actuar de acuerdo con ellos y eliminarlos de la mesa lo antes posible».

Con este sistema, los asuntos que lleguen a su mesa, y que en su opinión no exijan una atención inmediata, irían a parar a un lugar dividido en aquellos que necesitan acción, revisión o respuesta en el término de una semana; aquellos otros que requieren acción a largo plazo, y los que puede guardar para revisarlos a su conveniencia, teniendo en cuenta el uso de la papelera y de un archivador permanente.

Es vital revisar constantemente los asuntos marcados con la *A* por el lugar que ocupan en las cosas urgentes. Procure que su archivo de cosas pendientes no sea abultado. Bittel dice que no debe contener más de cinco días de trabajo.

Un sistema de cuatro fases

Probablemente, la plena reorganización de su despacho y lugar de trabajo para convertirlo en lugar capaz de ahorrarle tiempo le exigirá emplear dos o tres sábados, y utilizar un montón de bolsas de plástico para la basura, dice Stephanie Winston en *El ejecutivo organizado*. Éste es el procedimiento que ella emplea.

Divida mentalmente la mesa de su despacho en cuatro cuadrados aproximados. Seleccione un montón para empezar, ya se trate de uno que contenga material crítico o el que encuentre más a mano. Si los papeles se encuentran desparramados, en lugar de apilados, determine un metro cuadrado de espacio y empiece por ahí. Trate cada asunto de acuerdo con el siguiente sistema: 1) arrojarlo a la papelera; 2) dirigirlo hacia alguien más; 3) actuar sobre el asunto en cuestión; y 4) archivarlo para su uso futuro o para leerlo.

A continuación, divida los cajones en tercios y trabaje primero en una sección y luego en la siguiente, clasificando, consolidando y descartando tarjetas antiguas y antiguos paquetes de azúcar. Luego, utilice el mismo sistema con los papeles acumulados en el alféizar de la ventana, las estanterías, el aparador, el tablero de notas, etcétera. Afronte un montón después de otro.

EL DESPACHO SIN MESA

Un número creciente de ejecutivos ha eliminado por completo las mesas de despacho, siguiendo la teoría de que, si no se dispone de ningún lugar donde ocultar el papeleo, se realiza el trabajo mucho más rápidamente. Lawrence A. Appley, que fue presidente de la Asociación Americana de Dirección, me introdujo en el concepto del despacho sin mesa, explicándome: «Yo mismo no mantengo archivos ni papeles; mis ayudantes me traen aquellas cosas que necesitan mi atención. Actúo con toda la rapidez que puedo sobre las cuestiones planteadas y, si no pueden solucionarse en el momento, anoto algunas ideas, ya sea sobre una hoja de papel o una nota adhesiva y dirijo el documento hacia aquellos que pueden añadir ideas y material al asunto. Algunos pueden regresar a mi atención para echarles un segundo vistazo cuando se han reunido otros materiales al respecto. Simplemente, me niego a permitir que me entierren bajo montañas de papel».

He descubierto que numerosos ejecutivos de alto nivel siguen la misma idea: mantienen unos pocos documentos necesarios en una mesita de café, en un despacho sin mesa, para promover así la conversación informal y acelerar las reuniones. Louis Hausman, de la Columbia Broadcasting, explicó:

Al establecer un nuevo despacho, me pregunté a mí mismo para qué necesitaba una mesa. La respuesta fue que no la necesitaba. La tarea de un ejecutivo implica, específicamente, firmar correspondencia, redactar notas sobre informes o correspondencia, participar en reuniones, dictar, telefonear continuamente, acudir a entrevistas o recibir a personas para discusiones. Nada de eso exige tener un despacho. En cuanto al papeleo, mi secretaria me trae, tres o cuatro veces al día, una carpeta con correspondencia, memorándums e informes. Como el único lugar donde puede dejarla es la mesita de café, llevo a cabo el trabajo allí mismo y en ese instante. La decoración informal permite que sea más fácil moverse de un lado a otro, dictar y pensar.

David C. Hurley, Jr., está convencido de que muchos ejecutivos utilizan mesas convencionales fundamentalmente como símbolos del prestigio del despacho, añadiendo: «Se sienten más importantes; el individuo situado enfrente lo es menos. Nada permanece relajado. Eliminar la mesa de despacho aporta informalidad y rapidez de método».

Yo mismo me desembaracé de la mesa de despacho cuando fundé y presidí la International Public Relations Company, Ltd., asociada con la compañía de Tokio del mismo nombre. Debido a que la mayor parte de mi trabajo consistía en reunirme con clientes, futuros clientes y miembros del personal, leer informes y estudios y luego dictar respuestas, establecí un despacho sin mesa, con una decoración japonesa-estadounidense.

La decoradora Barbara Cohen eligió colores relajantes, sofás, sillones y una pizarra sobre la que escribir. Mi bandeja de asuntos para despachar se encontraba en una pequeña mesa lateral. Todas las demás necesidades menores se hallaban en estanterías pequeñas empotradas, junto con un dictáfono «gestor del tiempo». Un solo fichero personal contenía todo el material de referencia necesario para el momento.

Descubrí que esta forma más sencilla de vivir en el despacho se enriquecía con otras recompensas. Podía estar muy ocupado, pero la atmósfera no comercial de mi despacho sin mesa, cubierto con atractivas cortinas, decorado con flores y hojas, eliminaba la sensación de estrés y tensión propia del despacho. Los clientes disfrutaban acudiendo a él, sin sentirse en una posición subordinada. Yo no tenía que acudir a verlos. A menudo servíamos el almuerzo, y el *New Yorker*, el *Newsweek* y otras revistas publicaron artículos y fotografías sobre este nuevo concepto, aportando nuevas perspectivas.

Muchas grandes compañías predeterminan la decoración general de los despachos. Es posible que no se pueda cambiar todo, pero quizás sea posible seleccionar los muebles y hasta las obras de arte de la colección de la empresa.

Cursos de organización

Para obtener una guía profesional que le permita desembarazarse de todo ese montón de cosas que le hacen perder tiempo en el despacho y en casa, considere las numerosas escuelas existentes, particularmente los centros para formación de adultos, que imparten cursos sobre el particular.

La propaganda de uno de esos cursos dice:

> ¿Se siente abrumado por el continuo incremento del desorden, tenso y ansioso por su incapacidad para manejar el problema? Si tiene dificultades para desembarazarse de artículos de periódico, viejos libros y otras cosas materiales, podrá encontrar la respuesta en el taller «Cómo gestionar la confusión». Mediante la discusión, ejercicios hechos con lápiz y papel y la visualización, los participantes exploran las razones del desorden y el amontonamiento de papeleos y aprenden formas efectivas de reducirlos, y, con ello, la ansiedad que suele acompañarlos. Entre los temas a tratar se incluyen: Razones para acumular papeleo, Separarse del pasado, Cómo organizar sus documentos y archivos, y la Irresolución.

Finalmente, si no puede o no se ve capaz de reorganizar su mesa de trabajo y los papeles amontonados, considere la idea de obtener ayuda exterior. En Estados Unidos, la Asociación Nacional de Organizadores Profesionales tiene 300 miembros que proporcionan servicios profesionales. En 1990, esos servicios costaban en cualquier parte desde 30 dólares por hora hasta 1.500 dólares por día; en ocasiones realizaban el trabajo en tres o cuatro horas y a veces un poco más.

Según se informa en *Changing Times*, son típicos los servicios proporcionados por Sue McMillin de Time to Spare. Su regla fundamental es: desmembrar grandes proyectos en unidades más pequeñas, hasta aclarar las mesas para demostrar resultados inmediatos. Después de reunir todos los papeles que entran, los dividen en cuatro montones: 1) necesario tenerlos a mano; 2) necesario tenerlos cerca como referencia rápida; 3) documentos que pueden archivarse definitivamente, y 4) material de lectura eminentemente prescindible que puede ir a parar directamente a la papelera.

Changing Times indica que los expertos en organización aseguran que la gran mayoría de los problemas de gestión del tiempo puede solucionarse mediante la implantación de sistemas que se adapten a los métodos de trabajo individuales, o incluso al propio estilo de vida. Es decir, organizar mediante la actividad.

Otra asesora es Stephanie Schur, jefa de Spaceorganizers. Una de sus clientes ha sido Edwina McLaughlin, directora de personal de Kaye, Scholer, Feirman, Hayes y Handler, una empresa de abogados de Nueva York. En el número de abril de 1990 de *Working Woman* se decía que, en realidad, la señorita McLaughlin nunca había llegado a tomar verdadera posesión de su despacho, a pesar de que llevaba allí dos años, pero estaba convencida de que podía convertir su espacio en una herramienta para el éxito, utilizando de forma más efectiva tanto ese espacio como su tiempo. La mesa fue el primer problema, llena de documentos, de cuestiones pendientes y de prioridades que parecían competir, en reclamar su atención. Al disminuir el «ruido visual», aumentó inmediatamente su productividad. Impuso el orden mediante accesorios coordinados y un sistema de archivo personalizado: carpetas rojas «calientes» sobre la mesa para las prioridades cotidianas, carpetas de proyectos sobre una estantería cercana, y carpetas menos activas guardadas en un cajón.

McLaughlin ya no necesita tener montones de carpetas para recordar que debe hacer algo, ya que eso lo consigue con una lista de asuntos pendientes en su dietario. Un bloc de notas para mensajes la anima a devolver las llamadas telefónicas en los intervalos de que puede disponer.

Para liberar el espacio de la mesa, añade *Working Woman*, Schur hizo colocar un teléfono de pared y dos estanterías para dejar notas adhesivas, cintas y otros objetos necesarios. La señorita McLaughlin concluye así: «Antes, me sentía desesperadamente desorganizada, pero ahora ya no percibo con tanta intensidad la presión del reloj. No tengo que trabajar largas horas para recuperar las tareas atrasadas, como me sucedía antes. El tiempo que antes empleaba en reunirlo todo, se ha convertido ahora en instantes de paz y tranquilidad». Y de una productividad lograda con el ahorro del tiempo.

8
El manejo del papeleo

Una historia que probablemente oirá contar en cualquier convención empresarial o de ventas se refiere a la ocupada ejecutiva que, después de un día especialmente duro, regresa a casa y su hijo le pregunta: «Mamá, ¿qué es lo que haces realmente?». Los ejecutivos y otras personas que trabajan en despachos, y que algunos días ni siquiera están muy seguros de saber qué han conseguido o no durante la jornada, se sienten a menudo muy frustrados cuando tratan de explicarlo. La mayoría de ellos estarían dispuestos a admitir que dedican una buena parte de su trabajo a enfrascarse en una batalla con el papeleo, una batalla que nunca parece mostrar signos de victoria.

«En la actualidad, la gente que trabaja en los negocios está librando una batalla con el papeleo a una velocidad similar a la que empleó don Quijote para lanzarse alocadamente contra los molinos de viento —informó, no hace mucho, el *Business Week*—. Desgraciadamente, el resultado es, a menudo, el caos y la frustración.» Cada día se recibe una gran cantidad de correspondencia, memorándums, informes, formularios administrativos, periódicos y, cada vez más, correspondencia urgente, faxes y otra información escrita sobre papel.

No obstante, el papeleo es el precio que ha de pagarse por el trabajo estable; sencillamente, no hay forma de evitarlo por completo. Una vez que se acepta este hecho, descubrirá que le resulta más fácil afrontar el continuo flujo de papel que llega hasta su mesa, con un nuevo montón que aparece justo cuando acaba de ocuparse del anterior. Las siguientes son sugerencias capaces de ahorrar tiempo relativas al papeleo procedente de una amplia variedad de fuentes.

PAPELEO QUE ROBA TIEMPO

El problema de un papeleo excesivo está aumentando, y lo hace con gran rapidez, dice Dianna Dooher, reconocida asesora empresarial, en cuya obra *Reducir el papeleo en la cultura empresarial* (Hechos sobre publicaciones clasificadas) se citan las siguientes estadísticas:

- Las empresas estadounidenses emplean entre el 50 y el 70 por ciento de todas las horas de trabajo en papeleo: preparando, redactando, leyendo, interpretando, archivando y buscando. Y las cosas tienden a empeorar en este sentido.
- Los estadounidenses crean treinta mil millones de documentos originales al año (una estadística correspondiente a 1987 que, sin lugar a dudas, ha aumentado bastante desde entonces).
- Nunca volvemos a mirar del 75 al 85 por ciento de los documentos que archivamos.

Muchos de nosotros cubrimos las mesas con papeles desparramados, lo que significa, habitualmente, retrasos, disminuciones del ritmo de trabajo y una limitación de la productividad. Con el propósito de intentar curar esta enfermedad, dice la señorita Dooher en su excelente método, muy específico, el objetivo debe consistir no en eliminar todo el papeleo, sino sólo aquel que sea innecesario. Ejemplos de ello incluyen la carta habitual en la que sólo se dice que algo se ha enviado y que el receptor lo ha recibido, memorándums escritos como medida de autoprotección, formularios que recogen información duplicada, impresos de computadora con información que necesita ser interpretada antes de poder usarla, informes que no se leen, resúmenes de viajes y de actividades rutinarias, documentos de cincuenta páginas enviados a quienes sólo quieren recibir una página de conclusiones y recomendaciones, la mayoría de las propuestas precocinadas y casi toda la correspondencia de ventas.

CÓMO Y CUÁNDO MANEJAR EL PAPELEO

Los ejecutivos más eficientes que conozco siguen unos pocos procedimientos clave para eliminar gran cantidad de documentos que reciben:

• En primer lugar, y sobre todo, dedicar sólo su mejor tiempo, es decir, aquel en el que tenga mayor energía y claridad de pensamiento, para afrontar el flujo de papeleo *importante* que llega.

Si dispone de un ayudante administrativo o secretaria capaz o entrenada para realizar esta tarea,

117

el día puede empezar echando un vistazo *únicamente* a los documentos más vitales que lleguen hasta su mesa, sin molestarse en mirar siquiera los demás, que deben manejarse en un momento posterior.

Utilizar la parte del día más eficiente para ocuparse de la correspondencia rutinaria es una verdadera pérdida de tiempo que no lleva a ninguna parte. Siempre existe la tentación de buscar las buenas noticias, las malas, las inesperadas, etcétera, pero los minutos perdidos en lo que a menudo no son más que trivialidades pueden hacerle empezar el día de una forma deficiente.

• Si se encuentra demasiado ocupado o inundado de papeles como para manejar cada uno de los asuntos no prioritarios que entran en su órbita de actuación, usted o su secretaria deberían dejarlos de lado, preferiblemente fuera de la vista, a la espera de un momento del día más apagado en el que pueda ocuparse de lo que no sea absolutamente urgente.

• Redirigir aquellas cosas que puedan o deban ser tratadas por otros representa una forma conveniente de reducir el montón de papeleo que llega hasta usted y que le roba preciosos minutos.

SELECCIONAR, CLAVE DEL ÉXITO

Una vez que tenga ante usted los documentos clave, Day-Timers sugiere que se pregunte a sí mismo: «¿Encaja este trozo de papel en mi plan de trabajo?». En caso contrario, tírelo (¿qué es lo peor que puede ocurrir si lo hace?). Si la respuesta fuera afirmativa, pregúntese en seguida: «¿Cómo encaja en mi plan?». Aquí es donde se encuentra el truco. No desea despilfarrar su tiempo angustiándose con cada asunto; en consecuencia, clasifíquelos como sigue:

A. Para hacer: algo sobre lo que debería actuar o delegar en alguien para que actuara sobre ello (*ejemplos:* asignaciones, facturas, consultas empresariales).

B. Para leer: información que desea asimilar en cuanto le sea práctico hacerlo (*ejemplos:* revistas profesionales, catálogos e informes internos).

C. Para archivar: algo que pueda servir como referencia posterior (*ejemplos:* notas importantes sobre política de personal, informes sobre impuestos y toda clase de documentos legales).

Nota: deje el montón *Para hacer* delante y en el centro de su mesa. Tome los montones B y C y déjelos donde no atraigan su atención, bajo etiquetas marcadas como «Para leer» y «Para archivar». Descubrirá que prácticamente todos los asuntos sobre los que haya tomado una decisión caen dentro de alguno de estos tres grupos.

Al repasar el montón (o la carpeta) A, deje aparte cualquier asunto que crea debería delegarse, y añádale una nota adhesiva indicando la persona a la que tiene que dirigirse, a menos que tenga que hablar personalmente con ella. *Consejo:* si tiene varios subordinados, disponga de carpetas para cada uno de ellos y coloque los asuntos en ellas inmediatamente.

Lo más importante: tome una decisión inmediata para devolver cualquier material no necesario o no deseado que se haya abierto paso hasta su mesa.

Desembarazarse de todos aquellos papeles que no necesita hasta estar preparado para trabajar en ellos y mantener sobre la mesa únicamente un asunto importante a la vez evitará que su mirada se distraiga y precipite desviaciones mentales secundarias. El papeleo innecesario dificulta su capacidad de concentración en lo que esté haciendo.

EL MÉTODO DEL PUNTO

Si quiere comprobar su propia eficiencia para manejar el papeleo, considere la idea de utilizar el método del punto. Se trata de un método muy sencillo. Cada vez que tome en sus manos una carta, un memorándum o cualquier otro material escrito que llegue hasta su mesa, haga un pequeño punto en la esquina superior izquierda de la página, dice Bernie Rooney, un ejecutivo del Institute of Business Technology, en Washington, D. C. Al cabo de un día o dos, se verá sorprendido por los resultados de su experimento. Algunos documentos le parecerán como si tuvieran la viruela. De ese modo quedará claro para usted que ha contraído el hábito de hojear los documentos una y otra vez, lo que hace consumir mucho tiempo de forma innecesaria. Rooney añade: «Se pueden ahorrar hasta ocho días enteros al año si logra ganar sólo quince minutos diarios despilfarrados en acciones tan insignificantes como tomar diez veces el mismo trozo de papel (la media) antes de emprender una acción sobre lo que ese papel indica».

Sistema de codificación en color

Un ayudante administrativo que maneja cientos de cartas semanales para un ejecutivo muy ocupado utiliza un sistema mediante el que lee todas las cartas que llegan y las marca en rojo con una de las siguientes tres anotaciones: 1) pasarla a un ayudante con las iniciales que se indican; 2) para ser contestada por el receptor durante el dictado, o 3) actuar sobre su contenido tras referencia al fichero del tema.

Un ejecutivo que viaje utiliza tres carpetas de colores para las cartas. La roja indica cuestiones que exigen atención inmediata; la naranja indica una prioridad secundaria, y la verde se refiere a cuestiones que podrán tratarse cuando sea más conveniente. De ese modo, las tres carpetas de colores ofrecen una imagen inmediata del papeleo diario que espera.

En cualquier sistema que adopte para ahorrar tiempo, lo importante es establecer una metodología con la que se sienta cómodo, capaz de situar lo más importante en lo más alto y lo menos importante debajo (o tirarlo a la papelera).

Ocuparse del papeleo de forma inmediata

Muchas personas creen que el 80 por ciento de la correspondencia puede contestarse de inmediato, tras una primera lectura. Maneje cada papel una sola vez, insisten en decir. No dejarlo a un lado y responder de inmediato le permitirá procesar con eficacia una parte sustancial de la inundación cotidiana. Considere los siguientes puntos:

- Una nota rápida, escrita a mano, sobre la carta original, acompañada por un sello que diga: «Respuesta escrita a mano para contestación rápida»; este sistema puede ahorrarle tiempo a usted y a su secretaria, permitiendo además enviar respuestas rápidas a quienes las esperan. Si conserva los originales, escriba su nota, haga una copia del original y luego despréndase de él.

- Crear sus propias cartas formulario, añadiéndoles notas escritas a mano, puede ahorrarle mucho tiempo cuando se trate de preguntas y respuestas recurrentes. Si las cartas formulario le parecen inapropiadas, prepare párrafos que se repitan, y conteste con una nota a su secretaria indicándole: responder con párrafos 2, 4 y 7. Sólo su propio personal debe saber que su respuesta es precocinada. Redacte estas respuestas rutinarias de tal modo que no lo parezcan.

CONTESTAR CON UN DICTÁFONO

Dictar las respuestas de inmediato puede serle útil. Yo mismo sigo el siguiente sistema:

- Dicto borradores preliminares de forma inmediata sobre cada asunto importante, expresados del modo lo más cercano posible a la versión final. Por ejemplo, para peticiones de información, dicto la respuesta y determino el material que debe acompañarla. Si implica algo tan complicado como un programa, anoto los puntos principales, dejando espacios para el posterior relleno. Hacerlo así acelera mi proceso de pensamiento. Una vez que algo ha quedado reflejado sobre el papel, puedo revisarlo y mejorarlo con mucha mayor efectividad que si dejara el tema a un lado para pasar más tarde por el proceso de cómo debería contestar.

● En lugar de limitarme a redirigir un asunto o «echarle el muerto a otro», anoto mis propias ideas y luego ofrezco pensamientos estimulantes a mis asociados, superiores o subordinados.

● Siempre he entrenado a las secretarias para que observen hasta la más leve referencia a los materiales relacionados con el asunto que yo quiera incluir o comentar, a buscarlo en los ficheros, frecuentemente junto con otros materiales que yo haya podido pasar por alto, y a devolverlos con un borrador. De ese modo, después puedo completar con rapidez una versión final.

EXIJA INFORMES HABLADOS MEJOR QUE ESCRITOS

Para reducir la recepción de informes escritos, algunos ejecutivos disponen de subordinados que informan en cinta magnetofónica, que puede escucharse en cualquier momento y lugar, ahorrando así preciosos minutos. A menudo, tales informes ofrecen detalle y sabor; por ejemplo, indican lo que dijo un posible comprador y cómo lo dijo.

Existe la tendencia de que los informes orales sean más largos que los escritos, pero se necesita menos tiempo para prepararlos, y los detalles añadidos pueden ser vitales. También se obtiene una imagen mucho más clara a partir del tono de voz y el énfasis de la expresión. Si el material es importante, las cintas siempre se pueden transcribir más tarde.

- *Borradores a doble espacio:* al preparar un documento importante, haga borradores a doble o triple espacio, lo que facilita la edición. Aunque los nuevos procesadores de textos hacen que la edición sea más fácil que nunca, empezar con un doble espacio los deja terminados casi hasta la perfección, y hacerlos luego mecanografiar e imprimir a un solo espacio puede ahorrarle mucho tiempo y esfuerzo para sí mismo y para quien tenga que transcribirlos.

- *Utilice gráficos:* las computadoras, y su capacidad para transformar información sobre datos en la más amplia variedad de cartas, gráficos, diagramas, etc., ha animado a muchos a adoptar un sistema orientado visualmente para documentos no generados por computadora. Eso puede ser un medio vital de ahorrar tiempo a los lectores, y a usted le permite organizar la información con menos palabras. Los japoneses han llevado el empleo de los gráficos hasta la perfección, debido a la complejidad de su idioma; los gráficos no necesitan traducción o, en todo caso, se los puede traducir con facilidad a otros idiomas.

Recortar la correspondencia-basura

Si tiene la sensación de estar siendo invadido por correspondencia-basura, envíe su nombre y dirección a las organizaciones de defensa del consumidor para que tachen su nombre de las listas de marketing directo. La revista *Time* (26 de noviembre de 1990), indica que el Servicio de Referencia de Correspondencia de Marketing Directo, que cuenta con 3.500 miembros, ha recibido más de un millón de peticiones de tachar nombres. Un sistema similar a éste va a ser implantado en España.

Lo mismo puede hacer para que eliminen su nombre y dirección de las listas de marketing de las tarjetas de crédito, debiendo incluir en este caso su número de cuenta, nombre, dirección, con código, y su firma. La petición tarda entre ocho y diez semanas en surtir efecto.

En Estados Unidos existe un nuevo servicio denominado *The Buyer's Market* que le envía un cuestionario sobre la correspondencia que desea y la que no desea recibir, y asesora sobre sus preferencias personales a las empresas que utilizan las listas, de modo que dejará de recibir correspondencia-basura que consume tiempo.

9

Cómo acortar el día hablando

En el capítulo 8 ya he indicado que dictar es una forma importante de ahorrar tiempo. Por lo tanto, quisiera desarrollar esa idea con consejos adicionales y técnicas para «acortar el día hablando», lo que constituye algo más que un eslogan de la gente del dictáfono Time-Master. Los ejecutivos dicen que esa frase tiene sentido, pues raro es el director que no se pasa una gran cantidad de tiempo comunicando ideas a otras personas, preparando estudios, informes y otros materiales escritos, y analizando información que tiene que pasarse a otros. Todas estas tareas implican un procesado de textos que representa consumir bastante tiempo.

Desarrollar la habilidad para dictar puede ahorrarle muchos minutos a la semana, evitándole tener que escribir, pasando directamente las ideas desde la mente al papel, donde pueden empezar a actuar para usted y sus intereses. Sin embargo, y a pesar del mucho tiempo que se ahorra dictando, resulta extraño que haya tantos ejecutivos que no utilizan este método. Observe muchas oficinas, y probablemente descubrirá dictáfonos que no se utilizan.

Los instrumentos para dictar se han convertido en verdaderas maravillas de eficiencia; son pequeños, compactos, accesibles por teléfono, tanto dentro como desde fuera del despacho, y son portátiles (algunos minimagnetófonos no son mucho más grandes que un paquete de cigarrillos).

La capacidad del magnetófono para ayudarle a ganar tiempo procede del hecho de que puede usted realizar su trabajo literalmente hablando, ganando esa hora extra si se organiza con efectividad y utiliza el dictado al máximo. Una máquina en la que pueda verter el trabajo escrito permite tener una mesa más limpia y una mente más clara. Las ideas no se conservan bien en la nevera.

MÉTODOS DE DICTADO QUE AHORRAN TIEMPO

He aquí algunas ideas sobre el dictado, adaptadas de mi libro *Descargue directamente su trabajo ejecutivo*:

● *Los instrumentos de dictado evitan la taquigrafía*. Escribir o comunicarse mediante instrumentos de dictado es algo completamente diferente al uso de la taquigrafía. Puede tener su máquina constantemente delante de usted, sobre una mesa, en un maletín, o incluso llevarla en el bolsillo. Las nuevas máquinas le permiten hablar en una extensión telefónica, mientras una máquina situada en un punto central registra su voz. Otros sistemas pueden situar un micrófono en su mesa, y el magnetófono en la mesa de su secretaria, en otro despacho. De ese modo, no necesita esperar a su secretaria. Puede dictar cuando esté preparado, y el trabajo no se le acumula.

• *No hay necesidad de reducir el ritmo.* Con la grabación, no tiene necesidad de reducir el ritmo al que hable, como debe hacer con la taquigrafía. Jamás oirá la frase: «Lo siento, me he perdido las últimas palabras». Todo el curso de su pensamiento queda registrado sin la menor interrupción.

• *Los cambios son fáciles de hacer.* Puede detenerse siempre que quiera y hacer cambios sin necesidad de sentirse embarazado o pedir disculpas. Pueden hacerse correcciones para sustituir lo que haya grabado originalmente.

• *Se elimina el temor a la taquigrafía.* Sin necesidad de tener a nadie a su lado, pendiente de cada una de sus palabras, desaparece el «temor a la taquigrafía». De ese modo, puede concentrarse mejor en las palabras, y las frases le surgirán con mayor facilidad.

• *No es necesario fijar una hora determinada para el dictado.* Puede depender mejor del magnetófono que de un bloc de notas, antes incluso de que abra el despacho, o a últimas horas de la noche, cuando todo está tranquilo, durante los días muy ocupados, después de la jornada de trabajo, en casa, o en un coche, un avión, un tren, en el hotel o en cualquier otro local. Lo que antes eran ideas fugaces que se perdían, ahora puede utilizarse para bien.

CORRESPONDENCIA

La mayoría de quienes usan dictáfonos lo hacen principalmente para cartas y correspondencia. He aquí algunos consejos que ahorran tiempo si se los destina a ese uso principal:

1. Haga que una secretaria abra y clasifique la correspondencia y los informes que le lleguen, formando grandes grupos.

2. Extraiga los documentos que exijan una acción más rápida. Solucione con rapidez aquellos que sólo necesiten su visto bueno o unos breves comentarios antes de seguir su curso. Al disminuir el montón de asuntos a tratar, dispondrá de más tiempo para dedicarse a los más importantes.

3. Lleve a cabo un dictado de borradores en aquellos casos en que lo estime oportuno. ¿Le falta la información necesaria? No pierda el tiempo, deje espacios en blanco para su inserción posterior. Una vez hecho el primer borrador, ya se ha iniciado la acción. Deje los asuntos menos importantes para dictar en los períodos de energía más baja.

4. Haga mecanografiar los borradores en papel verde o de otro color, para distinguir instantáneamente la fase en que se encuentra el asunto. Incluso en los borradores toscos cristalizan pensamientos. Además, si otros tienen que trabajar con ese material puede pasarles el original, junto con su borrador, en lugar de mantener al respecto otra interrupción o entrevista que consume tiempo.

5. A medida que dicte cada nota, coloque el original y los documentos que lo acompañen en una carpeta especial, junto con el casete de dictado. Entonces, todo eso sale de su despacho. Cuando los borradores regresan a usted, su secretaria o ayudante deberían haber añadido los datos o informes pertinentes que usted haya citado. De ese modo no se pierde tiempo haciendo peticiones. Todo queda reflejado en el papel. Mientras está ocupado en su trabajo, sus ayudantes pueden estar cumpliendo con el suyo.

6. Dicte de forma inmediata un primer borrador, en lugar de iniciar una serie de memorándums, ya que eso elimina a menudo varios pasos intermedios. Por ejemplo, en lugar de escribir primero a varias personas para pedirles opiniones sobre una propuesta que se acaba de recibir, dicte borradores de respuesta y deje que otros elaboren las cuestiones específicas.

7. Salte siempre todo lo posible hacia el objetivo último, tanto si esto implica una carta como un informe o un estudio. Aunque cambie la versión final, habitualmente ésta será más clara, más directa, estará mejor reflexionada y se habrá hecho en menos tiempo si utiliza esta táctica.

DICTAR INSTRUCCIONES A OTROS

Cada vez que tenga que transmitir instrucciones a otros sobre algún tema complicado, utilice el dictáfono, en lugar del teléfono, de apretar un botón o escribir una nota. He aquí algunos puntos que debe tener en cuenta:

- Hable con sus asociados, directores de departamento, vendedores, capataces de planta, miembros del club, o cualquier otra persona a la que se dirija por dictáfono, como si ésta se hallara presente. Lo que usted diga será transcrito y entregado. Si le parece más apropiado, ahorre todavía más tiempo limitándose a enviarles el casete.
- Los recordatorios dirigidos a la secretaria no tienen por qué mecanografiarse. Puede limitarse a dictar las instrucciones, sin tener que dejarlo constantemente todo para hacerlo.

• Al dictar, no puede pasarle la patata caliente a otro dejando que suponga lo que quiere decir. La mayor parte de las afirmaciones serán transcritas tales y como las dicte. Y eso necesita hacerse con claridad.

• Como quiera que la ejecución de casi toda tarea en la oficina, la fábrica o la comunidad exige dar una serie de pasos por separado, otra buena idea consiste en detallar las instrucciones en párrafos separados. Eso le ayuda a reflexionar sobre lo que se necesita hacer. Una vez que disponga del borrador, frecuentemente volverá a dictar otro, con una versión más clara, sin tener que pasar por el proceso de corregirlo y editarlo, que siempre consume tiempo.

10
Secretarias y ayudantes administrativos

A medida que va realizando su trabajo, programando, estableciendo prioridades, dictando y realizando otras tareas, nadie más útil que una buena secretaria para ayudar a un ejecutivo a manejar la carga de trabajo diaria de la manera más efectiva y con el menor empleo de tiempo. Una buena secretaria es alguien que no sólo comparte las tareas sino que, gracias a su conocimiento y sus habilidades sobre asuntos íntimos y especializados, puede aliviarle de buena parte de los detalles mediante una planificación imaginativa y la correcta ejecución del trabajo.

Trabajar con su secretaria o ayudante administrativo (un término cada vez más utilizado allí donde han aumentado las responsabilidades individuales) para producir un funcionamiento suave en el que no se pierda tiempo, exige el establecimiento de lazos de simpatía y respuesta mutuas, de verdadero trabajo en equipo, de considerable telepatía mental, grandes dosis de paciencia mutua y, sobre todo, un deseo de ver terminado el trabajo de la mejor forma y la manera más eficaz. Desde luego, debe esperar que su secretaria se ocupe de su correspondencia, haga y reciba llamadas telefónicas, mecanografíe o procese textos, archive, reciba a las visitas y realice todas las demás tareas rutinarias detalladas en estas páginas. De otro modo, esa persona no debería estar donde está. No obstante, si eso es lo único que espera o permite, se estará engañando a sí mismo con respecto a lo que, para muchos individuos y en numerosos tipos de negocios, constituye el principal apoyo personal.

Mis propias secretarias, la ya fallecida Peggy Rollason, que estuvo conmigo durante diez años, y su sucesora, Shirley McGowan, que lleva más de veinte años conmigo, se convirtieron en expertas en la más amplia variedad de actividades, incluyendo la edición de textos. Así lo hizo también Cathy Gallagher, que estuvo conmigo durante varios años y que ahora dirige su propio servicio de mecanografiado y procesado de textos. Antes de su lamentable fallecimiento, Peggy escribió un libro que, según dijo, le había inspirado yo mismo, titulado *La secretaria valiosa*. Ese libro continúa siendo una guía extraordinaria en ese campo y, para invertir por una vez la situación, he tomado prestadas algunas ideas de él.

COMPRUEBE SU PROPIA ACTITUD

Si está deseando entregar a su secretaria un número cada vez mayor de sus actuales quebraderos de cabeza y placeres, para disponer de tiempo que dedicar a aquellas cosas que le permitan hacer avanzar más su carrera, y que sólo puede hacer usted, deténgase un momento a reflexionar y hágase antes las siguientes preguntas:

1. ¿Está preparado no sólo para pasar más responsabilidades a su secretaria, sino también para permitirle desarrollarse según su propia forma, tomar muchas decisiones y llevar a cabo el trabajo? Le sorprendería saber lo difícil que le resulta eso a muchos ejecutivos, lo que no es menos cierto en el caso de los que poseen una menor experiencia o conocimientos.

2. ¿Ha ayudado a elaborar una rutina eficiente y regular que permita trabajar en actividades ajenas a la esencial sin necesidad de sentirse presionado? Si es usted una de esas personas que sólo dictan una carta cada vez, que llaman continuamente por el intercomunicador y que permite interrupciones constantes y considera sus llamadas telefónicas como más importantes que la acción de su ayudante, está impidiendo que su secretaria o ayudante desarrollen o se atengan a un programa eficiente capaz de ahorrar tiempo.

3. ¿Permite a su secretaria organizar una lista de prioridades para las tareas, tal y como hace usted mismo con la suya? No siempre es posible completar cada trabajo de modo instantáneo o en el mismo día en que surge. La flexibilidad es una de las características que ahorran mayores tensiones. Tomar conciencia de que el negocio o la empresa no se colapsan si cada informe o carta no quedan terminados en el mismo día, o si cada petición no va acompañada por una exigencia de máxima prioridad, le permitirá experimentar el placer de ayudar y asistir.

4. ¿Está dispuesto a compartir el mérito? El individuo que acepta toda la gloria por un logro extraordinario, y trata a su secretaria como si fuera un robot, o bien perderá por completo a esa persona,

o sofocará de tal modo sus iniciativas que finalmente sólo tendrá a su lado una máquina.

Si ha pasado estas preguntas de autoanálisis y decide descargar mayores responsabilidades en su secretaria, se encontrará en una notable compañía. Veamos cómo ahorran tiempo algunas personas muy ocupadas, capaces de trabajar de forma efectiva con sus ayudantes.

DESARROLLO DE RELACIONES

¿Cuál es la mejor forma de desarrollar esta relación secretarial tan vital y cooperativa? Al igual que sucede en cualquier otro encuentro humano, se trata de un arte, pero aquí se ofrecen algunos consejos específicos extraídos de una variedad de secretarias consultadas:

• *Mantenga una breve reunión diaria por la mañana.* Pregunte a su secretaria cómo puede ayudarle a conseguir más. Si su relación previa ha sido estrictamente del tipo: «Haga lo que le digo, y rápido», su secretaria puede tener la impresión de que necesita acelerar las cosas o, peor aún, que se siente enfermo. Tranquilícela y sugiera una compilación conjunta de cada trabajo pendiente.

• *Anime a su secretaria a asumir trabajos.* Pásele aquellas tareas en las que tenga que hacerse alguna investigación preliminar, o incluso que pueda realizar por completo. Si el ayudante es nuevo, joven o inexperto, necesitará algo de tiempo para darse cuenta de que espera usted iniciativa por su parte para hacer avanzar cada proyecto lo máximo posible.

- *Favorezca la responsabilidad.* Hágalo siempre así, en el bien entendido de que se le mantendrá debidamente informado. Muchas secretarias ejecutivas no sólo llevan los programas pendientes de sus jefes, sino que incluyen sus propias agendas para que éstos las aprueben.

- *Utilice los puntos fuertes.* Aprenda a analizar los puntos fuertes y débiles de su secretaria; no espere ayudantes capaces de realizar toda clase de milagros. Confíe en las capacidades extraordinarias y trate de ayudar a fortalecer los puntos débiles.

- *Acepte sugerencias de otros colegas.* En muchas ocasiones, otro punto de vista puede arrojar una luz completamente nueva sobre un problema. En ello también existe un beneficio mutuo: aquellas secretarias cuyas opiniones se ven respetadas son más dóciles a las sugerencias del jefe con respecto al trabajo que efectúan.

- *Apoye a su secretaria.* Cuando se haya cometido un error de juicio, póngase del lado de su ayudante. Esa lealtad será apreciada. A partir de esa demostración de fe en la persona, obtendrá mejores resultados que mediante las recriminaciones. Además, no es probable que los errores se repitan.

- *Si tiene que reprender algo, hágalo en privado.* Esto es un corolario directo de la sugerencia anterior; se trata de algo especialmente importante cuando la secretaria le representa a usted ante otros, dentro de la misma empresa. Los errores pueden comentarse en privado, sin menoscabar el estatus y la autoridad.

- *Canalice el trabajo.* No hay nada más desconcertante para una secretaria que enterarse de que el jefe ha encargado algo a otro ayudante.

- *Deje que su secretaria sepa lo que espera de*

ella. Salir a almorzar, hacer una pausa para tomar un café o marcharse deben ser cosas completamente comprensibles. Las reuniones a última hora, tanto dentro como fuera del despacho, pueden llegar a destruir la lealtad, a menos que su secretaria sepa con exactitud lo que se espera de ella. La consideración exige consideración.

- *Haga caso de la intuición.* Ésta se desarrolla en buena medida a partir del «radio macuto» de la secretaria por el que recibe información de diversas fuentes que no siempre están abiertas para usted, así como de la habilidad para relacionarlas y formar una pauta que a menudo complementa el propio radar del jefe. Eso no significa disponer de medios de comunicación clandestina en la oficina, pero tampoco es algo que deba ignorarse por completo.

- *Dependa del sentido del orden de su secretaria.* Eso es algo capaz de suavizar su propia rutina diaria. Si su ayudante no es ordenado por naturaleza, y establece usted mismo el ejemplo eliminando todo lo sobrante de su mesa y lugar de trabajo, es muy probable que ese ejemplo que muestra como jefe sea más efectivo que toda clase de advertencias. Si resulta que son ustedes dos del tipo de pareja extraña que a menudo se presenta en el cine y la televisión, no conozco la respuesta a esa situación. Lo cierto es que, para que algo dé resultado, tendrá que utilizar el método de «no puedo ver la mesa llena de papeles».

- *Enseñe a su secretaria a actuar como un segundo par de ojos.* Anímela a leer publicaciones relacionadas con su negocio y trabajo, teniendo en cuenta sus propios intereses, clase de empresa y personal. Un archivo de datos diversos puede ser una fuente vital de información en informes, cartas, discursos, etcétera.

● *Desarrolle un cierto sentido del humor.* Es razonable que hasta el más eficiente ejecutivo y secretaria cometan algún error ocasional. Aprenda a tomarse tiempo, ya sea conjunta o individualmente, para reír de lo que sea divertido o ridículo. Para muchas secretarias y ayudantes, eso constituye la mejor forma de aliviar la presión.

ACCESO A CITAS

Muchos altos ejecutivos dejan en manos de sus secretarias o ayudantes administrativas el manejo de todas sus citas, excepto las más importantes. Eso no quiere decir que se conviertan necesariamente en árbitros del acceso, más bien se trata de que el individuo establezca las citas para su posterior confirmación. Algunos altos ejecutivos, como Allen Rosenshine, de la agencia de publicidad Omnicon, tienen incluso dos secretarias, una de ellas para encargarse del trabajo más o menos rutinario como mecanografiar, archivar o realizar las tareas tradicionales de una secretaria, y la otra para ayudarle a gestionar el tiempo, estableciendo citas directamente y actuando como intermediaria en aquellos casos en que el ejecutivo no puede ponerse en contacto inmediato con alguien que necesita información, o con quien tiene que entrevistarse por alguna otra razón.

Rosenshine, citado por Fred Worthy en *Fortune*, dice: «En lugar de supervisar estrechamente, informo a la secretaria de lo que trato de obtener de alguien, y luego le dejo que se ocupe de ello, aun cuando corra el riesgo de no conseguir todo lo que deseo».

Algunos altos ejecutivos afirman que sus secretarias controlan «casi totalmente» el acceso de los demás, tanto del exterior como del interior de la empresa, y saben a quién debe permitírseles ese acceso, quién puede esperar y qué peticiones pueden trasladarse a otros para que se ocupen de ellas. Naturalmente, esta clase de delegación tan amplia puede ser perjudicial, por lo que necesita una cuidadosa elaboración.

TÓMESE TIEMPO PARA ENSEÑAR

Antes de que la secretaria o el ayudante administrativo sea capaz de ofrecerle todos aquellos elementos de ahorro de tiempo que a usted le gustaría encontrar, debe dedicar algo de tiempo a instruirle y enseñarle. Al principio, eso también puede consumir tiempo, dice Andrew S. Gove en *Working Woman*, añadiendo:

Invertir tiempo en formar dará su recompensa. La formación debe enfocarse específicamente sobre el concepto de su trabajo, de modo que la secretaria comprenda lo que hace y por qué, y luego esté dispuesta para ayudar de una forma consistente... No se detenga en la familiarización básica; tenga reuniones matinales regulares, revise semanalmente lo que ha sucedido y lo que se espera para la semana entrante, para ir afinando poco a poco el conocimiento de la secretaria sobre el trabajo y aumentar así la ayuda que es capaz de prestarle. Invertir tiempo en su secretaria puede convertirse en la mejor inversión que haya hecho para ahorrar esfuerzo y tiempo, y obtendrá la recompensa en forma de tiempo ahorrado.

PROCESO DE APRENDIZAJE MUTUO

Según el Time Management Center, en el proceso de aprendizaje mutuo también son importantes los siguientes consejos:

- Contrate lo mejor. Espere lo mejor. Pague lo mejor.
- Anime a otros a tratar directamente con su secretaria para aquellas cosas que ella pueda manejar.
- Pregúntele qué cosas puede hacer de entre las que usted se ocupa ahora, incluido de qué forma podría gestionar mejor su propio tiempo.
- Tómese el tiempo necesario para dar buenas instrucciones, y utilice buenas técnicas de retroalimentación, permitiendo las iniciativas.

OTRAS IDEAS PARA SU SECRETARIA

- *Programe sus reuniones de mañana y tarde en un horario fijo.* Eso permite que ambos dispongan de lugar sin interrupciones para otros trabajos. Considere estas reuniones como momentos sacrosantos, al igual que cualquier otra entrevista que haya incluido en su programa, que no deben aplazarse de forma repetida porque «ha surgido algo más importante».
- *No utilice el intercomunicador con excesiva fre-*

cuencia. Conserve sus propias notas y recordatorios en el diario y dé directrices en una sola ocasión; la mayoría de las cosas pueden esperar. Sugiera a la secretaria que haga lo mismo, en el caso de que algo no exija una notificación inmediata.

• *Mantenga informada a su secretaria.* Infórmela de todos los cambios que se hayan producido en el departamento, de los proyectos en marcha, de las tareas encargadas a otras personas, de los archivos que haya podido prestar a otros, de la forma de atender el teléfono (especialmente, en relación con llamadas importantes), etcétera.

• *Tenga un cajón destinado a archivos sobre los asuntos en marcha.* Procure tenerlo cerca, con el material que sea más necesario, en lugar de llamar constantemente por el intercomunicador para pedir ese material. A medida que se complete cada asunto, entregue la carpeta para que la secretaria la guarde en el archivo permanente.

• *Mantenga un archivo de seguimiento sobre tareas semanales, quincenales o mensuales.* Eso le evitará tener que perder tiempo para reunir en el último momento los datos que necesita.

• *Deje que la secretaria conteste todas las cartas que le sea posible.* Algunas llegan a ser tan hábiles en esta tarea, que incluso pueden redactar borradores para la firma, a medida que llega la correspondencia, o convertir una contestación negativa o un «quizás» en la respuesta que a usted le gustaría dar, y hacerlo de forma breve.

• *Traspase a su secretaria o ayudante la plena responsabilidad sobre muchas tareas rutinarias.* Muchas de las peticiones que se reciben pueden trasladarse directamente a otros, sobre todo si los subordinados tienen autoridad en ese campo. En caso contrario, se pierde tiempo asegurando a los que llaman que su problema será bien solucionado. La forma de hablar, la autoridad que se transmite y el evitar que hablen los otros, o demostrar una evidente actitud de irritación, son cosas capaces de asegurar a quien llama que recibirá la atención debida de una forma más rápida y mejor.

● *Investigue nuevos métodos, materiales y equipo de oficina.* Eso les facilita el trabajo a los dos. No hay ninguna necesidad de seguir conservando la misma y vieja rutina que ya ha quedado desfasada.

● *Ayude a crear una biblioteca de libros de texto y de referencia.* Se trata de herramientas de trabajo muy útiles y capaces de ahorrar tiempo.

● *Considere la idea de animar a su secretaria a unirse a una asociación profesional para mantenerse al día.* Hay numerosas asociaciones de este tipo, tanto locales como nacionales.

● *Haga que su secretaria acuda a un seminario o conferencia relacionada con su campo de trabajo.* Si lo que se busca es progreso en el ámbito de la secretaría profesional, considere lo que haya disponible a nivel de cursos locales para adultos.

● *Haga que su secretaria salga del despacho de vez en cuando.* Si puede permitirse prescindir de su secretaria durante un día, y enviarla a un viaje fuera de la ciudad para algún proyecto especial de investigación que resulte realmente gratificante, hágalo así, y utilice ese mismo día para trabajar en proyectos importantes, fuera del despacho.

● *Sugiérale a su secretaria leer este libro.* No le sorprenda que, a partir de la lectura, le plantee sugerencias capaces de ahorrarle más tiempo.

Un recordatorio final: no olvide nunca el estímulo y la formación moralizadora inherente a una sencilla palabra: gracias. Si ha tenido un día especialmente atareado, en el que ha utilizado cada minuto al máximo, o cuando se ha logrado algún milagro que parecía imposible, a pesar de las interrupciones constantes, hágale saber a su secretaria la mucha ayuda y tiempo que ha ganado gracias a su actividad.

Si es usted la secretaria o ayudante

Phillip Diminna, que ha ocupado altas posiciones en Nueva York, ofrece los siguientes consejos:

Suministros: mantenga siempre a mano los suministros críticos. Algo capaz de ahorrar mucho tiempo a la hora de procesar trabajos importantes de forma urgente, es no quedarse nunca sin objetos importantes en pleno trabajo. Si eso sucede, se pierde un tiempo importante en una búsqueda a veces inútil.

En su mesa de despacho debe haber suministros como cintas de máquina de escribir, cintas borradoras, grapadoras, etcétera. De ese modo, si descienden las existencias o se acaban (como ocurre a veces), siempre dispondrá de suministros de apoyo. No olvide cosas como discos de computadora, casetes vírgenes para grabar, una cabeza lectora extra para el dictáfono (en caso de que funcione mal), etcétera.

Un buen ayudante también tendrá en su propio lugar de trabajo suministros de reserva que el jefe pueda necesitar (como casetes borrados), para casos de emergencia. Otra cosa que ahorra tiempo: antes de marcharse a casa, por la tarde, compruebe siempre su mesa; es la mejor hora para asegurarse de que dispone de todo lo que necesita, porque eso le ahorrará tener que hacerlo a primera hora de la mañana, cuando se acumula el trabajo y el tiempo urge.

11

Haga que el fax trabaje para usted

Las comunicaciones escritas se transmiten cada vez más por medio del facsímil o «fax». Durante la pasada década, este canal ha evolucionado, pasando de convertirse en una opción de comunicación lenta y relativamente cara, a una herramienta de despacho, fácil de utilizar y accesible incluso para los individuos y las pequeñas empresas. Saber cómo utilizar el fax con efectividad puede ser otra forma importante de ahorrar tiempo diariamente.

La relativa sencillez del uso del fax tiene mucho que ver con su actual popularidad y rápido crecimiento. Las nuevas características todavía estimularán más su aceptación y empleo. Kevin Shea, vicepresidente del departamento de fax de la Xerox Corporation, dice: «Ya existen máquinas conectadas de tal modo que, por el simple procedimiento de apretar una tecla, pueden enviar por fax un documento que tenga en la pantalla de su ordenador a la persona o personas designadas, ya se trate de una lista de nombres, una serie de fotografías, un mapa, etcétera».

John Lemke, vicepresidente del departamento

de marketing de Fujitsu Imaging Systems, comenta: «A corto plazo, muchas empresas piensan en nuevas formas de conectar las máquinas de fax con la red de procesamiento de datos, optimizando la utilización y disminuyendo los costos de transmisión, además de desarrollar algunas aplicaciones realmente poderosas mediante la combinación de máquinas antiguas y nuevas. A medida que se expande el uso del fax, podrá aplicarse más de un método de sistemas. Los suministradores de casi cualquier producto o servicio relacionado con el fax incrementarán su papel a medida que se desarrolle ese proceso».

UTILICE FAX PARA AHORRAR TIEMPO

En la actualidad, el uso del fax no se limita a las grandes oficinas; empresas cada vez más y más pequeñas, individuos y hasta hogares disponen de un fax. Estas máquinas pueden proporcionar una amplia variedad de beneficios capaces de ahorrar tiempo, como los siguientes:

- *Entrega inmediata:* en cuanto marca el número, ya tiene entregado el documento.
- *Brevedad:* la mayoría de los fax que se envían son cortos y van al grano; son fáciles de componer y es más fácil que estimulen la lectura inmediata y aceleren la respuesta, sobre todo si se toma usted la molestia de distinguir con claridad aquellos puntos que desea comunicar para facilitar la respuesta. Los consejos incluidos en capítulos anteriores sobre la escritura y la comunicación pueden aplicarse a los fax que envíe en cuestión de minutos.
- *Designaciones múltiples:* puede enviar simul-

táneamente un fax idéntico a una amplia lista de receptores, dependiendo de las capacidades de su máquina.

● *Transmisión retrasada:* le permite preprogramar la transmisión, para aprovechar las horas de menor precio en el uso del teléfono.

● *Alimentadores automáticos de documentos:* algunas máquinas tienen capacidad para almacenar documentos de hasta treinta páginas para su transmisión, cortando y acumulando automáticamente las páginas en el mismo orden en que se reciben. En cada una de las páginas enviadas por fax aparece un cuño, para estar seguros de que se ha enviado.

● *Recepción de memoria:* la capacidad de almacenamiento de hasta veinte páginas de información le garantiza que no se perderá información que llegue, aunque la unidad se quede sin papel.

● *Mensaje de salida e interruptor teleautomático de fax:* mediante la combinación de un mensaje de salida programable, de doce segundos de duración, conectado con el interruptor automático, puede comunicar a quien llame que la unidad se encuentra funcionando en modo de fax. Su voz cambia la unidad a modo de teléfono, de modo que también puede hablar, así como enviar y recibir documentos automáticamente.

FUNCIONES MÚLTIPLES EN UNA SOLA MÁQUINA

Puede conseguirse ahora una máquina que combine el fax con el teléfono, un contestador automático, una impresora, un escáner y una computadora personal, dotada de software de alto rendimiento, todo ello al alcance de su mano y a precios asequibles.

Se puede enviar un fax al mismo tiempo que se actualizan los datos básicos, hablar con un cliente al mismo tiempo que se crea una ilustración y muchas más cosas, sin moverse de su despacho o lugar de trabajo.

Envío de fax en un solo sentido

Antes solían necesitarse dos para enviar un fax, pero eso ya no es así gracias al servicio FAX LYNK de la DHL Worlwide Express, una combinación ingeniosa de fax y entrega inmediata a aquellas personas o empresas que no disponen de unidad de fax, pero que desean ahorrar tiempo. Desde Estados Unidos puede usted transmitir incluso a los lugares más remotos, enviando el fax a DHL en Cincinnati. Desde allí, los documentos son transmitidos a cualquier continente por vía satélite; el documento queda impreso en láser, sobre papel hilo, sellado en un sobre y enviado por correo de acuerdo con el sistema antiguo, es decir, entregado a mano. Algunos servicios de correos disponen de un sistema similar a nivel internacional.

Si no dispone de fax propio, encontrará numerosos servicios e incluso tiendas que disponen de uno y permiten su utilización.

Fax portátil

El fax más pequeño del que tengo noticia, y que ahorra tiempo al ofrecer el servicio allí donde se encuentre, es el PF-1 de Ricoh, que mide exactamente 28 × 18 centímetros, encaja en una hoja de papel mecanografiado y sólo pesa dos kilos y medio. La unidad contiene treinta páginas de tamaño carta, imprime el fax en alta o baja resolución y dispone de circuito de corrección de errores, lo que disminuye al mínimo la estática de la línea telefónica. Sirve incluso como fotocopiadora portátil y puede transmitir o recibir por medio de un teléfono celular. En un despacho, puede conectarse a un enchufe eléctrico regular y a una línea de teléfono.

REPÁRELO POR FAX

Ahora ya es posible reparar el fax, el teléfono comercial, el equipo médico y una amplia variedad de otras máquinas por medio del fax, sin necesidad de esperar tiempo a que llegue el técnico en reparaciones. El diagnóstico remoto y los sistemas de reparaciones, accesibles mediante un mensaje enviado por fax, o mediante llamada telefónica, ha permitido a algunos fabricantes de equipo reducir considerablemente el número de llamadas que exigen respuesta, efectuando las reparaciones sin necesidad de acudir personalmente a donde esté la máquina en cuestión. Según informa *The New York Times*, Arthur Ryan, de la AT&T, explica: «El diagnóstico remoto y los sistemas de reparaciones permiten que algunos suministradores de equipo reduzcan notablemente las llamadas de servicio que reciben, acortando el tiempo que dedican a solucionar problemas que tienen que abordarse allí donde se encuentren las máquinas, ya que, con frecuencia, el diagnóstico remoto permite enviar al técnico en reparaciones dotado con las herramientas y los componentes necesarios para efectuarlas. Para el usuario, eso significa volver a hacer funcionar el vital equipo en cuestión de minutos, en lugar de tener que esperar horas o incluso días».

El fax como medio de propaganda

En los últimos tiempos ha proliferado el uso del fax para enviar cosas que hacen perder tiempo, como mensajes de los suministradores, solicitantes o cualquier otro que quiera hacerse propaganda ante su empresa. Una vez que su máquina esté en funcionamiento, no puede evitar que lleguen los mensajes, del mismo modo que tampoco pueden evitarse las llamadas telefónicas. De ese modo, los demás utilizan su papel y su tiempo de máquina, impidiendo la recepción o envío de otros mensajes. Eso, junto con el tiempo que usted o su secretaria emplean para leer los mensajes, no hace sino despilfarrar unos minutos preciosos. La mejor solución consiste en avisar a quienes lo hacen que en el futuro no realizará negocios con ellos si continúan enviando transmisiones que usted mismo no haya solicitado.

Nota: ya existe una máquina con capacidad para efectuar usted mismo el bloqueo. La nueva Fujitsu Dex 80 le permite programar hasta cincuenta números para «rechazo selectivo». Si recibe un fax no deseado de alguien que sólo pretende anunciarse, puede incluir su número en la máquina y, a partir de ese momento, la Dex bloqueará automáticamente la transmisión procedente de ese número.

12

Mensajes electrónicos

Enviar algo por fax suele ser un acto individual: alguien en quien se origina la transmisión, que envía a uno o muchos receptores. Sin embargo, en aquellos casos en que tienen que enviarse o recibirse muchos mensajes extensos, como en las grandes empresas, agencias, etcétera, el volumen de los mensajes intercambiados ocupa tanto tiempo, que se han desarrollado nuevos sistemas, a los que constantemente se les añaden nuevas características.

Considere sus comunicaciones telefónicas actuales, por ejemplo. A menudo se necesitan cuatro o cinco llamadas para que dos personas completen una conexión telefónica. En *El correo electrónico*, Ira Meyer explica: «La parte A inicia la llamada, sólo para ser informada por una secretaria que la parte B está en una reunión. Más tarde, la parte B devuelve la llamada, y se le dice que la parte A no está disponible en ese momento. Más tarde, cuando se vuelve a llamar, la parte A ha salido del despacho. Después de uno o dos intentos más, aumentan las posibilidades de que ambas partes se pongan en contacto directo». Eso sucede tanto en oficinas que se encuentran en el mismo edificio como en llamadas transcontinentales o internacionales, dice Meyer. La situación, que suele ser habitual, no hace sino empeorar en la medida en que las llamadas cruzan los husos horarios.

Meyer añade que la nueva correspondencia electrónica, denominada contestador automático, se ha convertido en un elemento capaz de ahorrar mucho tiempo y solucionar esta clase de problemas. Su llamada llega a una máquina, en la que deja un mensaje hablado, sea cual fuere la hora o el lugar. El receptor con quien trata de ponerse en contacto ni siquiera tiene que estar presente o dispuesto para recibir su mensaje hasta que le sea conveniente. Una vez que tenga preparada la respuesta, tampoco hay necesidad de que se encuentre disponible la primera persona que envió el mensaje, ya que el de contestación se envía al contestador de esa persona, donde esperará pacientemente a ser recogido. Dependiendo de la complejidad del sistema o de los deseos del usuario, cada vez que hay un mensaje esperando en cualquier extremo de la línea se registra alguna forma de notificación que lo indique así. Basada en el volumen de uso, la unidad no tiene un coste elevado y utilizarla es muy conveniente; el mercado está creciendo en este aspecto, según dice Meyer, cuyo libro responde a diversas preguntas sobre cómo los distintos tipos de contestador pueden ahorrar tiempo y dinero a su empresa.

Con la continuada explosión en el número de usuarios de PC conectados con redes locales y amplias, el correo E también empieza a ser utilizado por individuos, aparte de los pertenecientes a las grandes organizaciones.

Es posible que el uso del mensaje electrónico no

sea algo sobre lo que usted pueda decidir personalmente, en el caso de ser empleado de una gran compañía donde, evidentemente, su instalación es una decisión empresarial, pero valdría la pena considerar la instalación de esta facilidad si tiene una pequeña empresa cuya situación le permite revisar y decidir cuándo y cómo puede adaptar su negocio a estos nuevos métodos.

AHORRE TIEMPO USANDO EL CONTESTADOR

Si es usted el que llama, siga los siguientes consejos:

- Que su mensaje sea breve y vaya al grano.
- Transmita los datos que se necesiten para obtener una respuesta específica, y solicite respuesta por el mismo método.
- Si pide una respuesta telefónica, indique cuándo estará disponible.
- Al solicitar una respuesta por contestador, indique cuándo comprobará la recepción de mensajes.

Si es usted el receptor, siga los siguientes consejos:

- Recoja sus mensajes en el momento en que haya programado su lectura.
- Responda con la mayor rapidez posible, siguiendo la importancia y la urgencia que indique el mensaje.

Con estos sistemas, también puede enviar mensajes idénticos a un amplio número de individuos conectados con su red, dejando el mismo mensaje hablado o escrito destinado a cualquier grupo. Evidentemente, eso elimina la necesidad de emplear tiempo para hacer copias múltiples y su envío por fax o por correo. Las respuestas también se obtienen del mismo modo, para leerlas o contestarlas más tarde. El coste de estos sistemas es elevado, y exige empresas con una amplia variedad de operaciones, pero se están haciendo cada vez más populares gracias al ahorro de tiempo y esfuerzo que permiten.

HAGA FÁCIL EL USO DE SU CONTESTADOR

Nancy Friedman, la «doctora por teléfono» de St. Louis, observa que la amplia adaptación de mensajes automatizados expresados por medio de la voz humana, ha convertido lo que muchos habían considerado desde hacía tiempo como un elemento capaz de ahorrar energía, en una fuente de desacuerdo en cuanto a su uso y efectividad.

A pesar del debate, dice la señorita Friedman, los sistemas de grabación automática de mensajes pueden ahorrar tiempo y aumentar la productividad, siempre y cuando se aprenda a utilizarlos debidamente. «Las estadísticas de la industria del correo grabado —dice— indican que la mitad de todas las llamadas de negocios sólo transmiten información en un solo sentido, lo que hace innecesario el vínculo de persona a persona. El setenta y cinco por ciento de todas las llamadas de negocios no consigue nada en el primer intento, lo que tiene como resultado ese síndrome tan familiar de "devolución de pelota", propio del tenis. A pesar de la protesta pública en contra de los mensajes grabados, hay razones sólidas por las que muchas compañías están adquiriendo estos sistemas.» He aquí algunos consejos de la señorita Friedman para lograr que su propio sistema de grabación de mensajes sea más amable, y sus encuentros telefónicos con otras personas sean más productivos:

- *Grabe el mensaje con su propia voz, identificándose a sí mismo y al departamento al que pertenece.* Por ejemplo, así: «Aquí Carolyn Schmidt, de Ventas».
- *Utilice mensajes personales e informativos.* Evite ese tipo de mensaje en el que sólo se dice: «No puedo ponerme ahora al teléfono». Sería mucho mejor decir: «Tengo una reunión de ventas hasta las tres. Si necesita información inmediata puede ponerse en contacto con mi secretaria, en la extensión cuatro, cuatro, cinco, o apretar el cero para hablar con la operadora». Este tipo de mensaje, sin embargo, exige una constante puesta al día.
- *Haga saber a quien llame que usted comprueba la máquina para ver si ha recibido algún mensaje.* «Por favor, le ruego deje grabado su mensaje. Compruebo a menudo la grabadora.» La mayoría de la gente dejará el mensaje si tiene la sensación de que se comprueba la grabadora con frecuencia.
- *Practique la grabación hasta que la voz le parezca natural.* No dé la impresión de estar leyendo un texto. «Sonría» mientras graba. A nadie le gusta hablar con una máquina gruñona.

- *Asegúrese de cambiar el mensaje antes de irse de vacaciones.* A menudo, los vendedores pierden clientes importantes porque no se devolvieron sus llamadas durante varias semanas.
- *Devuelva todas las llamadas, o haga que se devuelvan en su nombre.* En caso contrario, el sistema le servirá de bien poco.
- *Una vez instalado el contestador automático, informe del hecho a las personas clave con las que se relacione.* Una breve carta personal explicando el cambio y unas breves instrucciones sobre cómo utilizar el sistema constituirán un gesto que será bien recibido.

UTILIZAR LOS SISTEMAS DE OTROS

La señorita Friedman ofrece los siguientes consejos:

- *La gran mayoría de sistemas permiten soslayar el mensaje grabado inicialmente.* Apretar el botón cero puede conectar inmediatamente a quien llama con una operadora humana. Adquiera la costumbre de anotarse los números de las extensiones utilizadas con mayor frecuencia, para poder conectar directamente en la próxima ocasión.
- *Si llama y escucha el contestador automático, deje un mensaje detallado y completo para la otra parte.* Aproveche cada una de sus llamadas. Solicite la información que necesite; de ese modo, la otra persona puede empezar a hacer rodar la pelota antes de devolverle la llamada.
- *Conserve la calma.* Por muy frustrantes que puedan parecerle las experiencias iniciales con el

uso de mensajes grabados, recuerde que, en último término, todo el mundo expresa lo que desea.

● *Aprenda de los errores de los demás.* Tome nota de aquello que más le irrite sobre los sistemas empleados por otras empresas. Envíe mensajes efectivos. Asegúrese de que la voz grabada en el contestador automático de su compañía sea lo más agradable posible, y ganará incontables minutos cada día.

OTROS BENEFICIOS DEL CONTESTADOR AUTOMÁTICO

Voice Tel Enterprises, de Hudson, Ohio, empresa que se dedica al desarrollo de estos sistemas, explica que el dejar grabados los mensajes es una forma efectiva de ahorrar tiempo por las siguientes razones adicionales:

● Le permite dejar un mensaje con mayor rapidez y exactitud que si envía un papel garabateado, lo que tiene como resultado recibir menos llamadas para pedir aclaraciones.

● El personal no autorizado no tendrá acceso a sus mensajes.

● Las llamadas son más cortas. Al grabar el mensaje, la gente no se dedica a charlar, sino que habla del asunto que desea tratar.

● Obtiene libertad con respecto a las diferencias de las zonas horarias y a la limitación habitual de nueve a cinco horas de trabajo. El beneficio aumenta en la medida en que lo hace la distancia.

● *Se reduce la notificación de mensajes escritos.* De ese modo, las secretarias y ayudantes administrativos quedan libres para tareas más productivas.

• *Se reduce la búsqueda de las personas a las que se ha de llamar.* Si tiene que buscar a la persona que recibe la llamada, deberá esperar a que ésta encuentre un teléfono y reciba la llamada o la devuelva. Si tiene el contestador automático conectado con un sistema de llamada, puede programarlo para hacer sonar un zumbido cada vez que se reciba un nuevo mensaje. De este modo, la persona a la que va dirigido puede marcar el número del sistema cuando sea conveniente para recibir los mensajes grabados.

13
Delegación

Circula una historia sobre un joven y futuro ejecutivo que, al presentarse para solicitar un puesto de trabajo ante el director de personal de una gran empresa, éste le preguntó qué puesto había ocupado hasta entonces.

—Era un ejecutor —contestó el joven.

—¡Un ejecutor! ¿Qué es eso?

—Bueno, el caso es que, cuando mi patrón deseaba que se hiciera algo, se lo decía al cajero. El cajero se lo decía al contable, el contable le transmitía el encargo al empleado, y el empleado me lo decía a mí.

—¿Y qué sucedía entonces?

—Pues que, como yo no tenía a nadie más a quien decírselo, tenía que ejecutar la orden.

Este concepto falso y popular sobre hasta dónde llega la delegación de tareas, tiene numerosas variantes. Pero, dejando aparte la mitología popular, la delegación es otra de las grandes claves que permiten ahorrar muchos minutos, horas, días y hasta meses.

Aunque el concepto de la delegación pueda parecer sencillo, a menudo resulta muy complejo, debido a que implica establecer relaciones con las máquinas más sensibles y complicadas que existen en el mundo: las personas. Y, como todos sabemos, con las personas, dos y dos no siempre son cuatro.

Emprender una amplia delegación es una de las cosas más difíciles a las que tienen que enfrentarse los ejecutivos en su carrera ascendente. Se trata de algo particularmente cierto en el caso de negocios familiares. Para crear el equipo, hay que estimular a los demás a correr el riesgo de cometer errores con lo que es el propio dinero de uno; si no se hace así, los demás nunca llegarán a madurar. En cierta ocasión le pregunté a C. R. Smith, que por entonces era presidente de American Airlines, cuál era el paso clave que realmente le permitió empezar a ascender. Me contestó:

Cuando conseguí mi primer ayudante, no me sentía satisfecho con casi nada de lo que hacía. Tardaba tanto tiempo en explicarle lo que deseaba que se hiciera, y él tardaba tanto en hacerlo la mitad de bien que yo quería, que acabé convencido de que se despilfarraba más tiempo del que se ganaba. Entonces, un día me di cuenta de que, hasta el momento, me había visto limitado a hacer sólo aquello que yo mismo pudiera conseguir hacer. Siempre andaba corto de tiempo, sin encontrar verdaderas oportunidades para progresar. Así pues, me concentré en la tarea de conseguir y formar a buenos ayudantes. Busqué a personas que fueran industriosas y competentes, aun cuando no actuaran exactamente de la misma forma en que yo pudiera hacerlo. Cada par de manos y cada cerebro a los que formé me ayudaron a encontrar más tiempo para desarrollarme yo mismo y para avanzar.

A medida que se sube por la escalera, no resulta fácil desprenderse de aquellas cosas que le han permitido llegar hasta allí. No obstante, si insiste, aunque sólo sea inconscientemente, en continuar implicado con aquellas mismas tareas de las que se ocupaba con anterioridad, no podrá dedicarse a la amplia planificación y coordinación que le exige su nuevo trabajo o su deseo de progresar.

EL SISTEMA DE RODEAR LOS DETALLES

No todos podemos utilizar el sistema de «rodear los detalles» empleado por el almirante Robert P. Carney, que fue durante mucho tiempo jefe de Operaciones Navales de Estados Unidos. No obstante, es posible que pueda usted aplicar uno de sus métodos.

El almirante explicó:

> Durante años, tuve a un oficial experto en organización administrativa interna. Su única función consistía en contener, para que no llegara hasta mi mesa, todo aquello que no era realmente asunto mío.
>
> De ese modo, ni siquiera llegaba a mí cualquier cosa que pudiera ser manejada por un subordinado competente. A mí sólo se me presentaban los temas importantes y los huecos que pudiera haber en la política aplicable. Según el análisis que efectué, este sistema redujo el número de asuntos que tenía que manejar en un cincuenta por ciento con respecto a lo que había hecho mi predecesor.

No creo que la administración de la Marina sufriera por ello. Antes al contrario, dispuse de más tiempo para pensar en aquellas cosas que eran de mi única y exclusiva responsabilidad. Además, pude participar así en discusiones más placenteras y contemplativas con mis suplentes, los comandantes subordinados, los superiores y los civiles, todo lo cual contribuyó a mejorar en algo el funcionamiento de la Marina, y permitió pensar en qué otras cosas podían hacerse.

UN PLAN MAESTRO PARA DELEGAR

Delegar, simplemente para hacer más sencilla su tarea, puede ser algo peligroso, explican los doctores Donald y Eleanor Laird, añadiendo:

Por otro lado, cuando su motivación consiste en fortalecer la organización, es más probable que busque talentos no utilizados entre sus trabajadores (y en el hogar, con la familia), y delegue en consecuencia. En cualquiera de estos casos se necesita una autodisciplina considerable.

Si se insiste en ocuparse de todos los detalles, se desanima a los subordinados al competir directamente con ellos. Lo más probable es que las personas capaces se despidan. Otras se limitarán a permanecer sentadas, dejando que usted se ocupe de todo. Recuerde: la persona en quien delegue no desea convertirse simplemente en un burro de carga. Por otra parte, esas personas pueden sentirse más ansiosas y ser más capaces de lo que usted se haya dado cuenta para asumir tareas que consideran como importantes.

El «plan maestro de delegación» de Laird, publicado en *Métodos de gestión*, incluye los siguientes consejos:

1. *Señale las funciones que delegar.* Haga una lista de las actividades del departamento y cite a los individuos en quienes se delega o debería delegarse específicamente cada tarea. Eso puede revelar la existencia de huecos que están siendo compensados por defecto, y de otros que se están delegando innecesariamente en varias personas.

2. *Defina con claridad los objetivos y la amplitud de la delegación.* A los subordinados debe decírseles, en términos inconfundibles, cuánta autoridad se les transmite y cuáles son los resultados que se espera de ellos, y *no cómo deben hacer el trabajo.*

3. *Defina el problema o la asignación.* No hay soluciones para los problemas desconocidos. Si no puede expresar el tema de forma clara y concisa, tiene que reflexionar antes de delegar. Pedirle a alguien que vaya a tal departamento «para echar una mano» constituye un claro ejemplo de mala delegación.

4. *Actúe lentamente.* Empiece por encargos pequeños. Lo que importa al principio es el acto de la delegación, en lugar del tamaño del proyecto. Además, a los ejecutivos a quienes les disgusta compartir responsabilidades les resulta más fácil ir renunciando gradualmente a ellas, a medida que desarrollan su confianza en el buen juicio de los subordinados.

5. *Considere el efecto del trabajo de grupo.* La delegación debe planificarse de tal modo que se ajuste a las características de aquellos con quienes trabaja, así como a la habilidad individual para ocu-

parse de las tareas asignadas. Al discutir un problema durante una reunión con el personal, deje bien claro quién es el responsable de llevar la pelota. Si es usted el ejecutivo a cargo de la operación, es, en realidad, el que dirige la ofensiva, aunque el equipo necesita saber cuál es el juego.

6. *Empiece con una delegación a corto plazo.* Eso le ayudará a probar a más personas en una mayor variedad de tareas y con un menor riesgo. De ese modo, también tendrá la oportunidad de valorar con mayor exactitud la capacidad individual.

7. *Alterne las delegaciones.* Los ejecutivos motivados por la organización no se limitan a delegar en unos pocos elegidos que ya han demostrado su capacidad, sino que intentan desarrollar el grupo ofreciendo una oportunidad a todos.

8. *Vuelva a delegar.* Este método debe utilizarse no para pasar a otro la patata caliente, sino para desarrollar segundos y terceros equipos. La General Electric, empresa líder en métodos de gestión, cree que los ejecutivos deben utilizar la redelegación para establecer equipos cuyos miembros tengan diez años menos que ellos. Para crecer, todo negocio necesita disponer de suficientes reservas de personal formado.

9. *Incluya en la planificación a las personas en las que delegue.* Eso las prepara para el trabajo y les permite sentir que comparten un objetivo común. Además, al hallarse más cerca de la línea de fuego, esos individuos pueden ofrecer sanos consejos.

Es prudente establecer fechas para alcanzar los objetivos, y exponer con claridad con qué frecuencia y exactamente cuándo desea recibir informes sobre los progresos realizados. Tanto usted como su delegado deben anotar esos datos en sus respectivos dietarios. De otro modo, sería como invitar a un amigo a cenar «alguna noche de éstas», o sugerir que vayan a almorzar «cualquier día de éstos». Expresado de ese modo, raras veces se hace.

10. *Distribuya las delegaciones de tal modo que minimice las consecuencias de los errores.* Como quiera que los errores son inevitables, es prudente encargar las primeras misiones de tal modo que los fallos no lleguen a ser catastróficos. A menudo, el denominado error es, simplemente, una acción que ni siquiera usted mismo había emprendido. La delegación efectiva, como elemento capaz de ahorrar tiempo, exige probar diversos métodos, para que otros puedan aprender también de la experiencia. Los delegados no deben sentirse asustados si se encuentran en desacuerdo con sus propios métodos, como tampoco debería sentirse usted si está en desacuerdo con sus superiores. Cada individuo aporta un método nuevo, personal y único, lo que asegura una amplia disponibilidad de talentos.

Delegar es controlar a través de otros

Charles R. Hobbs, que ha desarrollado el singular *Sistema del poder del tiempo*, observa que, a medida que se expande una organización y aumenta la responsabilidad de la posición que se ocupa, ya no se puede controlar directamente el creciente número de acontecimientos que se producen bajo el ámbito personal de la actividad. Se tiene que introducir a alguien, formarle y prepararle para llevar una parte de la carga. Según Hobbs, los ejecutivos de éxito, que tienen la vista puesta en el mejor uso de su tiempo y de su esfuerzo, siguen dos reglas básicas sobre la delegación:

1. Las decisiones deben tomarse en el nivel más bajo posible que disponga de la necesaria información y juicio.
2. Los que responden ante uno deben aportar respuestas, no problemas.

Hobbs cita la obra de Peter Drucker *Cómo gestionar su tiempo* para plantear dos cuestiones iniciales sobre si se está haciendo el mejor uso de la delegación como medio de ahorrar tiempo. Éstas son:

1. ¿Qué estoy haciendo ahora, que no debería hacer yo, o qué están haciendo otros a un nivel superior al necesario?
2. ¿Qué estoy haciendo ahora que pueden hacer o ser entrenados para hacer aquellos que responden ante mí?

Una vez que, a partir de estas preguntas, haya determinado la necesidad y conveniencia de delegar, Hobbs añade los nueve pasos siguientes en el proceso de delegación:

1. Seleccione a personas con habilidad para hacer el trabajo.
2. Ocúpese de que las personas seleccionadas comprendan lo que espera de ellas.
3. Deje que los asociados sepan que cree usted sinceramente en su capacidad para llevar a cabo sus tareas.
4. Negocie plazos.

5. Asegúrese de que los asociados aceptan com promisos de seguimiento.

6. Hágales saber desde el principio que va a efectuar usted mismo el seguimiento; luego, hágalo.

7. Aporte el espacio suficiente para las ideas imaginativas y las iniciativas de los demás.

8. No haga el trabajo de los demás.

9. Recompense comedidamente, de acuerdo con los resultados obtenidos.

Hobbs añade:

El comportamiento persiste cuando se ve recompensado. Las mejores son aquellas recompensas que aumentan la autoestima de un asociado: una palmadita en el hombro o un reconocimiento especial; a veces, una gratificación si es merecida; un ascenso o un día libre extra. Irónicamente, una de las mejores recompensas consiste en recibir el encargo de proyectos más estimulantes. Tenga que en cuenta que, si la delegación fracasa, es posible que no haya elegido a la persona más idónea para ese trabajo, que quizás no haya comunicado claramente lo que se esperaba de ella, o que no haya logrado establecer los plazos adecuados o planteado un encargo realizable.

A QUIÉN ELEGIR PARA DELEGAR

Si ocupa una posición ejecutiva, encontrar a la mejor persona para delegar requiere reflexión y planificación por su parte. Los Laird dicen al respecto:

• *Encuentre personas con habilidades insólitas.* A menudo, los ejecutivos tienden a juzgar a las personas por los esfuerzos realizados en trabajos rutinarios, aunque, en realidad, esas tareas implican poco desafío. La experiencia demuestra que, habitualmente, los trabajadores medios son capaces de mucho más si cuentan con la posibilidad. Es muy posible que en su oficina, organización, comercio o fábrica haya alguien con talentos no descubiertos que podría ser un delegado efectivo y ahorrarle tiempo si se le guiara adecuadamente.

● *Delegue ampliamente.* En cada empresa surgen todo tipo de pequeños problemas que exigen soluciones. Muchos de ellos pueden delegarse y son una buena prueba para determinar la responsabilidad de los asociados a la hora de afrontarlos. Los éxitos también ayudan a aumentar la confianza.

● *Encuentre a las personas cualificadas que no sean tan evidentes.* Es posible que su inclinación natural consista en delegar en la persona que tenga más a mano o en aquella que ya se haya ocupado anteriormente de una tarea. No es ésta la actitud más prudente porque...

Sobrecarga a un caballo voluntarioso.

Puede generar celos y oposición a los favoritos.

A menudo crea a uno o más príncipes o princesas demasiado seguros de sí mismos.

No ayuda a desarrollar en profundidad su propio equipo o grupo de trabajo. Aunque delegar en quien no parece tan evidente exige mayores explicaciones, y posiblemente produce resultados más lentos, su beneficio lo obtiene del hecho de que una persona domina una nueva tarea y entrena a su vez a la siguiente.

● *Delegue en individuos con una debilidad.* A menudo puede ayudar a esas personas con conversaciones sinceras, lecturas, e incluso amenazas. Sin embargo, logrará infinitamente más delegando tareas que permitan el desarrollo de nuevas habilidades y que le aporten a usted futuras ganancias de tiempo.

En algunos casos, dicen los Laird, el ingrediente más importante de la delegación es la confianza de los subordinados de que usted no...

Los abandonará en la batalla.

Les retirará su autoridad.

Los condenará por los errores.

Tomará decisiones en su ausencia.

Se guardará secretos.

Delegará en alguien más para que los espíe.

Les negará el consejo y los beneficios de la experiencia.

• *Delegue en los suministradores.* A menudo, si se les da la oportunidad, los suministradores pueden realizar trabajos importantes para usted. Pueden reunir información, establecer planes de trabajo y mostrarle formas de utilizar los materiales de modo más efectivo. Con frecuencia estarán dispuestos a hacer todas estas cosas aunque no exista la perspectiva inmediata de obtener un pedido.

• *Comparta sus habilidades.* Probablemente, es usted el jefe porque posee una habilidad superior. Compártala con sus delegados. Dígales lo que ha aprendido sobre el problema que ahora delega en ellos. Muéstrese accesible para recibir los informes sobre el progreso realizado, y responder a las preguntas a las que sólo usted puede contestar. Vale la pena revistar ocasionalmente el progreso.

Una de las razones por las que a menudo falla la delegación y se despilfarra el tiempo se encuentra en la manera pobre de manejarla. Algunos creen que dar las instrucciones más completas, al estilo militar, y ejercer un atento control de seguimiento es una buena forma de delegar. Las autoridades en la materia no están de acuerdo con este punto de vista. Los siguientes pasos le ayudarán a comprobar sus propias técnicas de delegación:

1. *Indique su objetivo real.* Eso significa definir, de la forma más concisa posible, los resultados que espera obtener. Suponga que encarga a alguien que se ocupe de hacer un estudio sobre una fase de embarques de mercancía. Los resultados serán mucho mejores si le explica que el plan general consiste en reducir los costes y hacer posibles los aumentos de salarios. Permitir que los delegados conozcan los objetivos a gran escala del departamento, la división, la compañía e incluso la industria, les permite obtener una mejor perspectiva de la situación. Además, eso les ayuda a clarificar por qué se tiene que hacer ese trabajo en concreto, así como quién debe hacerlo.

2. *Permita a los delegados participar en la toma de decisiones.* En la medida en que le sea posible, deje que la gente no sólo utilice su propia iniciativa y participe en aquellas decisiones que afectan a su trabajo, sino que, cuando surjan las ideas, favorezca aquella aportada por el individuo encargado de realizar la tarea. Nadie produce de un modo más efectivo que aquel que intenta demostrar el valor de su idea.

3. *Proponga desafíos.* Si se trata de una tarea dura, resalte que ha elegido a la persona en concreto porque está convencido de que puede hacerlo. Explíquele que eso no sólo demostrará su habilidad, sino que también aumentará su propia experiencia, técnica y comprensión, lo que redundará en su progreso.

4. *Cite fuentes de información.* Deje que el delegado sepa a dónde acudir en busca de ayuda, especialmente en cuestiones delicadas. Si le promete la asistencia de otras personas, o el uso de otros servicios, asegúrese de esa disponibilidad. Deje que sea el propio delegado quien determine qué ayuda necesita; luego, y de una forma realista, compruebe que ésta no es excesiva ni escasa.

5. *Dé una oportunidad al delegado.* Permítale evaluar su propio progreso, midiendo su logro en cualquier momento dado, en comparación con el objetivo establecido conjuntamente.

6. *Prepárese para los errores.* Los errores son inevitables. Si su objetivo es conseguir un logro general, los errores menores no deberían afectarle indebidamente. Es evidente que, cuando un delegado comete un error, tiene una responsabilidad en lo que a usted respecta, aun cuando la responsabilidad última sea sólo suya.

7. *Las críticas deberían ser constructivas.* En lugar de mostrar reacciones irascibles y, por lo tanto, destructivas, muestre dónde se ha cometido el error y cómo puede manejarse el problema la próxima vez. La represión, por sí sola, hace que el delegado evite tomar decisiones que impliquen aceptar un riesgo. Preferirá entonces seguir con exactitud las pautas anteriores, o derivar la toma de decisiones hacia usted o alguien más, lo que significa que ha

vuelto usted a las pautas consumidoras de tiempo que desvían el esfuerzo, y que trataba de evitar precisamente con la delegación.

8. *Evite imponer reglas excesivas o desautorizar las decisiones de los delegados.* Cuando los delegados tienen la responsabilidad de obtener ciertos resultados y la autoridad para dar los pasos necesarios para alcanzarlos, es mucho más probable que tomen la decisión correcta.

EL MÉTODO DEL ATAQUE AL CORAZÓN

Suponga que, debido a un ataque al corazón, sólo puede acudir a su trabajo durante cuatro horas al día en lugar de las ocho o más que solía estar presente antes. ¿Qué funciones elegiría conservar en un caso así? ¿Cuáles eliminaría o delegaría?

¿Quiere decir que, sencillamente, no podría llevar adelante su trabajo si tuviera que hacerse en la mitad de tiempo? ¿O no clasificaría su carga de trabajo en aspectos esenciales y no esenciales, como se hizo en el caso más famoso que conozco, el del antiguo presidente de Estados Unidos, Dwight D. Eisenhower, después de su ataque al corazón? ¿No evaluaría y eliminaría algunas tareas por completo, reduciendo otras a un mínimo, como hizo *Ike*?

Al establecer su propia lista de cosas esenciales, el presidente Eisenhower descubrió que necesitaba:

- Actuar como comandante en jefe de las fuerzas armadas.
- Presidir el Consejo de Seguridad Nacional.
- Vigilar y dirigir los grandes asuntos de política exterior.

- Supervisar las cuestiones económicas clave.

Todo lo demás, por importante que fuese, lo redujo a lo que él consideró como actividades no esenciales, entre las que se incluían:

- Diversiones (menos)
- Citas (pocas)
- Viajes (recortados)
- Correspondencia (redactada por otros)
- Trabajos rutinarios (delegados)

Al seguir este procedimiento, Eisenhower pudo eliminar buena parte de la carga de trabajo que le consumía tiempo, hasta que fue capaz de reasumirla por completo. Incluso entonces, ya no volvió a tener un programa tan pesado como antes, tras haber convertido una crisis en algo valioso.

Cierto que el método del ataque al corazón es drástico, pero pensar en él ayuda a reflexionar sobre el número indudablemente grande de cosas que está haciendo en la actualidad y de las que podría ocuparse en menor medida, hacerlas con mayor eficiencia y rapidez, o delegarlas.

A fin de volver al mejor consejo para ahorrar tiempo:

Determine qué es esencial y qué no lo es, qué debería tener prioridad y qué puede colocarse al final de la lista, y aprenda a delegar mejor a cada día que pasa, dentro de un clima económico en el que las prioridades cambian constantemente. Hacerlo así le permitirá ganar una hora extra cada día.

ESTIMULE LA ACEPTACIÓN DE LA RESPONSABILIDAD DELEGADA

Si se encuentra en una posición en la que tenga que dirigir las actividades de otros, es importante estimular a sus subordinados para que reflexionen por su cuenta sobre las tareas que delegue en ellos. Muchas personas jóvenes no saben qué hacer cuando se les delega una tarea, sobre todo si se les ha transferido desde la cadena de montaje a trabajos de dirección de personal. Durante la orientación, pueden buscar tanta ayuda y guía como les sea posible. Hasta cierto punto, eso no sólo es comprensible, sino incluso deseable. No obstante, si la situación se mantuviera durante demasiado tiempo, se convierte en un obstáculo capaz de destruir su propia capacidad para hacer las cosas por su cuenta.

Oliver L. Niehouse, del complejo industrial canadiense TFC, me dijo en cierta ocasión:

Recuerdo a uno de esos individuos que demostraban un entusiasmo sin límites por su trabajo, pero que, varios meses más tarde, seguía entrando en mi despacho cinco o seis veces al día para discutir problemas relativamente menores. No sólo no estaba haciendo adecuadamente su trabajo, sino que me interrumpía constantemente. Cuando le mostré un cálculo del tiempo que había estado conmigo durante la semana anterior, él mismo tuvo que admitir que era excesivo y me prometió hacer una lista de lo que deseara tratar conmigo dos veces a la semana. Tal y como había sospechado, muchos asuntos no tenían la importancia que él creía cuando se le presentaban. Otros podía solucionarlos él mismo pensando un poco más. Se hizo más eficaz, aceptó más responsabilidad y ocupó menos mi propio tiempo y también el suyo.

Otro hombre joven demostró claramente su habilidad para analizar problemas, pero se detuvo ahí. Yo mismo tenía que sugerirle las soluciones con excesiva frecuencia. Así pues, adopté finalmente la actitud de permanecer sentado y en silencio durante varios minutos cuando me planteaba un problema. Luego, le preguntaba qué recomendaba hacer. Después de menos de media docena de veces, terminó dándose cuenta de que cada vez que presentara un problema también tenía que ofrecer una o dos soluciones recomendadas. A partir de entonces sus recomendaciones fueron aceptadas con gran frecuencia.

EL RESPONSABLE SIGUE SIENDO USTED

Según Merrill E. y Donna Douglass en *Gestione su tiempo, su trabajo y a sí mismo*, la delegación nunca le alivia a largo plazo de ninguna responsabilidad. Estos autores añaden: «En realidad, la delegación crea más responsabilidad total, ya que, después de delegar, sigue siendo responsable ante los superiores, aun cuando su subordinado lo sea ante usted. Si ahora no delega adecuadamente, aprender a hacerlo puede consumir más tiempo del que necesitaría para hacerlo por sí mismo. Pero la incapacidad para delegar es algo desastroso. Con ello se defrauda a los subordinados y termina uno enterrado bajo un montón de detalles».

Los Douglass resaltan las diferencias entre delegación y asignación de tareas: «La primera debe incluir siempre los resultados que alcanzar, así como las actividades necesarias para lograrlos. La asignación de una tarea consiste, simplemente, en instruir al subordinado para que lleve a cabo una tarea concreta de una forma específica. Al asignar un trabajo, no espere obtener los mismos resultados que cuando lo delega. Es muy posible que, en tal caso, los subordinados no se sientan más motivados o mejoren sus habilidades. Por otro lado, la asignación de una tarea no le permitirá ahorrar mucho tiempo».

14

Evitar interrupciones

Delegar para expandir su actuación debería dejarle más tiempo libre para la acción efectiva si, además, consigue eliminar otra de las cosas que más tiempo ocupan: las interrupciones. La mayor de éstas es la consabida frase causante de tantos problemas: «Mi puerta siempre está abierta».

A muchos ejecutivos, incluidos los de alto nivel, les gusta hacer esta afirmación. Esa actitud, sin embargo, les hace perder una cantidad extraordinaria de tiempo muy valioso, y produce resultados mínimos. A medida que se desciende en la escala de mando, el impacto de la «puerta abierta» se hace incluso mayor. Evidentemente, nadie pretende ocultarse hasta el punto de ser virtualmente inaccesible, pero su puerta debe permanecer cerrada durante una buena parte del día, permitiéndole así trabajar en tareas realmente importantes sin interrupciones que le hagan perder el tiempo. El individuo que da la bienvenida a todo aquel que desea pasar por su despacho sólo recibe mucho de una cosa: conversación. En la mayoría de los casos, eso no añade nada a la consecución del trabajo.

Algunas interrupciones no deberían preocuparle, ya que forman parte de todo trabajo. Si su silla de visitas empieza a acumular polvo, quizás sea eso una muestra de que no se está entrevistando con personas que podrían ser importantes para sus actividades. Una red de contactos de largo alcance puede ser un recurso valiosísimo. Si, por el otro lado, la silla empieza a desgastarse a causa del uso excesivo que se hace de ella, recuerde que sus ocupantes, tanto si son delegados como otros, no siempre se muestran sensibles a las exigencias de tiempo que le plantean.

La técnica más importante en este sentido consiste en prestar atención al tipo de interrupciones que se producen, y clasificarlas en las siguientes grandes categorías:

- ¿Le interrumpen constantemente los demás para pasarle una patata caliente?
- Al acudir a verle, ¿están soslayando otros canales?
- ¿Acaso las políticas, objetivos y procedimientos de la empresa no están lo suficientemente claros, de modo que se le plantean de forma cotidiana decisiones en demasiados ámbitos?
- ¿Siguen acudiendo a verle visitantes sin anunciarse, tanto del interior como del exterior?
- ¿Se están produciendo frecuentes emergencias?

EL MITO DE LA PUERTA ABIERTA

Al ejecutivo siempre disponible le resulta imposible hacer su propio trabajo, pensar en los objetivos y prioridades, y concentrarse en lograr que se realicen las tareas prioritarias. El mantener la puerta cerrada y controlar el tiempo es lo que le permite hacer lo que desea y necesita hacer. Al aceptar interrupciones está ocupando su tiempo en responder.

Jonathan Cotes, en la revista *Industrial and Commercial Training*, dice que la idea de no estar disponible incomoda a muchos, y añade:

> Pero, para cumplir con sus prioridades de trabajo, necesita pensar en el mejor momento del día para no estar disponible y en cómo comunicar ese hecho, sobre todo a los miembros del equipo que disponen de obligaciones de tiempo controlado y de respuesta. También exige desarrollar formas no ofensivas de protegerse de las visitas casuales. Los altos directivos se muestran virtualmente unánimes a la hora de condenar la actitud de la puerta abierta; están de acuerdo en el imperativo de la inaccesibilidad planificada, ya se logre ésta mediante el establecimiento de una «hora tranquila», la habilidad de una secretaria para responder a las llamadas, disponer de un lugar oculto o, simplemente, quedarse en casa durante unas pocas horas para concentrarse sin interrupciones.

Kevin Daley, presidente de Communispond, utiliza una variante de la política de la puerta abierta. Su puerta permanece entornada, no completamente abierta, pero tampoco cerrada del todo. El significado oculto que se transmite con ello es que, en realidad, Kevin no desea que nadie entre a interrumpirle, pero puede usted hacerlo si se trata de algo realmente importante. Evidentemente, uno se lo piensa dos veces antes de abrir del todo la puerta entornada.

- *Vaya tras los que pasen el problema o rodeen los conductos habituales.* Esas personas pueden y deben ser detenidas, y cuanto antes mejor.
- *Reduzca todas las transacciones con los subordinados al menor tiempo posible.* Hágalo mediante la discusión de responsabilidades y cosas que ellos puedan hacer sin necesidad de tener que consultar con usted. Evidentemente, eso no significa producir un manual en el que se intente anticipar todas las situaciones posibles. No obstante, la planificación puede abarcar la mayoría de las situaciones rutinarias, y la rutina es lo que predomina en casi todos los negocios.
- *Trace una línea y aténgase a ella.* No importa lo que haga con respecto a las visitas; siempre habrá alguien que se sentirá ofendido. Tendrá usted que ver a algunas visitas, pero otras tendrán que entrevistarse con otra persona. Además, intente entrevistarse con aquellos a los que realmente tiene que ver en momentos alejados de sus períodos de trabajo más efectivos e importantes.

Un estudio realizado por la Young President's Organization, cuyos miembros son presidentes de empresas con edades inferiores a los cuarenta años, publicado en *Harvard Business Review*, revela que los miembros de esta organización se pasan aproximadamente el 80 por ciento de su día de trabajo hablando con otras personas. Cada uno de ellos tenía una media de siete citas previamente acordadas al día, y una cantidad innumerable de personas que «sólo pasaban» o que «asomaban la cabeza» por la puerta.

Evidentemente, nadie se ve libre por completo de una emergencia inesperada. Ahorrar tiempo de las interrupciones de los visitantes significa recortarlas al mínimo, disminuyendo en todo lo posible aquellas que limitan su efectividad, y adoptar las técnicas adecuadas para manejar a las visitas que hacen uso de su mejor tiempo.

SUS PROPIAS INTERRUPCIONES

Es posible que esté desarrollando en exceso algunas de las siguientes autointerrupciones:

- Deambular por el despacho o la fábrica para «percibir el estado de las cosas».
- Charlar con empleados de todos los niveles, particularmente con los subordinados, sólo para conocerlos mejor.
- Dejarse arrastrar por visitas no vitales a sucursales o fábricas.
- Jugar usted mismo al «bombero de visita».

Anotar en su diario, durante una o dos semanas, las interrupciones que ha tenido y los minutos empleados, le ayudará a cobrar conciencia de los siguientes puntos:

- Evite interrumpirse a sí mismo de forma subconsciente porque se sienta realmente aburrido con lo que está haciendo. Ajustarse a lo importante, y seguir las prioridades que usted mismo se haya marcado o aquellas que le hayan impuesto plazos fijos, es algo que exige concentración.
- En lugar de dejarse distraer por una idea bri-

llante o un pensamiento repentino, tenga preparada una libreta de notas. Utilice el dictáfono, o anote el asunto de que se trate en el diario, como una tarea que realizar en un momento específico. Registre sólo lo suficiente como para expresar su idea básica; luego, vuelva a ella, más tarde, sin haber perdido una buena idea que quizás no habría vuelto si no la hubiese anotado.

INTERRUPCIONES POR PARTE DE LOS SUPERIORES

Las interrupciones más difíciles de controlar son las de los superiores. Pero lo primero que debe considerar es si no estará haciendo usted lo mismo con sus subordinados.

¿Con qué frecuencia se ha encontrado con presidentes de compañías que insisten en que su gente acuda en cuanto se la llama? A menudo, tienen muy poco en cuenta el hecho de que usted pueda estar ocupado en tareas vitales que no pueden dejarse de lado. Con demasiada frecuencia, esos mismos individuos no piensan en el hecho de que haya un ayudante esperando ante la puerta, o esperando ante una mesa, mientras ellos continúan hablando con la visita previa. A continuación, se dan algunos consejos para ayudarle a afrontar este problema:

- Un ejecutivo al que conozco, nunca acude a ver al presidente o vicepresidente de la compañía sin llevar consigo algún trabajo en el que continuar haciendo algo mientras espera: redactar un informe, revisar un borrador o leer un material necesario. Ese individuo consigue dos cosas al mismo tiempo: realizar más trabajo e impresionar a sus superiores.

● Cada vez se favorece menos la orden interruptora por la que se manda llamar a un subordinado a través de una secretaria. Lo mismo sucede con el botón del intercomunicador. Los altos ejecutivos actuales prefieren telefonear personalmente a los subordinados, dándoles una idea de cuál es el mejor momento para entrevistarse, y ofreciendo una alternativa. También explican la razón de la reunión, aunque sólo sea en términos generales, de modo que la persona convocada esté debidamente preparada.

● Cuando así lo permite la disposición espacial de la oficina, los superiores acuden ocasionalmente al despacho de un subordinado para evitar tener que convocarle. Un ejecutivo explicó: «Me relaja poder alejarme de mi propio despacho, y creo que hacer el gesto de la visita suele estimular al subordinado. A menudo, se consigue despachar el asunto con mayor rapidez, y con frecuencia eso se logra sin necesidad de sentarse siquiera».

¿Quién va a enojarse con el jefe cuando las interrupciones son tan democráticas, civilizadas y amistosas? No obstante, también hay otros tipos de jefes, dice Merrill E. Douglass, de Time Management Center, en su folleto «Qué hacer si su jefe le hace perder el tiempo». Douglass escribe: «A veces, el propio jefe despilfarra el tiempo, pero en otras ocasiones puede ser el foco de las frustraciones generalizadas de un subordinado. Si su jefe es bien organizado clarifica los objetivos, especifica las prioridades, mantiene señales consistentes de prioridad, y evita interrumpirle con frecuencia en su trabajo, podrá juzgar si está despilfarrando su tiempo o no».

Si ha identificado un problema con las interrupciones, el siguiente paso consiste en llamar la atención del jefe al respecto, algo mucho más fácil de decir que de hacer. Douglass dice: «Algunos jefes son conscientes de que crean problemas de tiempo a sus subordinados. Otros no lo son, mientras que otros incluso se niegan a admitir esa posibilidad».

Alcanzar una solución capaz de funcionar exige una acción conjunta. La primera decisión consiste en determinar si vale la pena plantear el problema o no. Según Douglass, muchos de nosotros preferimos no abordar ese tema, con la sensación de que resulta mucho más fácil y menos doloroso no agitar el barco. Al iniciar el planteamiento de su problema, recuerde que tendrá que hablar con su jefe como un colega, no como un adversario, hasta que ambos hayan reconocido que las interrupciones de su jefe le están haciendo perder el tiempo y afectando su capacidad para realizar su trabajo. Mientras se limite a quejarse un poco y en privado, no habrá solución posible.

INTERRUPCIONES POR PARTE DE LOS SUBORDINADOS

Considere las siguientes preguntas relacionadas con las interrupciones por parte de los subordinados:

- ¿Forma a sus ayudantes para evitar las interrupciones y exponer las presentaciones y planes de una sola vez, ya sea con periodicidad diaria o semanal?
- ¿Favorece cada vez que le sea posible la pre-

sentación de informes en grupo, convirtiéndola en una práctica rutinaria?

- ¿Reserva un tiempo diario específico para que los subordinados puedan acudir a usted con cuestiones, y se asegura de que, si algo cambia su programa, les avisa acerca de en qué momento pueden reunirse?

Las personas, incluso los jóvenes, aprenden con rapidez la diferencia existente entre tales períodos, y actúan en consecuencia. A la gente le gusta conocer límites definidos con claridad y respeta aquellos que se marcan de forma más clara. Con este propósito, hágase las siguientes preguntas:

- ¿Ha estimulado el uso de breves notas escritas con preferencia a las interrupciones personales?
- ¿Se apresura a responder a las comunicaciones de sus subordinados para que no tengan la impresión de que deben interrumpirle para obtener respuestas?

INTERRUPCIONES POR PARTE DE SUS IGUALES

Mientras que, probablemente, tendrá que aceptar las interrupciones del jefe, y podrá controlar las pautas de interrupción de sus subordinados, manejar las ocasionadas por personas de un rango igual o relativamente similar exige mucha más diplomacia y tacto. He aquí algunos puntos que vale la pena recordar al respecto:

- *Inicie el acuerdo mutuo.* Haga que los contactos necesarios se efectúen en momentos periódicos, designados previamente. Eso es algo que sólo puede elaborarse ante la persona en cuestión, basándose en una consideración realista de los programas respectivos.

Aproximadamente el 20 por ciento de sus iguales le plantearán el 80 por ciento de las emergencias que tenga que afrontar. Intente dejar aquello que esté haciendo cuando ellos necesiten ayuda. Al mismo tiempo, es posible que no se muestren inclinados a dejar lo que están haciendo cuando usted necesita su asistencia. Jay Levinson, en *La hora de noventa minutos*, dice: «Sea solidario, comprensivo, dispuesto a ayudar, y sensible a las necesidades de los demás, pero deje también muy claro que se interponen en el camino de su propia eficacia».

• *No sea usted mismo «uno que pasa»*. Tomarse el tiempo para llamar a sus iguales para acordar una cita en lugar de interrumpirlos, constituye una inesperada cortesía que exige ser tratada del mismo modo.

• *Considere por qué se le ha escapado de las manos el control de sus interrupciones*. No le gusta ofender a la gente. Le encanta meterse en todo. El hecho de que se le consulte con frecuencia hace que se sienta importante. No es muy bueno a la hora de dar por terminada una visita. Ha acostumbrado a la gente a pasar a verle. Simplemente, le gusta hablar. Si permite que esas cosas continúen, acabará convirtiéndose en un perdedor.

EL MANEJO DE LAS VISITAS EXTERNAS

Aunque sea imposible contener por completo las interrupciones causadas por las visitas externas, puede emprender numerosas acciones para controlar mejor las inesperadas.

Según Charles R. Hobbs, en *El poder del tiempo*, la mejor alternativa consiste en hacerse cargo de la situación observando dos reglas:

1. La autoestima de la otra persona es una posesión muy preciada; en consecuencia, haga lo necesario con amabilidad y afabilidad.

2. No viole sus propios principios unificadores. No hay razones para mentir, pero sí hay técnicas para reducir las estancias de las visitas que se prolongan durante demasiado tiempo, incluyendo las siguientes:

- Mantenga una actitud profesional y un tono formal con las visitas inesperadas. Sea rápido y manténgase alerta. Siéntese en el borde del asiento. Dedique a la visita su más completa atención.

- Si es posible, establezca un tiempo límite específico, lo que, evidentemente, depende de la visita y de sus propias presiones de tiempo.

- Cuando llegue el momento de dar por terminada la visita, levántese. No interrumpa, pero, cuando le llegue su turno de hablar, dé las gracias y diríjase hacia el visitante, que muy probablemente también se habrá levantado. Camine hacia la puerta o acompañe a la visita hasta el ascensor o el coche. Hobbs ha descubierto que prestar un poco de atención personal suele funcionar bien.

- Tenga siempre un reloj que usted y, sobre todo, su visitante puedan ver con claridad.

- Utilice el lenguaje del cuerpo, como cerrar el dietario, revolver unos papeles, o moverse hacia el borde del asiento.

• Cuando crea que debe dar por terminada la interrupción, puede decir algo así como: «Creo que eso lo sintetiza todo», o bien: «Aprecio realmente que haya venido a verme».

• Sintetice la acción que debe emprenderse, es decir aquello que hará para seguir o comprobar el asunto. A veces, al alcanzar un acuerdo he llegado a dictar una nota en presencia del visitante, una vez enterado con claridad de lo que se deseaba. De este modo, el visitante sabe que he dejado registrada su petición. Habitualmente, los visitantes se quedan demasiado tiempo y se repiten porque creen que uno no ha comprendido o que se olvidará del tema.

SONSACAR EL OBJETIVO AL VISITANTE

El doctor Harry Stack Sullivan, figura destacada en el mundo de la psicología estadounidense, escribió:

> Habitualmente, la persona que acude a verle tiene algo específico en la mente, aunque no lo exprese con claridad. Todo aquello que pueda usted hacer para sonsacárselo con rapidez y efectividad le permitirá ahorrar tiempo a ambos; procure facilitar siempre las cosas.
> No tenga miedo de hacer preguntas. A menudo, las visitas esperan que uno escuche y sugiera acciones. Las preguntas directas pueden inducirlos a decir al principio lo que de otro modo dirían al final.

Conozco a un destacado ejecutivo que, tras los preliminares, hace exactamente eso y elimina toda la palabrería consumidora de tiempo preguntando específicamente: «¿Qué es exactamente lo que puedo hacer por usted?». Una vez establecido el punto principal, busca información adicional sobre detalles significativos. Si puede ofrecer al visitante la información o la ayuda que se le solicita, se apresura a hacerlo. Si el tema exige un seguimiento, solicita que se le entregue un memorándum, cosa que muchas de las visitas no hacen al final. De ese modo, los dos participantes quedan rápidamente satisfechos.

El presidente de una compañía constructora a quien conozco indica el término de la visita poniéndose el sombrero para acompañar a la persona al exterior. Un general jubilado del ejército, que ahora trabaja en el sector privado, da una palmada con las manos cuando tiene la impresión de que ya se han expuesto todos los puntos, y pregunta: «Bien, ¿contesta eso a todas sus preguntas?». Normalmente, eso desconcierta tanto a la visita, que ésta se apresura a responder y se desvanece.

NO OFREZCA CAFÉ O TÉ A LAS VISITAS INESPERADAS

En muchos casos, al preguntar: «¿Le apetece una taza de café?», o: «¿Quiere tomar algo?», no hará sino prolongar una visita. En cuanto el visitante acepta la oferta, ha comprometido usted automáticamente una parte de su valioso tiempo con alguien que quizás no ejerza una influencia positiva sobre su trabajo.

Si ha caído en este hábito consumidor de tiempo, considere la idea de no ofrecer tales invitaciones. Puede asumir este concepto de forma gradual, evaluando mentalmente a cada visitante de acuerdo con su efecto potencial sobre su propio rendimiento. Naturalmente, la oferta de bebidas o café debe eliminarse por completo con aquellos que tengan muy poco o nada que ver con su habilidad para cumplir con los propios deberes. Al cabo de corto tiempo, debería haber podido omitir la mayoría de estas ofertas innecesarias y en el proceso habrá logrado disfrutar más de su trabajo y ser más productivo.

Si fuera necesario, haga que su secretaria le interrumpa, ya sea por medio del intercomunicador o personalmente. Esto último demuestra gran urgencia, pero procure que la mecánica de la interrupción no sea demasiado evidente.

HABITACIONES ESPECIALES PARA VISITAS

En la mayoría de las empresas japonesas, y en algunas estadounidenses, las visitas no van a los despachos de las personas a las que acuden a ver, a menudo porque la persona en cuestión no dispone de despacho. Incluso los altos ejecutivos trabajan con frecuencia en grandes espacios separados por mamparas, en lugar de disponer de despacho propio. Las empresas disponen de una o varias habitaciones para visitas, amuebladas de forma sencilla pero elegante, de acuerdo con el rango y el tamaño de la empresa. Invariablemente, los japoneses tienen mujeres encargadas de servir té, café o un refresco; la visita se sienta a un lado de una mesa baja y el huésped o representante de la compañía en el otro lado. Tras unas pocas palabras amables iniciales, ambos abordan directamente el motivo de la visita. Aunque, en general, los japoneses actúan de acuerdo con un programa de citas establecido al minuto, tampoco desconocen las visitas casuales «por cortesía». Como quiera que los buenos modales forman una parte habitual de su estilo de vida, se suele recibir a esas visitas, pero brevemente.

OTRAS TÉCNICAS RESPECTO A LAS VISITAS INESPERADAS

Debe usted darse cuenta de que las interrupciones forman una parte de su trabajo. No se las puede eliminar por completo, y tampoco querría que fuera así, aunque fuese posible. No obstante, podrá manejarlas mejor siguiendo los siguientes consejos:

• *Establezca otra fecha específica.* Después de tomarse un momento para saludar al visitante inesperado, discúlpese aduciendo un programa muy apretado y trate de establecer una fecha específica posterior para ver a la persona. Eso no importará a los visitantes serios; los otros, probablemente, ni siquiera deberían haberle robado un minuto de su tiempo.

• *Encuentre a la persona adecuada para que se ocupe de atender a la visita.* Frecuentemente, alguna otra persona estará mejor calificada para manejar una cuestión en particular, si es que el visitante la plantea. Expresarlo con claridad, llamar a la persona y hacer la presentación en ese mismo momento, evita a menudo trastornos innecesarios. Así, y aunque no pase mucho tiempo con el visitante, el reconocimiento que le demuestra, el saludo y la seguridad de dejarlo en buenas manos habrá puesto de manifiesto el interés que le ha demostrado.

15
El teléfono

Se cuenta una historia de un granjero de Nueva Inglaterra el teléfono del cual sonaba continuamente mientras hablaba con un transeúnte ante la puerta. El transeúnte apenas podía contenerse para no contestar él mismo. El granjero se limitaba a desplazar la pipa en la boca.

—No se preocupe —le dijo tranquilamente—. He puesto ese teléfono para que me sirva a mí.

Muchos de nosotros creemos que los teléfonos están ahí para servirnos, y no sólo para contestarlos, y desearíamos saber cómo hacerlos funcionar de ese modo. Apenas existe otro instrumento con mayor capacidad para ahorrarnos tiempo en nuestras actividades diarias, o para hacérnoslo perder.

Aunque no cabe la menor duda de que los teléfonos hacen posibles muchas de nuestras actividades, a veces nos sentimos tentados de llevar adelante nuestros negocios sin ellos. Aunque las llamadas que recibe pueden llegar a constituir una verdadera pesadilla en su existencia, aquellas que desea hacer usted mismo son con frecuencia la sangre vital de lo que quiere hacer. El truco consiste en dominar el teléfono de modo que le permita ahorrar minutos al día, convirtiéndolo en un aparato que esté ahí para servirle, como el del granjero de Nueva Inglaterra.

En este capítulo afrontaremos los siguientes aspectos clave del uso del teléfono:

- Formas de ahorrar tiempo y usar su teléfono con mayor efectividad en las llamadas que haga, o que reciba.
- Manejo de las llamadas que reciba, tanto de las que desee como aquellas otras que desearía evitar o cortar con rapidez.
- Algunos de los nuevos equipos disponibles logran que el teléfono sea un instrumento más útil para usted.

También exploraremos las técnicas de hablar por teléfono, sobre todo aquellas que se aplican para ahorrar tiempo.

FRENTE A FRENTE ES MEJOR

Las conversaciones telefónicas son inferiores a hablar con alguien frente a frente, explica Richard Saul Worman en su excelente libro *Ansiedad de información*, porque: «Nos vemos privados de las señales no verbales que añaden riqueza a la comunicación, como el contacto visual, las expresiones faciales, los gestos de las manos y el lenguaje del cuerpo. Pero la rapidez, la conveniencia y el bajo coste han convertido el teléfono en una forma dominante de comunicación en los negocios y, cada vez más, también en nuestras vidas personales. Hay muchas personas que mantienen fuertes relaciones, tanto socia les como empresariales, con individuos a los que no han visto en realidad en años, o a los que sólo conocen por teléfono».

MANEJO DE LAS LLAMADAS QUE SE HACEN

El primer paso para ahorrar tiempo ante cualquier llamada consiste en considerar la necesidad de la llamada. Mantenga claro en su mente cuál es el propósito de esa persona. Si necesita usted hablar de más de un tema, anótese los puntos que desea abordar. Luego, vaya directamente al grano. La mitad del buen humor que se expresa por teléfono, debido a no querer parecer demasiado brusco, constituye en realidad una pérdida de tiempo de la otra persona. Deje para los momentos apropiados el comentario sobre el partido, la partida de bridge o las cuestiones sociales. Las personas ocupadas y efectivas aprecian la forma directa de abordar las cosas. Tenga en cuenta los puntos siguientes:

- Considere la idea de cronometrar sus llamadas telefónicas para ver si termina pronto, utilizando desde un reloj de arena hasta un cronómetro. Eso le enseñará a manejar con mayor eficiencia sus llamadas telefónicas.
- Anote los momentos en que las personas a las que llama con regularidad están accesibles y menos ocupadas. Puede organizar sus llamadas para evitar la respuesta de «está ocupado» o «ha salido».
- Establezca citas para hacer llamadas a contactos importantes y anótelas en su diario. En tal

caso, el individuo con el que desea hablar no sólo es más probable que se halle presente, sino que ambos estarán mejor preparados para ir directamente al asunto de que se trate.

- Haga por la mañana las llamadas que exijan una acción. La persona a la que llama podrá así reunir la documentación necesaria, considerar las decisiones a tomar o, en cualquier caso, actuar temprano en lo que a usted le interesa.

CUANDO ALGUIEN HACE SUS LLAMADAS

Indudablemente, se habrá encontrado con secretarias que le llaman y le dicen: «Un momento, por favor, el señor Smith quiere hablar con usted». Finalmente, el señor Smith, que parecía haberse perdido durante largo rato, se pone al teléfono. Recordará lo molesta que puede ser esa situación. Presumiblemente, el hombre está muy ocupado y cree que puede ahorrar unos minutos de tiempo diciéndole a su secretaria que se ponga en contacto con usted y luego le avise. De algún modo, ha olvidado que es él quien solicita el favor de su tiempo y le pide que emplee unos minutos esperándole.

Algunos ejecutivos dicen que cuando las secretarias les hacen esperar de esté modo, se apresuran a colgar, excepto, naturalmente, cuando se trata de clientes importantes o de la esposa. Otros añaden que, invariablemente, los que hacen esperar de ese modo son los que más se indignan cuando se utiliza el mismo gambito con ellos.

La compañía telefónica resalta que estar siempre preparado para saludar a la persona a la que se ha llamado sólo es un rasgo de cortesía que refleja quién es usted y cómo es su empresa. Un ejecutivo muy ocupado dice: «Mi tiempo es precioso, y también lo es el de las personas con las que suelo hablar. No les gusta que las haga esperar. Y yo comparto ese mismo sentimiento cuando la situación es a la inversa».

VENTAJAS Y DESVENTAJAS DE LOS TELÉFONOS CON ALTAVOZ

Los teléfonos con altavoz, cada vez más extendidos, tienen verdaderas ventajas. Tanto si disponen de un marcador automático como si no, sus manos (y su mente) quedan libres para hacer otra cosa hasta que la persona se pone al teléfono o logra contactar con el centro de mensajes. Estos teléfonos también pueden eliminar la fatiga del oído, importante para quienes llaman con frecuencia.

En muchas oficinas, los teléfonos con altavoz ayudan a que sus usuarios puedan referirse con facilidad a documentos o planos, al mismo tiempo que mantienen la conversación telefónica. En otras situaciones, los usuarios pueden manejar incluso un PC, una máquina de escribir o cualquier otro instrumento mientras hablan con la otra parte, sin que ésta sea consciente de ello. En el hogar, puede realizarse una amplia variedad de tareas mientras se está hablando por teléfono con altavoz, lo que ahorra un tiempo valioso.

A veces, claro está, los teléfonos con altavoz hacen que su voz suene como si hablara desde el fondo de un pozo. Si éste fuera el caso, me apresuro a tomar el aparato y hablar de la forma normal, a pesar de lo cual me he evitado tener que sostenerlo mientras se pone la persona con la que quiero hablar.

Otra ventaja del teléfono con altavoz: cuando la operadora o la telefonista que contesta al otro extremo dice que el señor X está hablando por conferencia o se halla ocupado, puede hacerse algo productivo mientras se espera, ahorrando así muchos minutos. Además, el hecho de que esté usted esperando, manteniendo ocupada la línea de la otra persona, suele convencer a la persona responsable para pasar con prontitud su llamada.

Los teléfonos dotados de altavoz también son vitales cuando tiene que hacer llamadas a líneas aéreas u otras compañías telefónicamente muy ocupadas, y una voz grabada le dice: «Todos nuestros agentes se hallan ocupados atendiendo a nuestros clientes. Su llamada será contestada en cuanto sea posible». El teléfono con altavoz le permitirá reducir al mínimo la molestia de la espera porque puede estar haciendo cualquier otra cosa mientras tanto.

Tomar el teléfono en cuanto la otra parte se pone al habla es una buena decisión. Recientes encuestas realizadas entre las grandes empresas estadounidenses han puesto de manifiesto que más del 45 por ciento de las personas consultadas dicen sentirse a disgusto cuando se les habla por un altavoz; el dos por ciento dijo que se negaba a recibir tales llamadas. Las objeciones planteadas incluían: falta de intimidad (50 por ciento), pobre calidad de voz (34 por ciento), sensación de verse tratado de forma protectora (12 por ciento), y preocupación porque la otra parte pueda estar distraída (4 por ciento).

USO DE AURICULARES

Si hace muchas llamadas, considere la idea de utilizar unos auriculares como los de las telefonistas. Aunque antes eran pesados y abultados, en la actualidad son extremadamente ligeros y compactos. Le dejan las manos libres y eliminan los dolores de cuello que resultan de sostener el teléfono entre el hombro y la oreja. No se preocupe si se reduce la estimación de un colega que le vea utilizar unos auriculares en lugar de un teléfono normal; las ventajas en tiempo y energía son tremendas.

USO DEL TELÉFONO PARA INFORMAR Y VENDER

He aquí una serie de consejos para ahorrar tiempo a los usuarios del teléfono, dados por la New York Telephone. Aunque algunos se dirigen específicamente a la venta por teléfono, muchos pueden aplicarse a cualquier llamada que se haga:

● *Planifique las llamadas para acelerar la información.* Por ejemplo, puede ponerse en contacto telefónico con veinte clientes, sin que importe dónde se encuentren, en menos de un día, ya sea para contestar preguntas, solucionar problemas, efectuar ventas y acelerar el intercambio de información.

● *Emprenda una ofensiva de llamadas.* Si dispone de un nuevo producto o servicio, confeccione una lista prioritaria e informe rápidamente a los clientes o representantes de ventas de las características, precios, métodos de venta, descuentos especiales, etcétera, poniéndose en contacto directo con los mejores clientes, algo que puede hacer con el teléfono de forma mucho más rápida que con casi cualquier otro medio. Antes de llamar, anótese las indicaciones más importantes sobre las que tiene que informar.

- *Confirme la correspondencia.* Clarifique lo que se ha comunicado por escrito. Las cartas son lentas y se malinterpretan con facilidad. Una llamada rápida le permite asegurarse de que lo que dice su carta es lo que ha entendido realmente el receptor.

- *Concerte citas.* Llamar para concertar una cita no es nada nuevo, pero si las programa y luego llama para acordar las fechas según su mejor ruta, puede evitarse pérdidas de tiempo y retrocesos. Una llamada de confirmación demuestra consideración por el tiempo de la otra persona, así como por el propio.

- *Planifique sus llamadas diarias.* Aunque sólo se trate de ponerse en contacto con un cliente importante, las sesiones telefónicas pueden ser muy valiosas. Utilice el dietario para planificar por adelantado las llamadas de negocios que tiene que hacer durante la semana. Eso y su fichero de tarjetas de seguimiento puede obrar maravillas para organizar sus programas de llamadas.

- *Hágase amigo de las secretarias.* Nunca hace daño ser cordial y afable. Consiga el nombre y apellidos, e inclúyalos en su ficha, de modo que los recuerde a la próxima llamada.

LLAMADAS A TRES

Permiten la incorporación de tres o más personas en la misma llamada. Existen diversas modalidades: llamada en espera (poder recibir una llamada cuando se está hablando con otra persona, para poder conversar sucesivamente con ambas); conferencia a tres (conversación simultánea) y multiconferencia (conversación simultánea de hasta ocho personas).

RECEPCIÓN DE LLAMADAS

La recepción de llamadas, sobre todo las no deseadas o las que se hacen en momentos inapropiados, constituye un verdadero problema para muchas personas, tanto en su vida empresarial como personal. Aunque algunos altos ejecutivos afirman contestar personalmente el teléfono, sin ningún filtro previo por parte de nadie, seguir esa práctica puede someterle diariamente a gran número de momentos que le roban tiempo. Según Michael Fortotino, presidente de Priority Management, en un artículo publicado en *Business Week*, los directores medios reciben una llamada telefónica cada cincuenta minutos.

Considere lo siguiente: usted no permitiría que nadie irrumpiera inesperadamente en su despacho durante los momentos más ocupados del día. Por lo tanto, ¿hay alguna razón para permitir que lo haga el teléfono? Creo que no, sobre todo si desea ahorrar esos preciosos minutos. Las siguientes son algunas tácticas útiles relativas a la recepción de llamadas.

• *Haga filtrar todas las llamadas.* En muchos casos, alguien más puede ofrecer la información o manejar la tarea planteada, haciéndolo bien e incluso mejor que usted mismo. No caiga en la tentación de pensar que sólo usted puede contestar de manera eficaz para ocuparse de las necesidades de la gran mayoría de las personas que llaman.

● *Es preferible decir que «está fuera», y no en una reunión*. Explíquele a su secretaria o ayudante que «está fuera» de la oficina, en lugar de en una reunión. La explicación de que se está en una conferencia o en una reunión parece molestar a muchos de los que llaman, incapaces de imaginar a qué vienen todas esas sesiones en las que se consume tanto tiempo, o por qué son más importantes que la llamada que ellos hacen.

● *Explique las ausencias*. Intente que su secretaria evite decir que no está en estos momentos; en lugar de eso, comuníquele cuándo estará disponible. Ofrezca un momento específico para recibir la llamada, o prometa devolverla. Eso también reduce el inconveniente de su incapacidad para contestar a la llamada, y aumenta la autoestima del que llama. Todo esto, sin embargo, no quiere decir que su secretaria tenga que explicar sus asuntos privados.

● *Devuelva la llamada puntualmente*. Si promete devolver la llamada en un momento determinado, hágalo.

● *Utilice el tacto y la cortesía*. Buena parte del éxito en la filtración de las llamadas depende del tacto y la cortesía de la persona que conteste su teléfono. Esa persona debe evitar a toda costa dar la impresión de que sólo está ahí para impedir que alguien se ponga en contacto con usted. Los que llaman deben recibir la impresión de que, aun cuando no esté usted disponible por el momento, sus necesidades se verán satisfechas de la forma más específica y directa posible.

● *Haga saber cuáles son los mejores momentos*

para llamarle. Comunicar a las personas esenciales que le llaman con regularidad cuáles son los mejores momentos para ponerse en contacto con usted, y cuándo podrá atender mejor sus llamadas, elimina muchas interrupciones indeseables.

ACEPTAR LLAMADAS ANTE ALGUIEN PRESENTE EN EL DESPACHO

Una de las situaciones más frustrantes y que hacen perder más tiempo se produce cuando alguien tiene que contestar el teléfono mientras usted conversa con él. Se trata de una situación embarazosa en la que uno se ve obligado a permanecer sentado, moviéndose, sintiéndose torpe y teniendo que fingir que no se escucha, mientras la otra persona acepta una llamada prolongada o incluso varias.

Por el otro lado, si acepta usted una llamada mientras recibe a una visita en su despacho, recuerde que está utilizando el tiempo de otro. El mejor método consiste en anticipar tantas llamadas como le sea posible. Explique por adelantado que, probablemente, le van a interrumpir con una llamada importante. Si le fuera posible, salga del despacho para aceptar la llamada que interrumpe la entrevista. Si se maneja con tacto, este procedimiento suele resultar más fácil para todos los implicados.

Algunos ejecutivos hacen la siguiente distinción: ordenan que les pasen siempre las llamadas de los clientes; prácticamente todas las demás son rechazadas en esos momentos. A mí me resulta particularmente molesto aceptar llamadas cuando estoy ocupado con alguien, sobre todo si me encuentro sentado en el sillón del dentista, donde, no con poca frecuencia, el trabajo dentro de mi boca se interrumpe de pronto debido a la llamada de un colega del dentista, o de una prolongada llamada social de un miembro de su familia. Algunos individuos se empeñan en aceptar las llamadas de sus hijos, sin que importe quién esté en el despacho, de acuerdo con la teoría de que los pequeños deben tener la sensación de que siempre pueden comunicarse. Mi propia opinión es que, a menos que se produzca una verdadera crisis, los niños que tengan más de una cierta edad deben someterse a las mismas restricciones que cualquier otra persona, y saber cuándo pueden llamar a sus padres al despacho y cuándo no pueden.

HABLAR DEMASIADO

R. Alec MacKenzie, autor de *Nuevos métodos de gestión del tiempo*, cita a Shirley Belz, del National Home Study Council, como fuerte defensora de permanecer alejada del teléfono cuando sea posible, añadiendo que, quienes se pasan media hora o más hablando, a menudo le están utilizando a uno como un terapeuta sustituto. Para cortar a tales personas, introduzca algunos de sus propios problemas en la conversación.

MacKenzie habla de la necesidad de reconocer el peligro de dejarse implicar por cada detalle de cada persona que llama, y de mantener la habilidad para distanciarse de las cuestiones rutinarias y de los detalles no esenciales. La incapacidad para terminar con las llamadas telefónicas prolongadas constituye otra forma de perder el tiempo. Aprenda a utilizar técnicas como establecer un límite de tiempo, indicando la terminación con frases como «Antes de que colguemos...».

Mantener prolongadas conversaciones telefónicas de carácter social, sobre todo durante las horas de trabajo, puede contribuir a cimentar relaciones agradables, pero le quita tiempo y le roba su concentración productiva. La relación social puede reducirse sin necesidad de mostrarse antisocial.

MacKenzie indica que otra razón por la que mucha gente acepta todas las llamadas es porque eso encaja bien con su ego, produciéndoles una sensación de importancia, o el deseo de implicarse y mantenerse informado.

EL USO DE CONTESTADORES AUTOMÁTICOS

Si no dispone de uno, sería muy conveniente que considerara la idea de instalar un contestador automático, ya que constituye la forma más importante de evitar la interrupción telefónica. Hay muchas empresas que los suministran; si la empresa en la que trabaja no puede o no quiere adquirirlo, puede usted comprar su propio modelo, que no es caro. Su uso también está aumentando en los hogares. Los contestadores automáticos ofrecen muchas ventajas capaces de ahorrar tiempo. Los siguientes consejos le ayudarán a aprovechar al máximo este potencial:

● Es perfectamente razonable que su mensaje sea breve y vaya al grano: «Aquí [su nombre y número de teléfono]. Le ruego deje su mensaje y me pondré en contacto con usted en cuanto sea posible». Ya no son necesarias las respuestas prolongadas, o el pedir que se deje el mensaje cuando termine de sonar el pitido; los contestadores automáticos son ya tan habituales que prácticamente todo aquel que llama conoce el procedimiento.

● Las nuevas máquinas le permiten ver el número del que llama, de modo que puede decidir si desea que se grabe el mensaje o prefiere contestar en ese momento. En algunos sitios ha surgido oposición a este sistema, argumentando que se trata de una invasión de la intimidad de quien llama, aunque a mí se me escapa por completo la lógica de esa teoría.

Está previsto que los contestadores automáticos digitales sustituyan a los modelos de grabación por cinta. Los microchips para los mensajes permiten un acceso inmediato, en lugar de los segundos o minutos que tarda en rebobinarse la cinta. Puede llevar el contestador automático incluso en el coche. El Cobra Traveler, por ejemplo, comercializado en Estados Unidos, puede enchufarse a cualquier teléfono de hotel y funciona como la unidad de su despacho o de su hogar. También sirve como dictáfono y reloj despertador.

En resumen: utilice el contestador automático para controlar su tiempo de teléfono. Debido a que las llamadas que se reciben no sean quizá tan urgentes, resista la tentación de descubrir quién le ha llamado cuando estaba haciendo alguna otra cosa, o incluso cuando acababa de regresar al despacho. Su prioridad más alta debería ser siempre hacer lo más importante que tenga que hacer, de acuerdo con su programa. Y eso raramente incluye atender el teléfono.

Según W. R. Rossnagel, en *Gestión de supervisión*, llevar un dietario con entradas para todas sus llamadas de negocios puede ser una forma muy valiosa de ahorrar tiempo. Este autor explica: «Anotar los acontecimientos importantes, temas discutidos, información de seguimiento, acuerdos verbales y disposiciones para devolver las llamadas, puede ayudarle a recordar cuándo tiene que hacer una llamada». Las cuestiones no resueltas deben quedar incluidas en la hoja del día siguiente, para poderlas atender inmediatamente.

TELECONFERENCIA

La teleconferencia es otra tendencia cada vez más popular y capaz de ahorrar tiempo. En cuestión de minutos, y con ayuda de una operadora, puede convocarse una reunión con personas situadas en muchas localidades distintas, tanto nacionales como internacionales.

También es posible que otras personas marquen directamente el número de sus reuniones previamente convocadas para participar en ellas. Hay firmas especializadas encargadas de disponer a cada participante en la línea para la discusión, y el servicio se cobra como si hubiera hecho llamadas individuales de persona a persona. También se dispone de sistemas conectados a videocámaras, micrófonos, pantallas de gran formato y tecnología por satélite. Todo esto puede considerarse como un método para ahorrar tiempo individual a todos los participantes, algo que hay que tener en cuenta si se desea organizarlo.

Si todavía no lo sabe, le sorprendería saber con qué frecuencia puede obtener información por teléfono que, de otro modo, le costaría horas conseguir personalmente. Puede ahorrarse mucho tiempo haciendo llamadas para buscar información, ya sea a otras empresas, departamentos gubernamentales, agencias cívicas, tiendas, escuelas, etcétera. A continuación se dan algunos consejos útiles al respecto:

● *Utilice un método directo.* Diga que desea hablar con la persona que pueda darle la información más completa sobre un problema específico. Por ejemplo: «Deseo hablar con la persona encargada de la colección de mariposas, y quisiera saber su nombre y cargo antes de que me ponga en contacto con ella».

Solicite el número de la extensión telefónica para el caso de que se corte la comunicación, como sucede tan frecuentemente con los sistemas internos que exigen una transferencia de tono. Cuanto más conciso y específico sea, más rápidamente conseguirá ponerse en contacto con la persona más cualificada para atender su problema.

● *Consiga siempre el nombre de la persona* que le suministra la información. Antes de iniciar la conversación, anote el nombre en el dietario, como referencia para el futuro. Durante la conversación, utilice un lenguaje como: «Dígame, señorita Gallagher...». Eso establece una cierta relación con la otra persona, y produce con mayor rapidez la información que se necesita, sin necesidad de ser excesivamente familiar. Al llamar, indique su propio nombre y el de la empresa; frecuentemente, las llamadas para solicitar información se cortan, y hay que empezar de nuevo.

● *Tome notas por adelantado sobre lo que quiera saber.* Vaya marcando con una señal los temas a medida que obtiene la información.

● *Aténgase a lo concreto.* Al buscar información, no se enzarce en largas explicaciones; diga lo que desea saber de la forma más sencilla y directa posible.

● *Tenga disponibles todos los números importantes.* Eso elimina la necesidad de tener que sostener el teléfono mientras se busca. Todos hemos visto hacerlo cuando desde una tienda se llama a la central de la tarjeta de crédito. En muchos casos, se le hará una serie de preguntas que seguirán un cierto orden. Por ejemplo, las peticiones de información sobre suscripciones a una publicación suelen iniciarse con una pregunta sobre su número cifrado para facilitar la distribución por correo, incluso antes que preguntarle por su nombre, ya que los datos se hallan archivados por ese número.

COMPRUEBE DÓNDE ESTÁN LOS TELÉFONOS

Para ahorrar tiempo, asegúrese de que los teléfonos, tanto del hogar como del despacho, se encuentran situados allí donde se les pueda contestar sin necesidad de desplazarse demasiado. De hecho, si el teléfono no se halla situado en un lugar conveniente, se tienen que caminar muchos kilómetros de forma innecesaria, y se pierden gran cantidad de minutos. A pesar de ello, la gente continúa utilizando teléfonos instalados por los ocupantes anteriores de la casa o del despacho, porque no quieren tomarse el tiempo o hacer el esfuerzo necesario para cambiar el teléfono de lugar.

PORTÁTILES CELULARES

En los últimos años se ha producido una verdadera avalancha de nuevos teléfonos celulares móviles que en un principio sólo pudieron utilizarse en un coche, luego en un tren, más tarde en los aviones, pero que ahora son totalmente portátiles y tienen un tamaño cada vez más pequeño. Si se encuentra constantemente fuera de la oficina, puede elegir entre los siguientes tipos de teléfonos:

● *De coche:* se hallan instalados permanentemente en el vehículo, con la antena conectada con el sistema eléctrico. Contienen receptores-transmisores de tres vatios. Su uso queda restringido al vehículo.

● *Transportables:* son teléfonos celulares dotados de su propio juego de pilas, que pueden llevarse en un maletín.

● *De bolsillo:* pequeños y portátiles, pueden llevarse en el bolsillo de la chaqueta o en el bolso; les falta la potencia de los transportables o los de coche, y las pilas necesitan recargarse con frecuencia. Además, en algunas zonas es muy probable que no pueda conseguir la conexión.

● *Sin hilos:* se trata de teléfonos no celulares, dotados de un microteléfono separable y una «miniestación» base de radio, desde la que se recibe la llamada. Este tipo de teléfono es sin hilos desde el microteléfono hasta la base y puede llevarse a cualquier parte de la oficina o de la casa. La base, sin embargo, se halla conectada con los hilos telefónicos regulares.

ALGUNOS MODELOS NUEVOS

Motorola ofrece un compacto, que pesa poco menos de dos kilos; se trata de una unidad que le permite marcar desde un teclado o memoria. Ofrece marcaje superrápido y silencioso, así como otras características de control.

La New York Telephone y muchas otras compañías Bell afirman que su teléfono dispone de máximos canales de llamada en la zona, de modo que hasta en las horas de mayor congestión puede usted estar ocupado hablando de negocios en lugar de esperar en la línea. Se informa que la cobertura mejorará gracias a la instalación de células situadas estratégicamente. El servicio de este teléfono ofrece atención en caso de emergencia marcando el 911, autocontestación después de dos llamadas, y una memoria de cincuenta números, con almacenaje automático en los lugares de memoria que estén vacíos. El registro múltiple permite a quienes tienen que viajar con frecuencia suscribirse a varios servicios celulares, reduciendo así los gastos cuando se encuentra uno fuera de la zona primaria de suscripción.

Mitsubishi ofrece el modelo 800, un celular transportable, del que se afirma que es igual a tenerlo en casa o en el coche, en el barco o en un maletín. La publicidad asegura «máximo servicio con una presentación brillante». Pesa poco más de dos kilos, lleva una antena retráctil y dispone de batería recargable.

El portátil Cincinnati Microwave se ofrece con «30 días de garantía». Su precio parece considerablemente más elevado que el de otros de los existentes en el mercado. Pesa sólo poco más de medio kilo, y algo menos con la batería opcional delgada. Al apretar un solo botón le conecta instantánea y gratuitamente con una operadora que puede contestar toda clase de preguntas sobre el teléfono y el servicio.

Fujitsu denomina su Commander de bolsillo «el teléfono celular con una nueva dimensión»; dispone de todas las características más populares de un tamaño de bolsillo. Chrysler ha anunciado el Visor Phone, un avanzado teléfono celular incluido en el visor antisolar de un coche. Descrito como «una instalación conveniente que le permite mantener las manos sobre el volante y la vista en la carretera», puede hablarse por él sin necesidad de tener que sostener el instrumento. La unidad dispone de sistema de marcado con un solo botón, memoria para cien números, silenciador de radio cuando se reciben llamadas y nuevo marcaje automático del mismo número.

Ventajas del teléfono celular

Según me comunican los usuarios, las principales ventajas del teléfono celular son las siguientes:

- Puede hacer las llamadas desde donde esté. Si cambian los planes o las exigencias, y no hay tiempo de llegar hasta un teléfono regular, el celular puede ser su salvavidas.
- Ahorra tiempo al poder ponerse en contacto

con quien desee mientras viaja, tanto si se encuentra en un coche como en un transporte público, o incluso caminando por la calle.

- Ahorra tiempo al hacer las llamadas necesarias en los momentos de que dispone entre las actividades que le sujetan al despacho, y no simplemente si está de viaje, sino incluso cuando se halla esperando.

- Puede ahorrar tiempo llamando al despacho mientras está de viaje, para transmitir órdenes, instrucciones, etcétera, sin necesidad de utilizar los teléfonos de las personas a las que ha ido a visitar.

- Pueden hacerse con facilidad llamadas mientras va de camino a casa o al despacho, a un aeropuerto, etcétera. Mientras espera un vuelo o cualquier otro medio de transporte, puede evitar los teléfonos públicos de los aeropuertos, que suelen estar ocupados cuando más se los necesita.

Robert Dilenschneider, de Hill & Knowlton, una destacada empresa de relaciones públicas, comenta sobre el uso típico del teléfono celular: se encontraba en Stamford, Connecticut, a punto de ser conducido en coche a Nueva York; preguntó cuánto tiempo tardaría y se le dijo que cuarenta minutos. Entonces, llamó a su secretaria con su teléfono portátil, conectó con la operadora e hizo hasta un total de veinte llamadas mientras tanto.

BUSCAPERSONAS

Los buscapersonas son un instrumento cada vez más utilizado para ahorrar tiempo. Hay una amplia variedad de modelos de pulsera o de bolsillo, que despliegan un teclado numérico con un reloj digital, para crear así una herramienta personal de comunicaciones. Utilizados originalmente sólo en casos de emergencia, los buscapersonas, que funcionan con pilas, son usados en la actualidad por nueve millones de estadounidenses en todos los ámbitos de la vida. El buscapersonas simplemente le alerta para que haga una llamada en el momento que le parezca más conveniente. Ofrecen los números a los que hay que llamar, así como otros mensajes, y zumban, parpadean o vibran para avisarle.

Motorola es el mayor fabricante mundial de este instrumento destinado a una variedad de estilos de vida. Su buscapersonas más popular es un modelo de muñeca con teclado numérico y reloj digital que sólo pesa sesenta gramos. Seiko también fabrica un reloj digital con ventanilla donde aparecen mensajes enviados a larga distancia, recibidos por ondas de radio de FM. Los zumbadores convencionales le avisan que llame al despacho o a casa, o que marque un número específico. Los mensajes se emiten durante aproximadamente un minuto a través de una red telefónica, transmisores de FM y un receptor en miniatura existente en el reloj de muñeca. La mayoría de los buscapersonas cuestan bastante menos que los teléfonos celulares.

En Estados Unidos, Sky-Tel ofrece un sistema buscapersonas de setenta gramos de peso denominado SkyPage. Cuando alguien necesita ponerse en contacto con usted, marca un número central gratuito y su número personal de identificación. Los mensajes se transmiten a partir de una computadora central hasta un satélite, que tiene conexiones en todas las grandes zonas metropolitanas del país. Usted recibe un mensaje numérico, ya sea el número de teléfono de la persona que trata de ponerse en contacto con usted o un código. Sky-Tel dice que se enterará antes de las oportunidades, obtendrá información con mayor rapidez y dispondrá de una ventaja competitiva. Además, como todas las grandes ciudades están conectadas simultáneamente, no tiene que avisar a quienes le llaman, o a SkyPage para indicar sus planes de viaje. Puede responder a su más entera conveniencia, haciendo una llamada gratuita. Si lo coloca en posición de «no molesten», el sistema guarda los mensajes hasta un total de noventa y nueve horas. Usted mismo controla quién recibe su número personal de identificación. Características especiales: buscapersonas prioritario para mensajes urgentes, buscapersonas en grupo para alertar a muchas personas al mismo tiempo, y sistema para programar y enviar mensajes hasta con catorce días de antelación.

16

Las computadoras ahorran tiempo

En este y en posteriores capítulos abordaremos la cada vez más ubicua computadora para la oficina, el hogar y cualquier otro local intermedio. En la actualidad, hay en España más de dos millones de computadoras personales (PC) en uso.

Evidentemente, si trabaja usted en una empresa grande, o incluso de tamaño medio, que ha instalado su propio sistema de computadoras, sólo necesita aprender cuál es la mejor forma de utilizarlo en beneficio del tiempo de la empresa y del suyo propio. Por otro lado, si tiene la oportunidad de estudiar las computadoras, sobre todo aquellas que ejerzan un impacto directo sobre sus esfuerzos, el comprender el ámbito cada vez más creciente de opciones le permitirá sugerir añadidos a los programas de software, la puesta al día del equipo y dar otros pasos capaces de beneficiarle a usted y a sus compañeros usuarios.

PROGRAMAS PERSONALES DE DIETARIO

Tratándose de un individuo preocupado por ahorrar tiempo, ¿cuál es la mejor forma de utilizar las computadoras? Un modo de empezar consiste en fijarnos en la organización personal: utilizar la computadora para muchas de las funciones descritas en el capítulo tercero, para organizar y programar. Los siguientes son algunos de los mejores programas de software.

Agenda Lotus 2.0

Este nuevo programa de software del ampliamente utilizado Lotus 1-2-3, se describe como «la gestión de información personal para su PC o computadora portátil, capaz de ayudarle a controlar mejor sus citas, personal, cifras, proyectos, ideas dispersas y mucho más en sólo cuestión de treinta minutos». Lotus dice: «Sólo tiene que introducir los datos; la agenda lo clasifica todo, agrupa la información relevante en un formato organizado y fácil de leer. Dispone de una elección de aplicaciones listas para usar, incluyendo planificador de actividades, gestión de personal, gestión de cuentas o criba de información, además de las aplicaciones específicas habituales».

Lotus afirma que el sistema, diseñado para los individuos, elimina todas las notas, blocs y hojas de papel que antes abarrotaban las mesas de despacho. Le permite introducir con facilidad nueva información en los ficheros individuales. El software de la agenda se concentra en las dos necesidades más importantes de la gestión: el seguimiento hacia arriba y a través.

Software Chronos de gestión del tiempo

Se trata de un sistema diseñado para personas, proyectos y gestión del tiempo que afirma poseer las siguientes ventajas: el sistema le permite gestionar mejor a las personas, incluido usted mismo, así como los proyectos, objetivos, tareas, asuntos pendientes y plazos que cumplir. Un solo sistema integrado, basado en «Quién-Qué-Cuándo», entiende la necesidad de potencia y sencillez, y le ofrece una visión en tres direcciones de personas, proyectos y tiempo, a partir de la gran imagen del asunto de que se trate, hasta los detalles específicos de la tarea a cumplir, de modo que siempre sabrá quién está trabajando en qué y cuándo debe terminar.

Shoebox de R & R Associates

Este programa proporciona un lugar que encajar en un calendario, expandible para adaptar todas las citas. Pueden colocarse banderitas de recordatorio incluso con tres meses de antelación, y el sistema establece automáticamente un archivo, eliminando la necesidad de pasar las hojas del calendario o del dietario y hacer anotaciones por duplicado. Si está usted comprometido con meses de antelación, una búsqueda rutinaria encontrará con rapidez bloques de tiempo disponible.

El Shoebox 2 puede ser utilizado por más de una persona al mismo tiempo, y tiene capacidad para vincular los calendarios de ambas, permitiendo así a diversas personas introducir fechas, citas, etcétera, y comprobar la existencia de posibles conflictos de programación, antes de establecer el momento idóneo para una reunión de grupo. El sistema de seguimiento de gastos transforma los informes de grupo, al mismo tiempo que controla las cuentas individuales.

Tandy

Se dice que la computadora y el software del Tandy 1000RL ahorran tiempo al organizar información cotidiana vital y colocarla al alcance de sus dedos. La publicidad de Tandy afirma:

> Es tan fácil..., sólo tiene que señalar, apretar la tecla y ya está en marcha. Puede crear planes de inversión, y mantener al día la información sobre cuentas de crédito y bancarias. Mantiene un detallado inventario de posesiones personales para propósitos de pólizas de seguros. Crea itinerarios para viajes, tanto de vacaciones como de negocios, junto con listas de cosas que hay que llevar. Dispone de un dietario de ideas. Incluso establece listas computarizadas de artículos de primera necesidad que hay que comprar, lo que ahorra mucho tiempo. Las posibilidades son infinitas y, sea cual fuere la tarea asignada, el software del Dietario RL para el Hogar o el Despacho se ocupa de los detalles para usted. Utiliza programas empresariales populares, de educación en el hogar y de diversión.

Compaq

Compaq ofrece una nueva generación de portátil, de alto rendimiento, que sólo pesa tres kilos cuatrocientos gramos. Se afirma que es más rápido y potente que la mayoría de los PC, porque dispone de un disco duro de almacenamiento de treinta o de sesenta megabytes, comparable al contenido de 15.000 y 30.000 páginas mecanografiadas, respectivamente.

Expense It!

Confeccionado por On-The-Go Software, este programa ahorra muchas horas, ya que permite automatizar la documentación de las facturas empresariales. Funciona en un portátil compatible de IBM, y ofrece la posibilidad de introducir notas de gastos mientras se está de viaje. Las ventanas facilitan incluir a los clientes e introducir gastos como los de hoteles, comidas, diversiones y kilometraje de automóvil. El programa se encarga de clasificar las entradas por fechas, y dispone incluso de un convertidor de moneda extranjera. Se suministra junto con ocho formas aceptables IRS, y ahorra tiempo a todo aquel que tiene que pagar cuentas o reunir facturas y recibos de los gastos de viaje.

COMPUTADORAS PARA PRODUCIR DOCUMENTOS

Si tiene usted la responsabilidad de producir presentaciones efectivas para su empresa, o bien por puro interés personal, o de crear cualquier tipo de hoja informativa, volante, correspondencia, nota de boletín, etcétera, querrá estar enterado de la amplia variedad de aplicaciones de software que le permiten mejorar aceleradamente sus resultados. Existe una amplia gama de opciones de edición de despacho, con software capaz de preparar documentos de una sola o de muchas páginas, con titulares efectivos, diversos tipos de letra, ilustraciones, compaginación atractiva, etcétera, todo ello sin necesidad de acudir físicamente a impresores externos, ni tener que pagar los caros procesos que emplean.

También pueden prepararse con facilidad presentaciones de todo tipo, tanto si se van a utilizar en una impresión posterior como en forma de videocasete. Un ejemplo típico es el Sistema Personal/2 de IBM (PS2), con software de microcanal. El fabricante afirma:

Están abriendo los ojos y los oídos de la gente a presentaciones más complicadas, a clases y programas de entrenamiento más estimulantes, a presentaciones más interesantes. Con este hardware y software puede combinar vídeo de movimiento, diapositivas, fotografías, ilustraciones, texto, gráficos, animación, así como la información básica de que disponga, lo que se archiva en un disco completo. También puede captar y manipular sonidos e imágenes a partir de cámaras de vídeo, discos y cintas, instrumentos de CD y audio, y un reproductor CD-ROM de IBM.

Todo eso puede tenerlo en la pantalla de su PS/2, compartirlo a través de una red, o proyectarlo sobre una pantalla grande. Luego, en lugar de leer pasivamente un informe o escuchar una conferencia, su público puede experimentar lo que usted comunica: un mecánico de coches oirá los sonidos que producen unos frenos que fallan y verá cómo sustituir ese componente, mediante una secuencia animada. El cliente de una agencia de viajes puede ver cómo practicar el surf sobre las olas en Hawai; o el cliente de un agente de bienes raíces puede recorrer el interior de las casas que están a la venta.

Menos complejo es el nuevo PS/1 de IBM, descrito como un nuevo tipo de computadora personal que «lo trae todo a casa»; es fácil de utilizar, consume muy poco y resulta útil y valioso para satisfacer todas las necesidades familiares. El PS/1 proporciona un despliegue fotográfico IBM de alta resolución, un teclado de tacto seléctrico de IBM, ratón de operaciones, un modem incluido y el sistema Microsoft/DOS, considerado como el software integrado que mejor se ha vendido en el mercado. Todo esto le permite procesar textos o realizar cálculos financieros. En una oferta concreta, PS/1 proporciona el servicio de banco de datos Prodigy (descrito en el capítulo 17) durante tres meses y sin gasto adicional, lo que le permite el acceso a todo tipo de informaciones, compras hogareñas convenientes, bancos, disposiciones de viaje, etcétera. Otra característica es el sistema de apoyo, que le proporciona respuestas durante todo el año, dieciocho horas al día, justo en su pantalla. Este sistema puede ampliarse en el caso de que la computadora personal de usted y su familia necesiten un cambio.

COMPUTADORAS PERSONALES PARA NOTAS

Las computadoras personales para notas, introducidas en 1991, no se basan en el clásico teclado de máquina de escribir, como las máquinas más convencionales, sino en la hoja DIN A4 de tamaño estándar. Dispone de una gran pantalla de cristal líquido y de un pequeño bolígrafo electrónico, que lleva usted consigo a cualquier parte.

La revista *Time* explica:

¿Quiere redactar una nota? Escríbala directamente sobre la pantalla de cristal líquido, tal y como haría sobre una hoja de papel; la escritura se transforma en letras que aparecen como por arte de magia.

¿Quiere cambiar una palabra? Sólo tiene que trazar un círculo a su alrededor. ¿Quiere tachar una frase? Trace una raya sobre ella. ¿Quiere añadir una frase? Dibuje un pequeño rombo bajo el punto de inserción y ya puede empezar a escribir. Este instrumento aprovecha treinta años de investigación y reconocimiento de la escritura manual; el sistema Go Corp puede identificar letras escritas cuidadosamente, números y signos de puntuación, y transformarlas en escritura mecanografiada, limpia y perfecta, legible para la computadora; sólo es una herramienta tan sencilla como un bolígrafo y una tarjeta postal, pero tiene detrás toda la potencia de una computadora.

Pen Windows de Microsoft es un nuevo sistema que funciona con programas de aplicación escritos para su software de gráficas Windows. La Grid Systems Corporation se encuentra entre las primeras empresas que ha comercializado este sistema de bolígrafo, y tiene la intención de ofrecer la opción del Pen Windows de Microsoft, así como el Go's Pen Point, al menos hasta que el propio mercado determine cuál es el más popular. La revista *Fortune*, al indicar que estos nuevos instrumentos son «las computadoras más totales y amigables que existen hasta el momento», afirma que, según los expertos, estas nuevas máquinas aliviarán la fobia por los teclados, cambiarán la forma de trabajar de la gente, y permitirán aumentar la demanda de una forma espectacular.

17
Obtener, absorber y aplicar información

Sean cuales fueren sus preocupaciones, tanto en la empresa como en el seguimiento de una carrera, siempre hay necesidad de estar informado de los continuos desarrollos que se producen en su campo, y del amplio ámbito de información que se produce con gran rapidez y que afecta a los intereses tanto profesionales como personales de su vida cotidiana. El tema de este capítulo es cómo acceder mejor a la información que necesita, en el espacio de tiempo más corto y de la manera más eficiente, utilizando computadoras y una amplia variedad de otros canales.

Vivimos en una era de información, que probablemente ejercerá una influencia cada vez mayor sobre nuestras vidas en las futuras décadas. Tal y como explica Richard Saul Werman en *Ansiedad de información*, un ejemplar del *New York Times* contiene más información escrita de la que, probablemente, se encontraría la persona de tipo medio durante toda su vida en la Inglaterra del siglo dieciséis. En la actualidad, añade, tanto nuestra vida profesional como personal se juzga por la información que poseemos, una información que configura nuestras personalidades, contribuye a las ideas que formulamos y matiza nuestra visión del mundo. Werman añade: «La explosión de información no ocurrió únicamente debido a un aumento de la propia información... Los avances en la tecnología de la transmisión y almacenamiento también han sido un factor importante, afectándonos tanto por su flujo como por su producción».

Teniendo en cuenta que la cantidad de información se duplica cada cuatro años, resulta cada vez más importante seleccionar las mejores técnicas que nos ahorren tiempo para:

- Señalar la información que se necesita realmente.
- Actualizar constantemente nuestra habilidad para obtenerla con rapidez y de un modo útil.
- Poder evitar las distracciones consumidoras de tiempo propias de un exceso de información.

Werman cita la obra de Linda C. Lederman *Comunicaciones en el lugar de trabajo*: «En un año, un estadounidense medio leerá o rellenará 3.000 noticias y formularios, revisará 100 periódicos y 36 revistas, verá 2.463 horas de televisión, escuchará 730 horas de radio, comprará 20 discos, hablará por teléfono casi 61 horas, leerá tres libros y pasará incontables horas intercambiando información en la conversación. Así pues, nos pasamos la mayor parte de nuestras horas de vigilia rodeados por la información».

228

He aquí algunos consejos acerca de cómo procesar con eficacia las fuentes de información:

• Lea selectivamente. Concéntrese en un solo periódico de carácter general.

• Examine los índices de noticias, tanto generales como de negocios, antes de leer.

• Aprenda a acelerar su lectura.

• Si desea conservar material, anote una palabra código sobre el tema en la esquina del artículo, recórtelo más tarde y archívelo como referencia. Descarte el resto de la publicación inmediatamente, en lugar de apilarla para leerla más tarde con mayor tranquilidad. La mayoría de las veces no encontrará mucho más de lo que encontró la primera vez, y habrá evitado algo inservible que le distraiga.

• Cancele aquellas publicaciones que no desea o que no tiene la oportunidad de leer.

• Consiga que otras personas interesadas en el mismo campo lean publicaciones que no puede usted leer, e intercambie recortes con ellas para ahorrar tiempo a las dos partes.

Noticias en la televisión

• Concéntrese en una emisora internacional, y dedíquese a leer durante los anuncios.

• Limite la absorción de noticias locales por televisión a una sola emisora.

• Cuando no disponga de tiempo y necesite conocer las noticias con mayor rapidez, seleccione programas de radio dedicados exclusivamente a dar noticias cada hora. Puede quedar enterado de las noticias más importantes en apenas cinco minutos.

PLANIFIQUE SU BÚSQUEDA

Al igual que sucede con cualquier otra actividad que emprenda, la planificación es muy importante para acelerar el descubrimiento de hechos y la acumulación y absorción de información. Los esbozos escritos le permiten ahorrar mucho tiempo, aun cuando no se vean apoyados todavía por los hechos. Eso no es tan paradójico como pueda parecer. Una vez que haya establecido los objetivos definitivos y anotado los detalles, ya tendrá solucionado el primer paso de reducir la búsqueda de su investigación. Mi método para un proyecto de escritura siempre ha sido el siguiente:

1. Esbozar los aspectos a cubrir.
2. Dictar los hechos que se conocen y las preguntas que producen éstos y el pensamiento inicial.
3. Investigar sólo aquello que uno cree se necesitará realmente, en lugar de acumular hechos y tratar de dar un significado a los descubrimientos.

La solución de problemas científicos, impulsada por el tiempo, se basa precisamente en este método de investigación, que implica dar los siguientes pasos:

a. Reunir los hechos observables.
b. Formar una hipótesis sobre los hechos reunidos.
c. Comprobar la hipótesis.
d. Deducir el curso de acción indicado por la

hipótesis aceptada o rechazada, manteniendo tanto la hipótesis como el curso de acción abiertos a posibles alteraciones, a medida que se adquieran nuevos hechos.

Su directriz esencial debe consistir no sólo en descubrir hechos, sino en ver más allá de los principios que ilustran. Ésa es una característica de la comprensión profesional, y no sólo en los negocios, sino también en la abogacía, la medicina, la ciencia y muchos otros ámbitos.

En algunas oficinas puede verse un eslogan que dice: «No me confunda con los hechos. Yo ya me he formado una opinión». Muchos ejecutivos demuestran una voluntad tan fuerte, que los subordinados temen ofenderlos presentándoles los hechos, o indicándoles soluciones que podrían alterar la sabiduría convencional. De ahí la siguiente advertencia: si pierde usted su integridad y capacidad para establecer juicios porque teme ofender a un superior, perderá tanto su habilidad para alcanzar decisiones sanas como para descubrir los hechos en los que tienen que basarse las decisiones. La solución a este problema consiste en utilizar el tacto y la ingenuidad a la hora de presentar la información que le ha permitido llegar a sus conclusiones.

DÓNDE BUSCARLA

Los libros, las publicaciones profesionales y los informes especializados pueden proporcionar las respuestas a muchas de las preguntas que usted necesita poner a prueba. El microfilm, el audiocasete y la videocinta también constituyen vastos almacenes de información. Siendo consciente de esto, resulta sorprendente observar cuántos hombres de negocios dejan de utilizar por completo los valiosos datos de que se dispone. Quincy Munford, bibliotecario del Congreso de Estados Unidos, me dijo en cierta ocasión: «Probablemente, el 95 por ciento de la gente nunca aprovecha los atajos aprendidos por la experiencia de los demás porque no sabe que la información que necesita y que podría utilizar está disponible, del mismo modo que tampoco sabe dónde obtenerla con rapidez y efectividad».

Muchos empresarios que dicen no disponer de tiempo para leer e investigar, suelen querer dar la impresión de hallarse tan ocupados con las cuestiones prácticas, que no pueden perder unos preciosos minutos para descubrir los hechos. Estos individuos pertenecientes a «la escuela de la experiencia» no logran darse cuenta de que incluso su escuela favorita funcionaría mucho mejor con una buena investigación procedente de las mejores fuentes, hecha de la forma más efectiva.

AHORRE TIEMPO NO REINVENTANDO LA RUEDA

Sea cual fuere su necesidad o problema, probablemente podrá encontrar a alguien más que ya ha hecho eso mismo antes y en muchas ocasiones. Puede ahorrar una tremenda cantidad de tiempo iniciando la investigación sobre aquello de que se dispone acerca de las realizaciones del pasado o las tendencias y direcciones en su ámbito de interés.

Escribir esta obra es un ejemplo de ello. Mi primer paso al planificar esta edición consistió en buscar todos los libros y artículos disponibles sobre el tema. En este mismo libro cito y acredito muchos de ellos, para complementar y expandir mis propias ideas sobre el tema. Para encontrar artículos de revistas relacionados acudí al *Reader's Guide to Periodical Literature*, tanto mensual como anual, que contiene índices de un vasto número de publicaciones, con referencias a títulos, autores, fechas y páginas. Ese índice es realmente extraordinario para la mayoría de los temas.

Nota: no todas las bibliotecas confeccionan índices de todas las revistas, pero una vez que haya establecido su objetivo le resultará relativamente fácil conseguir lo que necesite.

Luego utilicé todos los bancos de datos computarizados, consulté con autoridades clave y mantuve correspondencia con numerosos contactos, reuní la información en carpetas, que ordené por capítulos, y luego inicié el proceso de dictado, transcripción y edición.

UTILICE MÁS LA BIBLIOTECA PÚBLICA

La mejor y más rápida fuente de información es su propia biblioteca pública. Habitualmente son mejores las instalaciones centrales o principales, aunque hay muchas zonas residenciales de ciudades donde disponen de la más amplia información relacionada con los negocios. Esboce cuáles son sus necesidades y luego póngase en contacto con los profesionales que pueden conducirle hacia los mejores materiales disponibles. Mi experiencia es que los bibliotecarios se muestran dispuestos a ayudar, pero pueden hacerlo todavía más si usted prepara antes las cosas en casa y luego les hace preguntas específicas.

El uso de bibliotecas especializadas

Si en la biblioteca local no disponen de lo que anda buscando, vale la pena comprobar en numerosas bibliotecas especializadas. [Éstas dependen, fundamentalmente, de instituciones públicas (organismos del Estado, bancos centrales) o privadas (como los servicios de estudios de los bancos), así como de las universidades. No existe, para los países de habla hispánica, ninguna guía exhaustiva. Algunas aparecen en el ya un tanto obsoleto anuario *Nuestro Mundo*, 1985, de la agencia EFE.]

Información gubernamental

Los ministerios o secretarías de Comercio suelen tener a disposición del público una amplia variedad de directorios comerciales y otras publicaciones de tipo empresarial con información auténtica de datos, aunque habitualmente con dos a tres años de retraso. Acuda a una de esas oficinas y examine el material. Los directorios especializados aumentan constantemente, y los índices se mejoran cada vez más.

Ahorre tiempo mediante la información telefónica

Puede obtener una gran cantidad de información mediante el uso astuto del teléfono.

Llame directamente al más alto nivel de la fuente con la que se haya propuesto entrar en contacto. Lee Levitt, un asesor de gestión en Nueva York, dice que se ha producido un verdadero cambio en la cultura telefónica, añadiendo que los ejecutivos, antes protegidos por las secretarias, se muestran ahora orgullosos de contestar personalmente. Naturalmente, hay excepciones, dice Levitt, pero el cambio básico es inconfundible, sobre todo en las grandes compañías. Al llamar, siga los siguientes consejos:

- Redacte un esbozo de lo que les quiere preguntar.
- Compruebe por adelantado si la fuente que es su objetivo dispone de conocimientos sobre el tema en cuestión.
- Haga las preguntas directamente. Probablemente, le sorprenderá comprobar con quién puede llegar a contactar y cuánto puede decirle esa persona.

Los números 900

Una fuente cada vez más valiosa la constituye el uso gratuito de los números 900 que ofrecen información desde la fuente. La mayoría de las grandes empresas incluyen en sus anuncios esta clase de números, conscientes de que, al proporcionar este servicio, aumentan la probabilidad de que llamen los clientes y las personas interesadas. Consiga siempre nombres, cargos y extensiones telefónicas de aquellas personas con las que se ponga en contacto, para poder contactar de nuevo con ellas.

Servicios de valor añadido

Las líneas 903 que ofrecen las grandes compañías telefónicas le permiten llamar a diversos servicios de información.

Nota: tenga cuidado con los costes elevados, y la información inconsecuente o erótica disponible en los números 903.

18
Leer y recordar en menos tiempo

La mayor parte de la información que acumulamos procede de la lectura. Con tanta lectura como se necesita en estos tiempos, vamos a ver ahora cómo acelerarla al mismo tiempo que se retiene la información.

Para satisfacer esa exigencia, hace siglos que los sacerdotes lamaístas del Tíbet inventaron una forma de ahorrar tiempo y esfuerzo que sería muy útil para muchos de nosotros, en un mundo tan ocupado. Estos hombres religiosos se enfrentaron al problema de la escasez de tiempo de lectura, como nos ocurre a muchos. La solución que encontraron consistió en escribir las oraciones en largas tiras de papel y fijarlas alrededor de un cilindro giratorio. Cuando había que expresar las oraciones no tenían necesidad de leerlas, sino que simplemente se limitaban a hacer girar el cilindro. Presumiblemente, el dios al que se dirigieran podía entenderlas a cualquier velocidad.

En su obra *Cómo usar un libro*, E. Wayne Marjarum añade que el flujo actual de documentos, revistas, libros, circulares, octavillas y cualquier otro tipo de material de lectura le hace desear a uno poseer los poderes de una divinidad tibetana. Al faltarnos esas capacidades sobrenaturales, nos vemos obligados a emplear lo mejor que podemos hacer después de eso: leer con mayor rapidez y más selectivamente. Al mismo tiempo, necesitamos alcanzar un correspondiente nivel de comprensión para retener lo que leemos. Como quiera que la lectura es una de nuestras habilidades más importantes, que influye directamente sobre los ingresos, el placer y a menudo sobre el éxito en los negocios, disponer de tiempo para leer, comprender y recordar constituye un aspecto vital de todo ahorro de tiempo.

CÓMO ENCONTRAR MÁS MINUTOS DE LECTURA

Un paso clave para mejorar su capacidad de lectura consiste en conseguir más tiempo para leer, un tiempo que, de otro modo, se perdería o quizás se dedicaría a lecturas de poco interés o importancia real para usted. Los siguientes son algunos consejos que le ayudarán a seguir por ese camino:

- *Tenga siempre a mano buenas lecturas.* Coloque los artículos, informes y otro material que desee leer en el lugar donde más llamen la atención, como el sillón donde suele acomodarse después de cenar, en lugar de colocarlo sobre la mesita de la entrada, donde es más probable que lo deje sin tocarlo. Lleve siempre consigo algo para leer, ya sea en el bolsillo, en el maletín, junto a la cama o incluso en el cuarto de baño.
- *Utilice el tiempo de viaje para leer.* A menu-

do, disponemos de tiempo libre mientras viajamos; pues bien, aproveche esos minutos esenciales.

● *Haga sus lecturas más importantes cuando esté más fresco.* Si dedica todo su tiempo de lectura matinal al periódico, habrá desaprovechado la oportunidad para revisar una gran cantidad de otras cosas más importantes que tiene que leer, precisamente en su mejor momento, cuando dispone de mayor energía. Después de haber leído los titulares más importantes, o de haber absorbido las noticias en la radio o la televisión mientras se baña o toma el desayuno, ahorre la lectura más detallada de las noticias para la pausa del mediodía o para el final de la jornada, cuando dispone de menos energía creativa pero la absorción es fuerte. Utilice sus mejores momentos para los informes empresariales o técnicos más complicados, o para el material que le exija una plena respuesta.

● *Lea mientras espera.* Dedique a la lectura el tiempo que pasa normalmente esperando la comida, el transporte, la consulta del médico o del dentista, el peluquero, el teléfono, o incluso a que su esposa termine de arreglarse. Es extraordinario observar cuántos minutos pueden ganarse de ese modo. La lectura también le ayudará a superar la molestia de esperar.

● *Lea las primeras ediciones la noche anterior.* Muchos altos ejecutivos se adelantan de este modo a las noticias del día siguiente. No obstante, evite convertirse en alguien que acumula la lectura de noticias, como aquel que las lee por la noche y las repite por la mañana.

● *Utilice la hora de comer.* De vez en cuando, almuerce a solas y lea mientras come.

● *Lea antes de dormir.* Lea durante quince a

treinta minutos antes de dormir. No tiene que leer necesariamente libros de negocios, sino libros para inspirarse y distraerse. Desarrollar ese hábito puede conducirle a una amplia variedad de temas.

RESÚMENES DE LIBROS

La gran cantidad de lecturas profesionales que deseamos hacer (previsiones de tendencias, técnicas de gestión más astutas, poderosas estrategias de marketing, técnicas valiosas, etcétera), exigen una cantidad de tiempo imposible de encontrar. Dependiendo de la definición que a uno le interese, en Estados Unidos se publican anualmente entre 1.200 y 1.500 libros sobre gestión y negocios, mucho más de lo que cualquier ser humano puede siquiera ojear, y mucho menos leer.

Según informa *Profile*, el ejecutivo medio sólo lee seis libros al año, perdiéndose muchas cosas que podrían ser valiosas. Y, sin embargo, no leer libros importantes podría ser un error grave y caro. ¿Por qué? Porque, a menudo, las ideas y los puntos de vista que contienen no pueden encontrarse en ninguna otra parte. Para estar realmente informado debe hallarse al día de esta importante fuente de comprensión empresarial, y hacerlo en menos tiempo.

La única solución posible a este reto es repasar los informes mensuales de la agencia del ISBN (secciones 05-06-07) o bien leer las críticas de libros en periódicos, o sus secciones, especializados.

Para mejorar su propia velocidad de lectura y capacidad de retención, pruebe las siguientes estrategias:

- *Lea con un propósito, no a la ventura.* Sea cual fuere el tema, lea todo lo que contiene. Eso le ayudará a absorber y fijar las ideas en la memoria. No permita desviaciones de la atención. Su mente debe estar funcionando como un hormiguero, desmembrando, reduciendo, digiriendo y consumiendo las ideas que subyacen en la palabra impresa.

- *Concéntrese en las primeras frases.* En buena parte del material de lectura, es en estas frases donde se expresan las ideas básicas. Aprenda a distinguir las palabras con mayor contenido: titulares de capítulos, subtítulos, palabras destacadas en cursiva o en negrita, y todo aquello que resalte del texto. En la actualidad, muchas revistas destacan las frases clave, no sólo para aumentar el interés visual, sino para llamar la atención sobre pasajes a los que debe prestarse atención.

- *Asegúrese de no mover los labios al leer.* Vocalizar, o mover la boca, hace más lenta la velocidad de lectura.

- *Evite la lectura palabra por palabra.* Como quiera que las ideas raras veces se encuentran en palabras aisladas, sino que se transmiten mediante grupos de palabras, lo esencial de la lectura rápida consiste en entrenar la vista para absorber tales agrupamientos, para ver el todo, antes que la parte. Los ojos de un buen lector rápido sólo se detienen para ver grupos de palabras que contienen ideas. Con la experiencia, podrá leer en grupo con tanta facilidad como lee palabras individuales. Esa clase de frases se entienden cuando se oye hablar a alguien. La misma idea puede extenderse a su forma de leer.

Actúe como su propio acelerador de lectura

Oblíguese a sí mismo a leer constantemente con mayor rapidez que antes. Por ejemplo, intente aparentar que las palabras desaparecen a medida que la vista pasa sobre ellas. Probablemente, le sorprenderá descubrir que no se le pasa por alto nada importante. Calcule el número de palabras existente en un artículo o en un capítulo y determine un límite de tiempo para terminar la tarea. Coloque un reloj despertador para ese período y verá cómo va aumentando poco a poco su objetivo, hasta asegurarse resultados más efectivos.

- *Deténgase y sintetice.* Después de leer una sección a toda velocidad, deténgase un momento y sintetice mentalmente los puntos principales expuestos por el autor. Compruébelo revisando el material de forma amplia. Una vez que lo domine, se convertirá en un hábito.
- *Señale con toda libertad.* No tenga miedo de señalar artículos y contenidos de libros a medida que lee, especialmente este que tiene en sus manos. La mejor forma consiste en utilizar rotuladores de colores claros para remarcar la información pertinente. Otros instrumentos de escritura son más lentos para este propósito.
- *Tenga la confianza de despreciar lo trivial.* No haga caso de las palabras o ideas poco importantes de los clichés y las frases trilladas. ¡Encuentre lo fundamental!

• *Compruebe más tarde las palabras con las que no esté familiarizado.* Tómese una nota mental o escrita para consultar más tarde el diccionario. Cuanto más amplio sea su vocabulario, mayor será su velocidad de lectura. Según los expertos, la eficiencia exige el conocimiento de 20.000 a 30.000 palabras. No comprender palabras vitales individuales puede hacerle perder el significado de una frase o un párrafo, una causa frecuente de tener que volver a leer.

La habilidad para leer rápido exige práctica

Otra variante para leer con rapidez procede de la doctora Phyllis A. Miller, en su libro *Gestione su lectura*. La doctora Miller dice que la mayoría de nosotros sólo lee a la mitad o la tercera parte de la velocidad a la que podríamos hacerlo si dispusiéramos de la instrucción y la práctica necesarias. Leer es una habilidad y, como cualquier otra, exige práctica. Otro ingrediente necesario consiste en romper los malos hábitos de lectura, algo a lo que pueden ayudarle los ejercicios contenidos en el excelente libro de la doctora Miller. También se dispone de una rica variedad de publicaciones para ayudarle a leer mejor y con mayor rapidez.

La técnica más útil de la doctora Miller se denomina establecimiento de un ritmo. Utilizando la mano o una cartulina en blanco, hágala descender por la página, manteniendo la atención sobre la línea de lectura, para mejorar así la concentración y desarrollar el ritmo de lectura. Intente establecer ese ritmo de tal modo que se acostumbre a hacerlo poco a poco a una mayor velocidad, considerablemente superior a su ritmo actual. Continúe haciéndolo al margen incluso de su nivel de retención, hasta que haya logrado añadir velocidad y la correspondiente comprensión de lo que lee. Luego, continúe trabajando en la lectura y reteniendo lo que lee a su nuevo ritmo.

Ojear y examinar de un vistazo

Al leer, no se limite a recorrer despacio el texto desde el principio hasta el final, palabra por palabra y página por página, dice Robert Moskowitz en *Cómo organizar su trabajo y su vida*, que añade:

Ojear consiste en pasar la vista con rapidez sobre una página impresa, captando los titulares, los gráficos y todo aquello que llame la atención, tratando de comprender los puntos principales limitándose a leer sólo los detalles más destacados. Las primeras y últimas frases de los párrafos también suelen ofrecer buenas pistas.

Por otra parte, examinar de un vistazo, consiste en el examen cuidadoso del esbozo o construcción de un texto mediante un vistazo, con la intención de comprenderlo sin necesidad de leerlo por completo. Observe los índices, las ilustraciones, los gráficos y/o cuadros, los apéndices, para determinar de qué trata el texto. Luego, enfoque la atención sobre lo más importante.

Cursos de lectura profesional

Los cursos de lectura rápida, muchos de los cuales se ofrecen en las escuelas y universidades (especialmente aquellos que forman parte de los cursos de ampliación o de educación de adultos), suelen durar unas pocas semanas y sus precios son moderados. En general, los instructores emplean medios mecánicos de entrenamiento. Reading Laboratory, de Nueva York, por ejemplo, utiliza estos métodos:

● *Comprobación visual:* es posible que sólo necesite unas gafas nuevas. Mejorar la visión le permite enseñar a sus ojos a moverse con mayor rapidez y a ver más.

● *Mejorar la amplitud total de la visión:* a los estudiantes se les enseña a leer por «unidades de pensamiento», a captar ideas transmitidas por grupos de palabras.

● *Palabra en la pantalla:* tras comprobar las debilidades de la amplitud total de la visión, las pausas de la vista y la duración, los expertos hacen pasar rápidamente palabras sobre una pantalla. Puede usted aprender a echarles un vistazo y retener cifras de hasta siete dígitos, o frases enteras tras haberles dado un simple vistazo.

● *Acelerador de lectura:* esta máquina utiliza un instrumento rítmico, dotado con una ventana opaca que desciende sobre la página como una cortina a medida que va usted leyendo. Dispuesto a ritmos específicos, no sólo le indica a qué velocidad está leyendo, sino que agudiza la concentración, le estimula a leer con mayor rapidez e impide los retrocesos, una costumbre habitual que hace perder mucho tiempo.

Vale la pena investigar estos cursos si el estudio en casa no le parece práctico.

UN MÉTODO DE LECTURA COOPERATIVO

En muchas compañías y organizaciones donde se produce un fuerte flujo de material impreso que cóntiene datos vitales, un método capaz de ahorrar tiempo consiste en cubrir una gran cantidad de ese material compartiendo su lectura en equipo. Los individuos de un departamento deciden entre ellos que cada uno leerá más atentamente un número seleccionado de publicaciones y otras fuentes. Anotan los temas que interesan al grupo o al individuo y luego se turnan de modo que cada miembro tiene la oportunidad de hablar con el lector. A menudo, se trata de un método efectivo en aquellos casos en que los temas tienen una importancia considerable para todos los miembros.

Otra forma de ahorrar tiempo: en lugar de leer para luego tener que ponerse a hacer un resumen de los puntos más importantes, que cada miembro del grupo tome un rotulador de color diferente para marcar todo aquello que le parezca importante y luego hacer circular su propio material entre los demás miembros del grupo. Entonces, verá lo que ha resaltado cada lector. La mayoría de estos rotuladores no dañarán los originales ni afectarán a las copias.

DINAMIZAR EL MATERIAL ESCRITO QUE LLEGUE A SU MESA

Si ocupa una posición desde la que puede ejercer influencia sobre los informes que le envían sus subordinados, acostúmbrelos a proporcionar un resumen de ejecutivo, que no debe tener más de diez líneas; adopte usted mismo esa costumbre. Un número cada vez mayor de empresas y organizaciones adoptan este formato de lectura capaz de ahorrar tiempo. Si lo hace, verá cómo adoptan el mismo sistema otros con los que tenga que intercambiar el material de lectura obligada, ahorrando tiempo y mejorando la comprensión, tanto del lector como del autor.

EMORIA CAPAZ DE AHORRAR TIEMPO

Puede usted mejorar su memoria mediante el entrenamiento, y ahorrar numerosos minutos que emplea en intentar recordar nombres, lugares, fechas y otros datos. Olvidar lo que se ha leído constituye una gran pérdida de tiempo. Los libros, las computadoras y otros instrumentos le permiten acceder con facilidad a una gran cantidad de información, y reducir lo que tiene que conservar en la cabeza. No obstante, los individuos que conocen las cosas más importantes sobre su ámbito de interés, y que son capaces de hablar sobre ello sin necesidad de consultar constantemente las notas, suelen alcanzar éxito y a menudo son envidiados por los demás.

El doctor Bruno Furst, una máxima autoridad en la memoria y autor de numerosos libros sobre el tema, cree que una de las mejores ayudas para la memoria consiste en asociar un nombre o un dato con un objeto familiar que uno está seguro de encontrarse con frecuencia. El doctor Furst cita el siguiente ejemplo:

Cuando mi esposa me pide que le escriba al agente de seguros para cambiar nuestra póliza contra incendios, me imagino inmediatamente mi despacho envuelto en llamas. En el instante en que, más tarde, abro la puerta del despacho, esa vívida imagen mental me hace recordar que tengo que escribir esa nota, y no necesito tiempo alguno tratando de recordar lo que se suponía tenía que hacer. Para asegurarme de enviar la petición por correo, me imagino al agente de seguros ante el buzón. En cuanto veo un buzón, me acuerdo de él y, al mismo tiempo, de la carta que tengo que enviar. Ese mismo método funciona con los nombres, los hechos y los números.

Según dice el doctor Furst, la memoria es como un músculo. Se debilita con la pereza, y se fortalece con el uso constante. No obstante, añade que no debe sobrecargarse la memoria abarrotándola; cuando hay muchas cosas sencillas que recordar, es mejor anotarlas. Sin embargo, cuantas más experiencias almacene en su memoria y cuanto mayor sea la facilidad con la que recibe impresiones, tanto mejor será su capacidad para retenerlas y recordarlas cuando las necesite. Tenga en cuenta, sin embargo, que también deben utilizarse las computadoras personales y el software que registran y permiten el acceso a todo tipo de información, para complementar, antes que para sustituir, el desarrollo de su propia memoria.

CUÁNDO MEMORIZAR

El profesor Donald Laird, una autoridad en relaciones humanas y eficiencia personal, ha dicho: «Si su memoria es naturalmente pobre, lo más probable es que nunca logre que sea tan buena como la de alguien nacido con una mejor capacidad para recordar. Pero, antes de decidir que su caso no tiene solución, intente utilizarla adecuadamente. Muchas de las personas poseedoras de memorias notables nacieron con una memoria más bien pobre. Los resultados dependen, en buena medida, de la forma que tenga de memorizar». Los siguientes son algunos consejos del profesor Laird:

● Preste la más estrecha atención a aquellas cosas que desee recordar.

● Hable y piense consigo mismo sobre lo que ha leído, oído o visto. Al convertir esto en un firme hábito fijo reforzará su memoria.

● Asocie todo lo que sea nuevo con aquello que ya haya almacenado en su memoria. Si constituye un problema recordar que tiene que comprarle algo a alguien, recuerde un regalo que le haya complacido particularmente. Cuando se encuentre con una palabra nueva, piense en otras similares y en qué ocasiones podría utilizarlas. En resumen, utilice la asociación para recordar.

● El mejor momento que tiene la mayoría de las personas para memorizar es antes del mediodía, particularmente desde las ocho hasta las diez de la mañana. Ello se debe a que en ese período de tiempo el sistema nervioso ha recibido menos impresiones nuevas. Por la noche, la eficiencia y la memoria se reducen en un seis a diez por ciento. Su capacidad retentiva pierde fuerza gradualmente desde el momento en que se despierta hasta que se acuesta. Y, a propósito, el domingo parece ser el peor día para recordar, probablemente porque es entonces cuando queremos tomarnos las cosas más tranquilamente.

SIETE TRUCOS SENCILLOS QUE NO OLVIDARÁ

He aquí unos pocos y excelentes trucos para mejorar la memoria, expuestos por Leanne Kleinmann, editor en jefe de la revista *Memphis*, escribiendo en *Self* (diciembre de 1990):

1. *Concéntrese en ser consciente.* Trabaje con la información, y no se limite a tomar nota de ella. Si, por ejemplo, su jefe le pide que recuerde varios nombres importantes que no tienen significado alguno para usted, hágase preguntas sobre esos nombres. ¿Tienen un sonido insólito? ¿Son similares a los de otras personas que conoce? Encontrar pistas que se relacionen con ellos le ayudará a recordarlos con mayor facilidad.

2. *Sálgase de su rutina.* La novedad ayuda a facilitar el recuerdo. A medida que envejece tiene que hacer mayores esfuerzos para lograr que lo familiar le parezca novedoso. ¿Tiene repetidos problemas para recordar si ha cerrado o no la puerta de la casa? En tal caso intente utilizar su otra mano para cerrarla. Al convertir un proceso sin importancia en una novedad, o hacer algo marcadamente diferente, podrá memorizarlo con mayor facilidad.

3. *Imagínese lo que desea recordar.* Encontrar insinuaciones visuales sobre el nombre o el trabajo de una persona le ayudará a recordarlo. Cuando conozca al señor Moreno, por ejemplo, piense en esa característica del cabello o de la tez.

4. *Invente juegos mnemónicos.* Quizás recuerde un viejo truco de la escuela, cuando aprendió que VIAVAAR se correspondía con las primeras letras de los colores del arco iris (violeta, índigo, azul, verde, amarillo, anaranjado y rojo). Crear acrónimos, rimas y otros medios mnemónicos le ayudará a recordar temas complejos o largos.

5. *Anótelo.* A menudo, dejar constancia de las cosas sobre el papel le garantiza recordarlas más tarde.

6. *Sea más organizado.* Cuanto más organizado sea, tanto mayores serán sus posibilidades de recordar dónde ha dejado las cosas. Ejemplos de estrategias a seguir consisten en colocar ganchos en la puerta para colgar las llaves del coche, dejar siempre las gafas de sol en un mismo sitio y guardar las cosas en carpetas de colores determinados individualmente.

7. *Sea consciente de otros factores que influyen sobre su memoria.* Los medicamentos afectan al sistema nervioso central, como los antihistamínicos, las pastillas para dormir y los analgésicos, y pueden afectar también a la memoria. El alcohol y el tabaco, que privan de oxígeno al cerebro, también dificultan la memoria.

19
Autoeducación

Solía suceder que, una vez terminados los estudios universitarios, se consideraba completada la educación para todo el resto de la vida, exceptuando quizás algún curso especial sobre algún tema relacionado con su carrera o interés personal. Hoy, en cambio, la educación adulta ha proliferado hasta un grado realmente notable. Apenas existe una universidad o facultad, un sistema educativo o una escuela especializada o de organización que no ofrezca una amplia variedad de cursos en virtualmente todos los campos, desde cómo manejar una computadora personal, hasta aprender a hablar japonés o, prácticamente, cualquier otro idioma. En algunos campos, como la medicina, por ejemplo, los estados obligan a continuar la educación, ya que en caso contrario se pierde la licencia.

Muchos de esos cursos pueden ser muy valiosos para aprender habilidades capaces de ahorrar tiempo, u obtener información aplicable de forma más directa a su trabajo. Aproveche esos cursos para ensanchar sus horizontes, obtener satisfacción personal o profesional mediante un título o progreso, o disfrutar del puro placer de aprender y ensanchar la propia mente.

CONSEJOS PARA APRENDER TODA LA VIDA

- *Establezca un lugar de estudio.* Tenga disponibles todos los suministros necesarios, desde rotuladores para señalar los pasajes importantes, hasta discos para la computadora. No pierda un tiempo valioso buscando los suministros necesarios en los momentos más cruciales.
- *Utilice el tiempo de desplazamiento a su trabajo.* Lea las tareas que ha de realizar por la mañana, cuando se dirige a su trabajo; intente recordarlas por la tarde, durante el trayecto de regreso a casa.
- *Estudie con un amigo.* Seleccione a alguien que muestre un estilo de aprendizaje complementario al suyo. Eso funciona muy bien para estudiar idiomas. Quizás comprenda usted bien la gramática, y su amigo la acentuación. Cada uno corregirá así los errores del otro.
- *Considere la idea de contratar ayuda.* Una mujer de la limpieza, una canguro o un «manitas» puede ayudarle a ocuparse de algunas de las tareas que exigen energía y consumen mucho tiempo. Mientras ellos trabajan, y se obliga a sí mismo a permanecer lejos, puede abandonar la casa y estudiar.
- *Consiga un tutor.* A menudo, el coste es moderado. Nadie espera que recuerde todo lo que aprendió a los diecinueve años. Si sospecha que no está al día, puede resultarle beneficiosa la ayuda de un tutor.

En España, determinadas escuelas empresariales (ESADE y EADA en Barcelona; IEDE y otras en Madrid) ofrecen cursos intensivos relacionados con alta gestión empresarial y de idiomas.

Estudiar en casa con casetes

Otro elemento que puede ahorrarle tiempo en su educación adulta es probar el creciente número de cursos de estudio en casa por audio y videocasete. Hay tantos cursos grabados en cintas de audio que una lista de ellos llenaría un libro. Si dispone de grabadora y quiere ganar una hora extra al día aprendiendo en su tiempo libre, al mismo tiempo que se dedica a otra actividad, puede escuchar con regularidad la grabadora, como un arma fundamental para la consecución de sus objetivos.

A cada día que pasa aumenta diariamente la variedad de información y materiales grabados en casetes. Vale la pena seleccionar aquellos que satisfagan mejor sus necesidades particulares, tanto en el trabajo como en sus actividades personales, por las siguientes razones:

- Puede escuchar y aprender, o simplemente disfrutar, mientras está haciendo alguna otra cosa.
- Combinar dos actividades no reduce necesariamente los beneficios obtenidos. De hecho, tal y como señala Jay Conrad Levinson en *Noventa minutos por hora*, puede reproducir las cintas mientras conduce de casa al trabajo o viceversa, durante cualquier práctica de ejercicio, como el *jogging*,

mientras camina o pasea en bicicleta, durante un vuelo de negocios o de placer, o mientras espera por cualquier razón. Puede escuchar al mismo tiempo que friega los platos, realiza las tareas de la casa o se dedica a sus aficiones favoritas, toma un baño o trabaja en el jardín (o en cualquier otro lugar de la casa). Y, lo mejor de todo, puede escuchar en lugar de ver la televisión.

Harvey MacKay, autor de *Tenga cuidado con el hombre desnudo que le ofrece la camisa*, dice que dispone de más de 300 cintas para escuchar mientras viaja, añadiendo: «La mayoría de la gente conduce unos 18.000 kilómetros al año. Si vive usted hasta los 72 años, eso significa pasarse tres años y medio en el coche. ¿Por qué no convertir su coche en una universidad?». Otros escuchan mientras se mueven de un lado a otro, utilizando auriculares ligeros y una grabadora portátil.

Para obtener lo mejor de escuchar las cintas de casete, empiece por clarificar qué desea obtener de cada programa, como la información que necesita o, simplemente, lo desea por su interés, por mejorar sus habilidades específicas, para mantenerse en contacto con el progreso de su negocio, de su profesión o de otras tendencias.

● Sitúe su grabadora en un lugar estratégico. Gracias a su pequeño tamaño, al hecho de que son compactas y están diseñadas para escucharlas cuando y donde usted quiera, las unidades como el Sony V-O-R, que funciona a pilas, pueden dejarse en numerosos lugares y se transportan con facilidad.

● Escuche programas específicos en emisoras seleccionadas. Por ejemplo, escuchar un programa dietético en la cocina, un programa de control del estrés en el coche (estupendo para disminuir la tensión en medio del tráfico) o una cinta de habilidades empresariales en la oficina.

Steve Rowley, presidente de Day-Timers, comenta: «A medida que escucha las teorías e ideas presentadas, y adopta las técnicas y habilidades sugeridas, descubrirá nuevos y fuertes recursos para manejar con mayor éxito una serie de situaciones variadas. Los científicos que estudian cómo retiene información la gente han descubierto que, aun cuando para algunos es mejor ver, para otros es mucho mejor oír. Aunque no preste una estrecha atención, se encuentre distraído o a punto de quedarse dormido, su mente subconsciente capta una cantidad de cosas extraordinaria, y ello sin empleo extra de tiempo».

La mejor forma de usar las cintas educativas

No hay ninguna forma más correcta que otra de escuchar las cintas educativas, excepto aquella que mejor funcione para usted en particular. Day-Timers ofrece las siguientes técnicas:

- *Escuchar frente a oír.* A menudo se oyen muchas cosas pero se presta poca atención a lo que se oye. Es posible que tenga que reproducir una cinta o un fragmento de ésta varias veces antes de que las ideas penetren realmente y las escuche de veras. Decida cuál es el momento del día en que se siente más relajado y abierto a las nuevas ideas. Cree a su alrededor un ambiente de aprendizaje, eliminando tantos ruidos externos como le sea posible. Lo más probable es que absorba usted mucho más.
- *Escuchar en profundidad.* Empiece por la cara A de cada casete y utilice la técnica de «escuchar

257

en profundidad», imaginándose aquello de lo que le están hablando. Cierre los ojos e imagínese realizando con efectividad aquello que necesite hacer en la situación descrita, lo que también le proporcionará una reacción refleja a una situación dada en la vida real.

- *Detenga la cinta para captar buenas ideas.* Al escuchar y detener la cinta para tomar notas de lo que escucha, o responder mentalmente (sobre todo si actúa físicamente), aumentará los beneficios.

- *Seguimiento.* Al leer las notas que haya tomado, mantenga un registro de primeras ideas para la acción de seguimiento. En algunos casos las cintas de audio se entregan acompañadas por libros de autocomprobación y realización de ejercicios, resaltando su propia situación para aumentar el aprendizaje. Muchos de esos ejercicios han sido diseñados para entrenarle a elegir nuevos métodos ante situaciones dadas.

- *Repita el proceso de escuchar.* Según se dice, escuchar una cosa tres veces significa haberla aprendido. No cabe la menor duda de que cuanto, más se enfrasque en escuchar y aprender, tanto más se verá estimulada su imaginación y su mente, tanto a nivel subconsciente como consciente. A ello le ayuda mucho repetir el proceso de escuchar. Si ha escuchado algo una sola vez, puede recordar una tercera parte al día siguiente y ya no se acordará de casi nada al cabo de sesenta días. No obstante, con los programas grabados en casetes, en contra de lo que sucede con los seminarios, talleres y cursos universitarios, puede volver a escucharlos tantas veces como desee, hasta que los haya comprendido por completo.

- *El consejo clave:* adopte nuevos conceptos y

técnicas en cuanto le sea posible. Las ideas que no se ponen en práctica, que simplemente le dan vueltas en la cabeza, sin encontrar un uso práctico, no son más que una pérdida del tiempo que ha pasado escuchándolas.

Aprendizaje de idiomas en cinta

El aprendizaje de idiomas en cinta es ahora más popular que nunca. Los que han desarrollado los cursos prometen el dominio del lenguaje sencillo en un mes o menos. Se dispone de cursos de español, francés, alemán, italiano, ruso, hebreo y griego, entre otros.

Son muchas las personas que han aprendido idiomas extranjeros por medio de cintas de audio. A Burt S. Cross, presidente de 3M, cuyas operaciones internacionales incluyen fábricas en numerosos países de habla hispana, le incomodaba desde hacía tiempo su incapacidad para comunicarse en español. Decidió utilizar el tiempo que se pasaba en el coche desde casa hasta el despacho para escuchar lecciones de español en una grabadora, y logró adquirir un excelente conocimiento de trabajo del idioma, aunque, desde luego, no fuera la habilidad para traducir a Cervantes.

APRENDIZAJE POR MENSAJE SUBLIMINAL

Las cintas subliminales, es decir, audiocasetes que registran un mensaje autoseleccionado en su mente subconsciente, se están utilizando cada vez más como herramienta autoeducativa capaz de ahorrar tiempo. La empresa estadounidense Randolph

Success International, ofrece más de 150 de esas cintas que persiguen «el éxito, la salud y el mega-aprendizaje». Betty Lee Randolph, doctora en filosofía, ha dicho:

Los progresos en la tecnología de la grabación computarizada de audio han permitido a expertos en motivación subliminal como el doctor Paul Tuthill crear programas que le permiten literalmente reprogramar su mente subconsciente con aquellas directrices específicas que usted mismo seleccione. Durante la pasada década, el doctor Tuthill ha creado programas para reducir con efectividad el estrés y promover la curación rápida. Quizás los más efectivos y aquellos con los que se comprueban más fácilmente los resultados sean los programas para perder peso, que ofrecen mensajes que se reproducen una y otra vez, teniendo como fondo el sonido de una música similar a la que se escucha por las emisoras de FM.

Simplemente, se pone la cinta en la grabadora, se aprieta el botón y se deja sonar una música agradable de fondo mientras se continúa con la actividad normal. No se necesita hacer ningún esfuerzo especial para escuchar o concentrarse. Conscientemente, sólo se escucha la música. Los mensajes subliminales que se han seleccionado se convierten en un susurro irresistible, escuchados atentamente por la mente subconsciente. Se los puede utilizar mientras se trabaja, se juega o se relaja. Los resultados no son milagrosos; simplemente, le permiten unificar sus objetivos y deseos conscientes con un programa subconsciente nuevo y positivo. La armonía mental que se consigue no sólo le transmite una sensación increíble de confianza en sí mismo y de bienestar, sino que finalmente le puede permitir realizar aquellos cambios que quiere hacer en su vida.

Las cintas de mensajes subliminales de que se dispone incluyen las relacionadas con el estrés y la gestión del tiempo, la fobia a las computadoras, la toma de decisiones, el establecimiento de objetivos, la mejora de la salud y la pérdida de peso, y muchos temas personales y de negocios de los que se han tratado en este libro. Los mensajes son breves y concisos, se escuchan audiblemente durante tres a cinco minutos, y luego subliminalmente durante el resto de la cinta. En los casos típicos, los sonidos audibles por el estéreo que se superponen al mensaje subliminal reproducen el sonido del océano o música agradable. Los mensajes van dirigidos tanto al hemisferio derecho como al izquierdo del cerebro, para que sea la totalidad de éste el que aprenda, y los espacios intermitentes de descanso aseguran la asimilación. El doctor Randolph dice que, entre los clientes, se incluyen, entre otras, muchas de las más destacadas compañías de *Fortune 500*, compañías de seguros, administración pública, firmas legales y bases navales.

20

Aprovechar el tiempo perdido

A lo largo del día, hay muchos momentos en los que, por muy cuidadosamente que se planifiquen o se programen las cosas, se verá obligado a esperar. A primera vista, puede parecer que estos minutos son totalmente irrecuperables, y que no hacen sino aumentar la ira y la insatisfacción que acompañan a menudo a toda espera obligada, cuando se tienen muchas cosas que hacer y se dispone de muy poco tiempo.

No obstante, se pueden hacer muchas cosas para sacarles provecho a esos momentos de espera y convertirlos en tiempo ganado, capaz de añadir muchos minutos a esa hora extra al día que trata de conseguir. A continuación se ofrecen algunas ideas y consejos acerca de cómo usar esos momentos normalmente ociosos.

NO SE LIMITE A MATAR EL TIEMPO

Cuando la espera sea inevitable, no lo considere como tiempo que ha de matar de alguna forma.

Haga que esos minutos trabajen para usted. Ya hemos indicado anteriormente que puede utilizarlos para leer, de tal modo que cinco minutos ganados aquí y diez minutos ganados allá se vayan acumulando hasta convertirse en una hora diaria. Al margen de lo cuidadosamente que programe sus horarios o sus citas, asegúrese siempre de llevar consigo material de lectura o de estudio. El maletín o la cartera donde lleve cosas como informes de oficina, publicaciones periódicas y recortes, pueden contener un verdadero tesoro que le evitará perder el tiempo cuando no tenga ninguna otra cosa que hacer. Lleve siempre un rotulador para destacar todo aquello de importante que lea, lo que le ayudará también a concentrarse en lo que esté leyendo, incluso en lugares tan concurridos como un banco, o en las colas de espera de los aeropuertos y otros servicios. También puede serle útil un pequeño bloque de notas adhesivas para marcar aquellas cosas útiles que desee revisar después, haciendo así un uso fructífero de lo que frecuentemente sólo es tiempo perdido.

Cuando se tenga que esperar en la consulta del médico o del dentista, su propio material de lectura será indudablemente superior a lo que encuentre en las salas de espera. Siempre me ha sorprendido observar el hecho de que muchas empresas ni siquiera disponen de un folleto o informe anual en la sala de espera, para información de los visitantes que se ven obligados a esperar. Disponga que haya material informativo sobre su empresa en la zona de recepción, de modo que los visitantes puedan utilizar su tiempo dedicándolo a conocerla un poco.

Si no desea leer, la espera le ofrece una excelente oportunidad para relajarse. Si la ocasión lo permite, intente cerrar los ojos, tensándolos isométricamente todo lo que le sea posible. Dependiendo del lugar donde esté, incluso puede dar una pequeña cabezadita. En aquellos lugares donde no hay ningún sitio donde sentarse, muchos han aprendido a relajarse de pie, apoyándose contra la pared, o incluso manteniendo el equilibrio. Algunas personas han llegado a decirme que son capaces de conseguir el descanso equivalente a una o dos horas de sueño al día gracias a la práctica de estos métodos, ganando tiempo para más tarde, y aumentando así su productividad.

ELIJA EL MEJOR TIEMPO DE ESPERA LIMITADO

Otros ejemplos para reducir el tiempo de espera serían los siguientes:

- *Al ir al cine:* llegue como máximo quince minutos antes de que empiece la proyección de la película. Si acude al teatro el fin de semana, vaya a la primera sesión, cuando probablemente las colas son más cortas. Ahora, muchos cines aceptan reservas preadquiridas pagadas con tarjetas de crédito. Aproveche esta forma de ahorrar tiempo.
- *Exposiciones en un museo:* compruebe las fechas iniciales y los horarios diarios de las exposiciones más populares que desee ver. Los últimos días de la exposición y las últimas horas del día suelen ser las más concurridas. Programe sus visitas en consonancia.

Un líder empresarial que, comprensiblemente, desea permanecer en el anonimato, me dijo: «Yo consigo una hora extra cada día llegando deliberadamente quince minutos más tarde a las reuniones, tanto si se trata de citas de negocios como de ejecutivos. A veces, sospecho que la gente se da cuenta de que mi inevitable retraso no es del todo casual. Pero, como quiera que la mayoría de esas reuniones empiezan lentamente, creo que puedo utilizar esos quince minutos para hacer otras cosas».

Cada lector reaccionará de una forma diferente ante esta idea, sobre todo si es usted el que convoca la reunión y espera que los demás acudan con puntualidad. Hacer esperar a los demás es una práctica que tiene aspectos tanto negativos como positivos.

21
Viajes

Mi esposa y yo hemos viajado con mucha frecuencia desde que nos conocimos en Buenos Aires,
hace ya medio siglo. Siendo joven, viajé allí desde
mi ciudad natal de Filadelfia, y ella lo hizo desde
Europa. Puesto que hemos viajado tanto durante todos estos años, ya fuera por cuestiones de negocios
o debido a mis actividades personales en mi empresa global, la International Public Relations Company, Limited (Nueva York), con cuarenta y tres asociados repartidos por cien lugares distintos del
mundo, no hemos podido sino desarrollar ciertas
habilidades, para ahorrar tiempo en los viajes, que
nos complace compartir aquí con usted.

PLANIFICAR PREVIAMENTE, CLAVE PARA AHORRAR TIEMPO

En la medida en que los viajes son a menudo
ajetreados, necesita disponer de los conocimientos y
estímulos necesarios para afrontar un número creciente de personas en movimiento, los inconvenien-

tes de las multitudes, los inesperados retrasos (virtualmente seguros) y todas las otras frustraciones que produce el simple movimiento en una época caracterizada por los desplazamientos. Acepte las colas, los retrasos, el mal tiempo y los embotellamientos de tráfico como una parte habitual de todo desplazamiento. Al anticiparse a ellos, no perderá el tiempo, la energía y el buen humor, y se dará cuenta de que, ocasionalmente, un viaje en el que no se produzca ninguna calamidad constituye una verdadera bendición.

Antes de emprender un viaje, hágase las siguientes preguntas: ¿Es necesario? ¿Pueden hacerlo otros? ¿No habría algún asociado capaz de encargarse de solucionar el asunto? ¿Se puede arreglar por correo o por teléfono? ¿Puedo conseguir que sean ellos los que vengan aquí, en lugar de tener que ir yo a donde estén ellos? Pensar en todo esto puede permitirle encontrar una forma de evitar ese viaje.

Una vez que haya decidido hacerlo, hágase una lista en la que debe incluir los nombres de todas aquellas personas a las que quiere ver, junto con números de teléfono y fax, direcciones y cualquier otra información relevante. Prepárese un itinerario y disponga de toda la información en un solo sitio: horarios de salida, números de vuelo o de tren, etcétera. Eso es mucho mejor que tener los objetivos en un sitio, los nombres de los individuos en otro, y los números de teléfono en otra parte. Debe entregar copias a la familia, la secretaria y cualquier otra persona que necesite saber dónde ponerse en contacto con usted.

Anote el propósito y los objetivos de su viaje, en párrafos aparte, para facilitar el dar prioridad a unas cosas sobre otras. Durante el viaje, ya puede dedicarse a ejecutar los objetivos deseados. Anote siempre en primer lugar los que sean más vitales para usted, dejando los demás como optativos.

Establezca las citas en horas fijas, en lugar de hacerlo vagamente. Luego, tras su llegada, vuelva a confirmar esas citas por teléfono. Robert A. Whitney, que fuera presidente del National Sales Executives, dice: «Siempre me extraña comprobar la gran cantidad de hombres de negocios que pierden una gran cantidad de tiempo debido a citas que no han sido bien definidas, cuando una simple llamada por adelantado habría bastado para asegurar la puntualidad».

Envíe por delante información sobre su agenda de actividades. Hacer saber a las personas con las que desea entrevistarse qué es lo que desea revisar con ellas, y qué les va a presentar, resulta útil para ambas partes.

Si tiene que acudir a una serie de citas y cumplir con algunas tareas mientras está de viaje, intente recortar la distancia entre las citas siempre que le sea posible. Deje suficiente espacio programado entre las reuniones, para no tener que precipitarse de una a otra sin haber podido dar por terminado el asunto que deseaba tratar, sólo para sufrir un agotamiento nervioso mientras acude a su cita siguiente. Evite cruzar una ciudad tres o cuatro veces de un lado a otro, programando las citas de acuerdo con criterios geográficos.

• Deje tiempo suficiente entre las citas, sobre todo entre el momento de su llegada y la primera. De ese modo, dispondrá de tiempo suficiente para arreglarse o descansar un poco, cosa que no podría hacer si tuviera que acudir a su primera cita directamente desde el aeropuerto. Los taxis no se consiguen necesariamente con facilidad. Si tiene que acudir a varias citas, considere la posibilidad de conseguir un coche con conductor, o un taxi para todo el día, pero asegúrese antes de haber acordado el coste por adelantado.

• No planifique demasiadas cosas para un solo viaje. Viajar es costoso y conseguir objetivos múltiples ahorra tiempo y dinero, pero es más importante hacer bien unas pocas cosas, en lugar de muchas deficientemente.

• Lleve una sola carpeta por separado para cada cita. Los memorándums, propuestas, documentos vitales de apoyo y la correspondencia, todo debe estar en un solo sitio.

• Si acude con frecuencia a las mismas ciudades, o visita otras por primera vez, lleve consigo carpetas que contengan recortes sobre actividades locales, restaurantes, lugares de interés histórico o actividades culturales. Mi esposa y yo lo hemos hecho así para cada ciudad y país que hemos visitado durante el transcurso de muchos años. Ya se trate de París o de Peoria, lo más probable es que dispongamos de una lista de cosas para hacer «algún día» después de las reuniones de negocios. Demostrar que conoce un poco el lugar que se visita también causará muy buena impresión en las personas con las que se entreviste.

VIAJES PERSONALES

Antes de continuar, debemos decir algo sobre la planificación de los viajes de vacaciones. Si planea viajar de vacaciones a algún lugar que no haya visitado con anterioridad, no limite su investigación a un solo agente de viajes. Eche un vistazo y compare las propuestas. Las grandes compañías a veces ofrecen videocasetes de los principales alojamientos, por categorías y emplazamientos. Han descubierto que mostrar a sus clientes los alojamientos y servicios en vídeo resulta mucho más efectivo que sobrecargarlos con toda clase de folletos de brillantes colores. En un vídeo de diez minutos (habitualmente alquilado contra un depósito), puede obtener una impresión general sobre la vista, el sonido y el color del lugar que no conseguiría nunca con el material impreso o las diapositivas.

Es evidente que estas presentaciones siempre muestran lo mejor (no le hablarán de los clientes insatisfechos ni de las desventajas del lugar), pero los vídeos constituyen un punto de partida importante y efectivo, y ahorran tiempo. Además, al planificar con mayor antelación, aumentará la probabilidad de que su viaje sea agradable.

PROGRAMAR Y ADQUIRIR BILLETES PARA VIAJES DE NEGOCIOS

Si en su empresa o en el exterior dispone de un agente de viajes de buena calidad, digno de confianza y cuidadoso, ponerse en contacto con él constituye la mejor forma de hacer las reservas necesarias para su viaje. En la actualidad, los viajes se han convertido en uno de los negocios más importantes de ventas al por menor, por lo que hay mucha competencia. Si no utiliza una agencia con frecuencia, es posible que no obtenga el servicio que consiguen los clientes habituales a la hora de encontrar los mejores vuelos y precios; por lo tanto, quizás le interese consolidar este tipo de relaciones con un solo suministrador, para aumentar así las prestaciones.

Cada vez hay más personas que hacen uso de sus computadoras personales para ponerse en contacto con una amplia variedad de servicios de información disponibles, y obtener así las mejores alternativas de viaje.

RESERVAS EN LÍNEAS AÉREAS POR TELÉFONO

Si no dispone de acceso a una computadora o de una agencia de viajes de confianza, y tiene que hacer directamente las reservas en una línea aérea, considere los siguientes puntos:

- Prácticamente todas las líneas aéreas disponen de números *ad hoc* y de experimentados agentes. Esperar a que uno de ellos le atienda durante las horas más concurridas exige tiempo; en consecuencia, llame a primeras o a últimas horas del día.

- Pida asientos situados en los mamparos o junto a los pasillos, que son más espaciosos. Las guías gratuitas que muestran la disposición de los asientos de un avión le ayudarán a elegir el que más le guste.

- Al llamar a una línea aérea específica para solicitar información sobre horarios y hacer las reservas, pregunte por alternativas anteriores o posteriores a la que haya elegido para hacer su viaje. Si no lo pregunta, no es probable que le sugieran esas posibilidades; si lo hace, le darán la información. En el caso de hacer las reservas por teléfono, pregunte dónde puede acudir a recoger los billetes, y cuál es el mejor momento para ello, en lugar de hacerlo en los aeropuertos, invariablemente concurridos, donde los retrasos pueden hacerle perder un vuelo.

● Intente reservar siempre el vuelo más directo, sin escalas ni enlaces. Cuantos menos cambios, menores serán las posibilidades de sufrir retrasos, perder el equipaje o padecer otras calamidades. Problema: el sistema radial que utilizan muchas compañías aéreas significa a menudo que no se puede volar de un lado a otro sin hacer escala en un punto central. Siempre que le sea posible, evite encontrarse en el extremo de los radios.

CONOZCA SUS OPCIONES

Los viajeros sofisticados piden a los agentes encargados de hacer las reservas en una línea aérea cuáles son los índices de puntualidad del vuelo que se desea tomar, un servicio infrautilizado. Aunque la actuación pasada no representa ninguna garantía, esos índices le indican (en términos porcentuales) con qué frecuencia un determinado vuelo regular ha llegado puntual durante los doce últimos meses. A pesar de que las líneas aéreas se esfuerzan para que sus horarios de vuelo estimado sean más puntuales, estos índices de puntualidad pueden ofrecerle una buena guía. En Estados Unidos, American Airlines ha introducido un nuevo sistema de información automatizado que puede ahorrar tiempo; a partir de su sistema SABRE, de reservas por computadora, se ofrece información directa sobre salida y llegada del vuelo, puerta de embarque y precio.

Otro método para ahorrar tiempo con estos sistemas, y que puede emplearse con facilidad, consiste en conseguir una lista de los diversos vuelos que parten antes y después de aquel en el que haya hecho la reserva. Si hace una reserva en ellos, y necesita hacer un cambio rápido a un vuelo anterior, o pierde el avión, o éste tiene una avería o es cancelado, todavía dispondrá de una alternativa. Pero asegúrese de no hacer reservas por las que le cobren en el caso de que las cancele.

CONSEJOS DE UN ORGANIZADOR

Neil Balter, presidente y fundador de la California Closet Company, ha volado más de un millón y medio de kilómetros, cruzando Estados Unidos de un lado a otro para visitar sus empresas en régimen de franquicia. Para llegar y salir del aeropuerto con un mínimo de tensión y retraso, ofrece los siguientes consejos.

- A ser posible, viaje sólo con equipaje de mano.
- Preséntese en la puerta de embarque, no en el mostrador.
- Si le es posible, evite viajar los viernes, puesto que siempre son una pesadilla.
- Evite los vuelos de primeras horas de la mañana. Los aeropuertos están más concurridos entre las 6.30 y las 10 de la mañana, y más tranquilos a primeras horas de la tarde.
- Llame siempre con antelación para asegurarse de que el vuelo partirá a su hora. Lo que le digan no siempre estará garantizado, pero al menos ayudará algo.
- No vale la pena tomar el último vuelo de la noche. El tiempo ahorrado nunca se añade y al día siguiente no se encontrará bien del todo.

Como persona potencialmente siempre dispuesta a viajar, tenga siempre disponible su propia lista de objetos esenciales que llevarse para una sola noche, varios días o un viaje más largo. Anote todos los efectos personales que necesite, desde ropa hasta artículos de aseo, desde documentos hasta cosas personales, formando así una lista de comprobación que pueda prepararse con rapidez para el caso de que tenga que hacer viajes repentinos. Eso evita el tener que salir a comprar artículos que, de otro modo, «robaría» de casa, evitando la pérdida de tiempo y la frustración.

Llevar las maletas y bolsas adecuadas ahorra una gran cantidad de tiempo, y también que representa una proyección del éxito y del individuo. Para los viajes aéreos, nada mejor que las ventajas de una bolsa de viaje. Para los principiantes, elimina la necesidad de tener que hacer largas colas en las terminales, pasa con facilidad los sistemas de seguridad y reduce las posibilidades de pérdida. La bolsa de viaje ideal debería contener todos los objetos de forma ordenada y correcta, con un compartimiento para cada necesidad, dice el fabricante Samsonite. Elija bolsas que dispongan de compartimientos y bolsillos para las ropas y accesorios, casi como si tuviera su propio armario y cómoda en un solo artículo. Las bolsas que disponen de bolsillos que se abren a los lados son particularmente eficientes, porque de ese modo no se tienen que abrir y cerrar por completo a la hora de hacer y deshacer el equipaje. Las secciones pueden tener cremalleras que mantengan las cosas ordenadas. Los bolsillos de malla constituyen otra ventaja porque puede ver lo que ha guardado en ellos. Nuestro truco favorito consiste en poner todo lo que po damos en bolsas de plástico reutilizables, lo que no sólo nos permite ver lo que llevamos, sino que mantiene las cosas sin que se arruguen y acelera la preparación del equipaje.

Asegúrese de que las maletas pequeñas pueden colocarse bajo los asientos del avión, y que las bolsas de viaje caben en los armarios altos. Considere también ese tipo de maletas que pueden transformarse en una especie de carrito de equipaje. Son particularmente manejables en los viajes largos, y ahorran muchos minutos al permitirle llevar el equipaje a bordo para moverse luego con facilidad hacia la zona de vehículos aparcados.

Hacer el equipaje

Aprender a hacer el equipaje puede ahorrarle mucho tiempo en términos de tener que llevar menos bolsas y disponer de una mayor facilidad para encontrar los artículos. Dos estrategias útiles son las siguientes:

• Lleve sólo artículos suficientes para que duren exactamente el número de días que espera estar fuera.
• Ponga los zapatos, los bolsos de mano y otros artículos pesados en el fondo o en compartimientos especializados de la maleta, y rellene los rincones con pequeños artículos de aseo personal. Utilice los espacios medios para las cosas que puedan arrugarse.

Ir en coche para ahorrar tiempo

Considere la idea de viajar en coche si la distancia es menor a los 300 kilómetros; evitará colas para

276

conseguir los billetes, esperas por retrasos, etcétera. Si utiliza su propio coche para efectuar un viaje de negocios, la American Automobile Association sugiere los siguientes consejos para ahorrar tiempo:

● Mantenga su vehículo en óptimas condiciones, sobre todo si lo utiliza para realizar con regularidad viajes de negocios. Compruebe periódicamente la rueda de repuesto y las herramientas y asegúrese de que el motor está en buena forma, lo que reducirá retrasos por problemas en la carretera.

● Prepare en una sola bolsa aquellas cosas que quiera tener cerca mientras conduce y descansa.

● Guarde en el maletero todo aquello que no necesite durante el trayecto, dejando el compartimiento de pasajeros lo más libre y cómodo posible. Instale una cerradura extra en el maletero, o asegúrese de que la existente cierra con seguridad. No hay nada más frustrante y capaz de consumir tiempo que el equipaje robado. Llévese lo menos posible y deje pocas cosas en el coche, incluso durante paradas relativamente cortas. Eso le ahorrará tiempo a la hora de reunir las cosas que lleva consigo y sacarlas cuando se detenga.

Coches de alquiler

Pueden ser muy útiles para viajes a larga distancia, sobre todo ahora que es posible recogerlos aquí y entregarlos prácticamente en cualquier parte. La proliferación de ofertas especiales, como descuentos, precios especiales de fin de semana, kilometraje ilimitado y uso de tarjetas de crédito para usuarios frecuentes, hace que necesite virtualmente una computadora para calcular la mejor oferta. Hertz, Avis y otras muchas ofrecen servicios que ahorran tiempo y que van desde las reservas por teléfono hasta disponer de un vehículo preparado y esperando en el punto de recogida, hasta formularios previamente rellenados que puede entregar al regreso, sin esperas innecesarias porque se le factura directamente a su tarjeta de crédito.

CONVIERTA SU COCHE EN UNA OFICINA MÓVIL

Nissan Motors e Hitachi, destacadas empresas japonesas, han unido sus fuerzas para transformar los coches en oficinas móviles. Según informa el *Wall Street Journal*, estas dos compañías, que son, respectivamente, el segundo mayor fabricante de coches de Japón y una de las tres grandes empresas fabricantes de computadoras de comunicación, planifican el desarrollo, producción y venta de teléfonos móviles, máquinas de fax, aparatos de televisión, grabadoras de videocasete y sistemas de navegación, todo ello en una sola unidad. Aunque todos estos instrumentos para el coche todavía son un producto accesorio caro, los representantes de la industria esperan que se produzca un rápido crecimiento a lo largo de la próxima década, y ya han calculado que habrá unos 40 millones de usuarios en el conjunto de Estados Unidos y Japón para el año 2000. Las consecuencias para el ahorro de tiempo son evidentes.

AHORRE TIEMPO EN LA PRESENTACIÓN

Habitualmente, presentarse para tomar un vuelo significa hacer largas colas y esperar tiempo, de hasta una hora y media en las rutas internacionales, para facturar el equipaje y obtener la tarjeta de embarque. Las cosas están mejorando en ese sentido, incluso con el aumento de las comprobaciones de seguridad, y se ha vuelto a intentar reducir el tiempo de embarque. Ahora, la mayoría de las líneas aéreas dispone de mostradores especiales para la presentación en las clases primera y *business*. Los pasajeros de Swissair pueden hacerlo internacionalmente incluso por teléfono. Al llegar al aeropuerto, encuentran preparadas las tarjetas de embarque y del equipaje, lo que reduce la espera de un vuelo a la recomendada media hora antes de embarcar.

La presentación del equipaje de líneas aéreas en los hoteles ha demostrado ser extremadamente popular en Europa, el Lejano Oriente y algunos lugares de Estados Unidos. También está aumentando la popularidad de la presentación en oficinas situadas en el centro de la ciudad. American Airlines, por ejemplo, permite la presentación en sus servicios de la estación Victoria de Londres, cerca del andén expreso a Gatwick. Allí se obtiene la tarjeta de embarque y luego se toma el tren especial con destino al aeropuerto.

Cathay Pacific dispone de un punto de embarque en Kowloon (Hong Kong) y la Korean Air tiene otro en la terminal aérea de Seúl. También es posible la presentación en el centro de Tokio y en otras muchas ciudades del Lejano Oriente.

Si está en Suiza, puede utilizar el billete vuelo-ferrocarril, que le permite consignar las maletas con Swissair, ya sea en Estados Unidos o en las estaciones aéreas y de ferrocarril de Zurich y Ginebra, y recogerlas en su punto de destino.

Al darse cuenta de que muchos hombres de negocios que viajaban necesitaban trabajar a bordo, muchas líneas aéreas han puesto a su disposición un equipo de oficina gratuito. Algunas han instalado teléfonos aéreos e incluso celulares portátiles. Otras, habitualmente intercontinentales, disponen de computadoras a bordo. Singapore Airlines y JAL ofrecen servicio de fax. No obstante, los viajeros de negocios o profesionales que tienen que trabajar a bordo se llevan cada vez más su propio equipo.

Muchos ejecutivos señalan que tienen que tomar medidas defensivas para asegurarse de que, si tienen la intención de trabajar, no se verán molestados por los compañeros de asiento. Demostrar que se está ocupado suele funcionar, pero la mejor táctica consiste en solicitar que se le asigne un asiento cercano a un espacio libre, si se dispone.

Si viaja solo, aprenda a desconectar los ruidos del viaje para poder concentrarse mejor y aprovechar ese precioso período de tiempo tranquilo. Un ejecutivo, Jimmy Williams, miembro del consejo directivo de SunTrust, se coloca los auriculares que proporciona la línea aérea y apaga el volumen para dedicarse a leer o realizar otros trabajos, desanimando así las interrupciones. Otros, como Robert Crandall, miembro del consejo directivo de American Airlines, piden una bolsa de basura para ir tirando el papeleo que no desean conservar. Lawrence A. Appley, que fuera presidente de la American Management Association, dice que él selecciona invariablemente un asiento que se halle situado justo bajo la pantalla de televisión, donde ver la película resulta tan inconveniente que ni siquiera se siente tentado de hacerlo.

También se pone a trabajar en seguida para que su compañero de asiento no entable ninguna conversación ociosa.

Las grabadoras y los dictáfonos portátiles son, según mi experiencia, los que pueden ahorrar más tiempo durante un vuelo. Como son pequeños, se puede grabar sin molestar físicamente a los que le rodean, deteniéndose y volviendo a empezar según lo exija el flujo de palabras. Puede dictar correspondencia, memorándums, informes, observaciones, ideas y sugerencias. Luego, al bajar del avión, su cinta de casete está preparada para la transcripción y la acción.

Escuchar audiocasetes es otra forma importante de ahorrar tiempo, ya que a menudo son mucho más interesantes y gratificantes que la música o la película que puede oírse por los auriculares de la compañía aérea, que invariablemente resulta ser algo que ya ha visto antes o que no desea ver.

Tal y como se ha indicado en otra parte, las computadoras portátiles reducen cada vez más su peso y tamaño, al mismo tiempo que aumentan velocidad y capacidad. Las de marcas destacadas, como Toshiba, Zenith, Epson y Tandy, tienen ahora unos pesos que no representan ningún inconveniente para viajar con ellas. Pueden contener una amplia variedad de software de ayuda en el trabajo o servir, simplemente, como procesadoras de texto.

EL ESPECIAL NOCTURNO

Si anda escaso de tiempo, considere la idea de desplazarse en un vuelo nocturno, en lugar de diurno; este problema no existe prácticamente en los vuelos intercontinentales, que en su inmensa mayoría se desarrollan por la noche. Los siguientes son algunos consejos para aprovechar las oportunidades de los vuelos nocturnos para dormir:

- Aprenda a dormir en vuelo, incluso en aquellos aviones donde no disponga de espacio suficiente para extender las piernas.
- Lleve siempre ropa o un traje cómodos, preferiblemente resistentes a las arrugas. Dormitará más cómodamente y al llegar no tendrá el proverbial aspecto del que se acaba de levantar de la cama.
- Asegúrese de quitarse los zapatos. En algunos vuelos de larga distancia ofrecen zapatillas. Pida una o dos almohadas extras y una manta.
- Estimule el quedarse dormido con un antifaz para los ojos (que ya no se proporcionan tan generosamente como antes, por lo que es mejor que lleve el suyo), y utilice una almohada inflable en forma de U, especial para viaje. Estas almohadas le proporcionan comodidad, aunque el asiento no se recline mucho.

CONSIGA CHEQUES DE VIAJE ANTE DE SALIR AL EXTRANJERO

Si tiene que desplazarse a varios países extranjeros y el tiempo es importante, considere la idea de adquirir cheques de viaje en dólares, marcos alemanes, francos suizos, francos franceses, liras italianas, pesetas, etcétera, de modo que no tenga que perder tiempo cambiando apresuradamente donde llegue. Dispone de cambio de monedas en muchos lugares.

Muchos de los principales bancos también ofrecen cheques sin la tarifa del uno por ciento, que personalmente considero excesiva. Los cheques permiten la restitución en caso de pérdida o robo, y puede guardar para un viaje posterior aquellos que no haya utilizado.

CONSEJOS EN LAS ADUANAS PARA AHORRAR TIEMPO

Aunque conozca el país de destino, es conveniente ponerse en contacto telefónico con el consulado para confirmar que no han cambiado las normas sobre visado, importación de productos de uso, exención de impuesto por compras, etcétera.

AHORRE TIEMPO EN EL HOTEL

El hotel puede convertirse en su hogar lejos del hogar, así como en una forma de ahorrar mucho tiempo y esfuerzo, dice Donna Simmons, de Hyatt International, Chicago. La cadena Hyatt dirige más de 160 hoteles en Estados Unidos y otros países. He aquí cuáles son sus consejos:

• *Confirme siempre las reservas*. Obtenga confirmación por escrito o anótese el número de confirmación de su reserva.
• *Localice el mejor hotel*. A menudo, las grandes cadenas disponen de diversos emplazamientos en las grandes ciudades. Una de las razones por las que muchos viajeros actuales prefieren alojarse en los hoteles de los aeropuertos es porque, teniendo que reunirse con personas que llegan desde diversos

lugares, no hay necesidad de emplear el tiempo que se consume en acudir al centro de la ciudad.

● Si su presupuesto de viaje se lo permite, si es miembro de un club, dispone de cupones de descuento o puede permitírselo, *intente reservar su habitación en los pisos para ejecutivos*, como, por ejemplo, en el Regency Club de Hyatt. Estos pisos ofrecen servicios muy útiles, periódicos matinales y, a menudo, una amplia variedad de amenidades adicionales, incluyendo un desayuno ligero en un comedor privado, a muy poca distancia de su habitación, lo que elimina el inconveniente de tener que hacerlo en un comedor principal o cafetería que a menudo se encuentran atestados.

● Si reserva directamente, prácticamente todos los hoteles y cadenas principales, tanto nacionales como internacionales, ofrecen este servicio que permite *reservar las mejores habitaciones al mejor precio posible*. Reserve con toda la antelación posible y confirme con un número de tarjeta de crédito. Si cancela antes de las doce de la mañana, no ha perdido nada. Si finalmente emprende el viaje, siempre dispondrá de mejores posibilidades.

22

Personal pero no privado

A continuación se dan algunos consejos que le ayudarán a prestar la mayor atención posible a su salud y sus necesidades personales, aunque con el mismo objetivo de planificar y controlar el tiempo que hemos venido siguiendo en otros capítulos.

MANTÉNGASE EN FORMA

La gente se está dando cuenta cada vez más de que el ejercicio adecuado es la clave de una buena salud. En una encuesta reciente, el noventa y tres por ciento de las personas que respondieron estuvieron de acuerdo en que el ejercicio es una de las mejores cosas que pueden hacerse para conservar la salud. No obstante, las personas ocupadas y ambiciosas descuidan a menudo esta necesidad vital. El doctor James M. Rippe, en un suplemento especial de *Newsweek* sobre la salud, comentó recientemente que las personas inactivas se enfrentan a un riesgo dos veces superior de sufrir un infarto que las personas activas. Para ayudarle a comprender lo fácil que resulta iniciar y mantener un ejercicio regular con un mínimo empleo de tiempo, el doctor Rippe ofreció los diez consejos siguientes para «seducirse a sí mismo a mantenerse en forma», basados en un estudio que realizó para el consejo presidencial para Agilidad Física y Deporte:

1. *Desarrolle un plan específico.* No abandone la práctica del ejercicio a la casualidad. Puede que termine convirtiéndose en lo último de su programa diario y que, sencillamente, no lo haga. Si sabe que va a estar ocupado, planifique sus actividades desde el principio del día para conseguir un poco de ejercicio subiendo la escalera para acudir a una cita, o caminando con rapidez para ir a almorzar, utilizando esos minutos para lograr un saludable autobeneficio.

2. *Establezca objetivos realistas.* Al planificar un programa de ejercicios para realizar en un tiempo limitado disponible, quizás olvide que ha necesitado una serie de años para caer en un estilo de vida sedentario. No cometa el error de salir y echar a correr o caminar bruscamente cuatro o cinco kilómetros la primera vez que lo haga. El resultado será la inflamación, el desánimo y el dolor. Establezca sus objetivos realistas de acuerdo con su estado físico actual.

3. *Utilice equipo de motivación.* No vacile en los preparativos preliminares para un programa de ejercicios. En los últimos cinco años se han realizado avances importantes en la fabricación de equipo para facilitar la práctica del ejercicio regular, haciéndolo más seguro, más motivado y en menos tiempo. Si tiene la intención de caminar, cómprese calzado adecuado. Las zapatillas para correr son vitales para

quienes practican el *jogging*, y la ropa de nailon o resistente al agua le permite practicar ejercicio al aire libre incluso con tiempo inclemente. Muchas bicicletas fijas y otro tipo de equipo para la práctica de ejercicio en el hogar le permitirán aprovechar el tiempo, quemar calorías y pedalear kilómetros, todo lo cual es estimulante.

4. *Establezca un momento y un lugar definitivos.* Trate su sesión de ejercicio físico como si fuera una cita prioritaria anotada en su dietario. Si establece un momento y un lugar definitivos, es mucho más probable que cumpla el programa que si deja la oportunidad al azar.

5. *Implique a la familia y a los amigos.* Los estudios demuestran que aquellas personas que implican a otras en la decisión de hacer ejercicio tienen mayores probabilidades de atenerse a los programas establecidos que aquellas que lo hacen por su cuenta. El apoyo del cónyuge es particularmente crítico. Los niños también pueden participar, lo que constituye una forma excelente de convertirlo en parte de la vida familiar.

6. *Varíe las actividades.* La mejor forma de luchar contra el aburrimiento en la práctica del ejercicio consiste en impedir que eso suceda. Diversifique sus actividades físicas diariamente, de acuerdo con la estación. Camine un día y nade al siguiente.

7. *Evite hacerse daño.* Utilice técnicas apropiadas, lleve y use el equipo correcto, y haga ejercicios de precalentamiento y de enfriamiento. El equipo bien diseñado y mantenido también reduce el riesgo de hacerse daño.

8. *Aumente el ritmo gradualmente.* El cambio físico sólo se produce lentamente. El objetivo es el de establecer una pauta de actividad consistente e

incrementada que dure toda la vida. La mayoría de los estudios de investigación demuestran que las mejoras del estado físico, en cuanto a aumento de la capacidad aeróbica o de la fortaleza, se producen a un ritmo del uno al dos por ciento semanal. Por tanto, aumente el ritmo gradualmente.

9. *Lleve un registro.* La mayoría de los atletas experimentados lleva registro de sus ejercicios, lo que constituye una buena idea también para los no profesionales. Resulta muy estimulante poder mirar atrás, una vez transcurridas varias semanas o meses, o incluso años, y comprobar cómo los esfuerzos han permitido un aumento de la salud y la felicidad personales. Que no sea demasiado elaborado: un calendario de pared o una X marcada en su dietario serán suficientes.

10. *Ofrézcase recompensas.* Si decide practicar ejercicio dos veces a la semana, una vez que lo haya conseguido a lo largo de un mes completo, vaya a la librería y compre como recompensa el libro que deseaba leer, o lleve a su esposa a cenar para felicitarse por una vida en común más sana. Las recompensas sencillas le recuerdan que es usted el que controla la situación y que son sus propios esfuerzos los que determinan su calidad de vida. El doctor Rippe concluye diciendo: «Seducirse a sí mismo para mantenerse en forma significa que debemos aprovechar las oportunidades sencillas y cotidianas de que podemos disponer para aumentar la actividad física y convertirla en una parte divertida de nuestras vidas».

Si hace ejercicio en casa, utilice el tiempo en el que normalmente ve la televisión para realizar ese ejercicio que tanto necesita, colocando el equipo adecuado en la misma habitación.

Uno de los ejercicios que me han parecido de un interés particular, sobre todo para aquellos que no desean formar el cuerpo en exceso, es el esquí nórdico de campo a través, o ejercicios basados en los movimientos del esquí de campo a través que pueden practicarse en casa. Sustituye al ejercicio practicado con bicicletas y remos fijos. Los propietarios de este equipo durante más de cinco años lo utilizan una media de tres veces a la semana durante sesiones de veintidós minutos de media, en lugar de seguir la pauta típica de quien compra el equipo y lo abandona, como suelen hacer tantos entusiastas del ejercicio que luego no mantienen sus propósitos.

VISITAS AL MÉDICO Y AL DENTISTA

Con la creciente sobrecarga de pacientes que experimentan los especialistas médicos, dentales y de otros servicios de salud, acudir a las consultas con frecuencia suele consumir tanto tiempo que la gente suele dejar de lado lo que sería necesario hacer, sabiendo que una entrevista de diez minutos con un profesional puede significar una hora de tiempo de espera, o el uso de casi medio día.

A fin de acelerar este proceso, considere lo siguiente:

● Intente establecer sus citas para las mañanas, antes de ir al trabajo, explicando las presiones de tiempo a las que se ve sometido, y pidiendo la primera cita del día. Levantarse temprano para ser el primer paciente puede ahorrarle mucho tiempo.

• Como sea que el personal médico también se ve sometido a mucha presión, a menudo se encontrará con que las explicaciones que le dan sobre su problema o necesidad no son del todo comprensibles. En la obra *Pruebas médicas y procedimientos de diagnóstico*, el doctor Phillip Shatsel afirma la necesidad de quitar el misterio de las pruebas médicas. Leer algo relacionado con su problema (o con lo que cree ser su problema) y llamar la atención del médico o del dentista acerca de la cuestión puede ahorrarle tiempo. Es posible que el profesional no esté de acuerdo pero, al disponer de una información autorizada sobre la que basar las preguntas que haga, contribuirá a acelerar las respuestas.

• Los artículos médicos que suelen publicar los grandes periódicos también ayudan a ahorrar tiempo. Una gran cantidad de publicaciones de prestigio insertan artículos cuidadosamente investigados y bien escritos. Aunque eso despertó en otros tiempos reacciones profesionales negativas, tales informes han mejorado tanto, que ahora puede hacer frente a las preocupaciones relacionadas con la salud, tanto de usted como de su familia, en un tiempo mínimo.

CONSEJOS DE UN MÉDICO NOTABLE

Los médicos son personas muy ocupadas, y muchos de nosotros no siempre tenemos la sensación de que nos dedican el tiempo que necesitamos. El doctor Christopher Lindstrom, especialista en otología y neurotología, equilibro del oído y desórdenes nerviosos vocales, asociado con la Enfermería del Ojo y el Oído de Nueva York, me dio varios consejos para ahorrar tiempo y aumentar los beneficios obtenidos de la visita al médico y del tratamiento. Antes de hacer la primera visita, aconseja lo siguiente:

- Trate de conseguir copia de todos los registros médicos pertinentes: exámenes y análisis de sangre, placas de rayos X e informes de estudios especiales.
- Prepare una lista mecanografiada de cada medicamento que toma.
- Si previamente le han practicado estudios externos, llame con antelación para asegurarse de que éstos han llegado a la consulta.
- Llame primero para llegar a un acuerdo sobre las disposiciones financieras. La mayoría de los médicos prefiere dedicarse al cuidado de los pacientes y deja las cuestiones financieras en otras manos. Virtualmente cada consulta dispone de una persona que sólo se dedica a eso: maneja el seguro, la facturación, etcétera. No programe una visita si su seguro no la cubre o si no está dispuesto a pagarla. Tiene derecho a saber por adelantado cuánto le costará y cuál es la política que aplica la aseguradora en cuanto a la consulta de especialistas.
- Si se le han hecho estudios externos, lleve a cabo sus tareas de casa; tómese tiempo para conseguir las placas de rayos X (y no simplemente los informes), los resultados de los análisis, etcétera. Es usted quien tiene la responsabilidad de obtener los informes externos, en la medida en que es usted quien tiene un problema y el que acude a la consulta.
- Si tiene un historial médico amplio y difícil,

quizás sea mucho mejor que lo anote todo, lo que le ayudará a no olvidar nada importante. No espere que el médico sea un adivinador. Ante la pregunta «¿Cuál es el problema?», al médico no le sirve de gran ayuda que le conteste: «Dígamelo usted, que es el médico». Aunque haya repetido su historia cien veces, hacerlo una vez más quizás sea la que permita a un nuevo médico encajar todas las piezas del rompecabezas. Sea conciso y concienzudo; se trata de su propia vida y nadie mejor que usted para aportar los detalles pertinentes.

- Si acude a un especialista por primera vez, pida al médico de cabecera que le envía que le redacte una breve nota o que haga una llamada telefónica previa al especialista.

- Si desea someterse a un chequeo, llame con antelación para comprobar que los estudios previos han llegado a la consulta del médico. Anótese las preguntas que hayan podido surgir desde la visita anterior. La mayoría de las personas siempre se olvida una o dos.

- Sea razonable con sus llamadas telefónicas al médico. Si tiene una pregunta urgente que plantear, deje un número de teléfono en el que se le pueda localizar con absoluta seguridad. Eso ahorra tiempo tanto al médico como al paciente. No obstante, recuerde que los médicos no son servicios de respuesta por teléfono.

MEDIDAS HOGAREÑAS SOBRE LA SALUD

Conocer la presión sanguínea, el nivel del colesterol y toda una variedad de otras lecturas exigía tiempo para programar una visita al médico o a una clínica, con todo el tiempo que eso solía consumir. Ahora, una variedad cada vez mayor de instrumentos le permiten hacer lo mismo en casa. Si su lectura se desvía con respecto a lo que su médico le dice que es normal, llame por teléfono para recibir el consejo apropiado. En Estados Unidos, MediSense ha desarrollado un artilugio que le permite medir su propio nivel de colesterol de un modo similar a como los diabéticos miden sus niveles de glucosa en la sangre. Según el *Wall Street Journal*, las pruebas para conocer el nivel de colesterol exigían hasta ahora que los técnicos utilizaran maquinaria de laboratorio. El nuevo instrumento (que en diciembre de 1990 todavía estaba pendiente de la necesaria aprobación reguladora) tendrá el tamaño de una pluma.

PSICOTERAPIA POR TELÉFONO

Si usa la psicoterapia, como acostumbran hacer tantos realizadores de éxito en estos tiempos, debe conocer la última manifestación de nuestra sociedad móvil y ansiosa: la terapia por teléfono. Según Emily Joffe en *Newsweek* (19 de noviembre de 1990): «Es una respuesta para personas que funcionan mediante transferencia psicológica cuando se trasladan a otra ciudad y, debido a los apretados programas de trabajo y a las diferencias de las zonas horarias, establecen contacto con terapeutas desde teléfonos públicos, habitaciones de hotel o despachos».

Newsweek cita a la doctora Ellen McGrath, una psicóloga de Nueva York: «Creo que la terapia por teléfono será una de las grandes terapias del futuro». El propio traslado de la doctora Mc-Grath desde Los Ángeles la indujo a iniciar la atención por teléfono desde otra zona. Su grupo de asesoramiento introdujo el servicio por teléfono para poder dirigir las sesiones desde la Costa Este. Como quiera que sólo dispone de un tiempo limitado para ver a todos sus pacientes personalmente, éstos la llaman por teléfono cada vez que están dispuestos a discutir sobre algo que crean puede ayudarles a resolver una variedad de problemas de salud.

Desventajas: el terapeuta no puede observar el lenguaje del cuerpo, ni la expresión facial, y lo mismo sucede a la inversa. La terapia por teléfono se presta mejor a soluciones provisionales y rápidas, antes que a la libre asociación considerada como aspecto clave para el éxito del tratamiento. No obstante, puede ahorrar tiempo a algunas personas, y se ha indicado aquí por su valor potencial para el futuro.

23
Tareas personales

Necesita su salud para sí mismo, su familia, su trabajo y todas las demás actividades de su vida cotidiana, y hasta para atender con rapidez a todas las tareas personales que se acumulan en su programa. Afortunadamente, a medida que aumenta el ritmo de nuestras actividades aparecen nuevas técnicas, servicios, máquinas, sistemas y organizaciones que pueden ayudarnos a reducir el tiempo necesario para realizarlas.

A continuación se ofrecen una serie de ideas que puede usted adoptar con éxito a la hora de manejar su propio ámbito de tareas personales. Esas ideas se refieren a los individuos (hombres, mujeres y familias). Seleccione las que le parezcan más prácticas sabiendo que, una vez haya incorporado el hábito que le permite ganar más tiempo, también pensará en otras muchas personas que le importen. Las que se refieren específicamente al hogar y a la familia se tratan en un capítulo posterior.

Muchos de los aspectos de nuestra relación personal con los bancos necesitan reducirse mediante nuevos métodos capaces de ahorrar tiempo personal. Los siguientes son algunos ejemplos extraídos de la revista *Working Woman* y otras:

• Deposite directamente su salario en su cuenta bancaria, eliminando así detalles de correspondencia o tener que hacer colas. Todas las empresas bancarias ofrecen esos servicios.

• Dé a su banco la orden de pagar automáticamente las facturas regulares, como la hipoteca o los servicios. De ese modo no perderá tiempo extendiendo cheques y enviándolos por correo. No obstante, al utilizar estos servicios es importante comprobar los extractos bancarios para detectar los errores.

• Si necesita dinero con regularidad, pídale a su banco o caja de ahorros que transfiera una cantidad específica desde los ahorros a elevado interés para ser repuesta cada mes.

• Guarde las facturas en una carpeta en cuanto las reciba, o agrúpelas con un sujetapapeles, junto al talonario y el bolígrafo. Puede pagar las facturas en los momentos en que se emiten los anuncios en los programas de televisión, o en otros momentos en los que no tenga otra cosa que hacer.

• Consolide las operaciones con su banco, de tal modo que reciba toda la información sobre cheques y cuentas de ahorro en un solo extracto. Todos los bancos ofrecen este servicio.

• Elija un banco que disponga de máquinas automáticas cerca de su hogar o su lugar de trabajo, y con conexiones tanto a nivel nacional como internacional.

CONSOLIDACIÓN DE LOS SEGUROS PARA AHORRAR TIEMPO

Muchos de nosotros tenemos pólizas con varias compañías de seguros, adquiridas en diversos momentos y por razones olvidadas ya hace mucho. Considere la posibilidad de tener un solo agente de seguros que se encargue de solucionar todas sus necesidades sobre seguros, lo que le permitirá ahorrar mucho tiempo, en lugar de tener que tratar con muchos aseguradores. Muchas grandes empresas financieras disponen de una variada oferta de servicios unificados.

- Reduzca el número de pagos por realizar. Por ejemplo, si es posible, pague una sola vez al año para no tener que extender cheques mensuales y evitar lo que cobran a menudo las compañías para cubrir el procesado del pago de facturas múltiples que cuesta tanto tiempo.
- Asegúrese de tomar buena nota de los números de póliza de los diversos seguros, fechas de emisión y números familiares en su dietario particular, para tenerlos a mano cuando los necesite.
- Como forma de ahorrar tiempo en sus inversiones, elija alguno de los fondos de inversión que ofrecen una cartera diversificada de bonos y acciones. Evalúe las ventajas y desventajas, los riesgos bajos y altos, las exenciones de impuestos y las inversiones en el extranjero, la gratuidad o no de la gestión del fondo, etcétera. Después, haga un se-

guimiento diario del comportamiento de sus valores, en lugar de dedicarse a la tarea de seleccionar y controlar constantemente la cartera individualizada, que tanto tiempo consume.

SISTEMAS FINANCIEROS PERSONALES POR COMPUTADORA

En la actualidad, el software relacionado con el pago de impuestos puede hacer mucho más que rellenar los formularios de la declaración. Muchos de estos sistemas ahorran tiempo y dinero y son muy valiosos a la hora de configurar su estrategia de inversión y de ahorro. Algunos ofrecen consejos sobre impuestos estatales y seguros. Según *Business Week* (12 de noviembre de 1990), ahorran muchas horas en la medida en que muchos de ellos comparten información con uno o más programas de preparación de declaraciones.

Sin embargo, aprender a acelerar estos programas puede constituir un verdadero dolor de cabeza para quienes todavía practican la contabilidad no estructurada. El software le obliga a pensar meticulosamente en sus asuntos financieros. Categorizar los gastos y las fuentes de ingresos no es más que el principio. Necesitará varios horas para empezar, aunque sólo se trate de un programa sencillo; según dice *Business Week*, hay que emplear todo un fin de semana para empezar a comprender superficialmente algo de matices tan ricos como los programas de software de *Gestione su dinero* o *Creador de riqueza*.

Si es usted un individuo o familia muy atareados o, sencillamente, no puede ocuparse de todas las tareas propias del hogar dentro del tiempo de que dispone, considere la proliferación de agencias de servicio doméstico que se ha producido en la práctica totalidad de las grandes ciudades. Acuden a su casa para encargarse de toda la limpieza y arreglos, incluso de las ventanas. Muchas empresas envían equipos de trabajo y aseguran la presencia de expertos en diversas tareas domésticas capaces de completar los trabajos en menos horas y a un coste menor. No obstante, lo que cobran no es precisamente barato. Los servicios pueden ser útiles quizás para realizar grandes limpiezas generales una vez al mes, de modo que los demás miembros de la familia puedan ocuparse de las tareas menos arduas durante el resto del mes.

También encontrará una amplia variedad de otros servicios, aunque eso le costará un precio, naturalmente. Esos servicios van desde hacer colas para obtener billetes hasta renovar el permiso de conducir o el pasaporte, o ayudantes que esperen la entrega de mercancías y realicen al mismo tiempo tareas domésticas.

Vea las páginas amarillas, bajo encabezamientos como Ayuda doméstica o Conserjes personales.

TAREAS NAVIDEÑAS CONSUMIDORAS DE TIEMPO

A todos nos encanta hacer regalos por Navidad. No obstante, a veces tiene que emplearse mucho tiempo en el proceso de las compras (del que muchos detallistas dependen a menudo para obtener hasta la mitad de sus ingresos anuales), y sucede con frecuencia que es precisamente durante ese período del año cuando menos nos lo podemos permitir. Los siguientes son algunos consejos de Kate Marvin, extraídos de «Navidades en la Quinta Avenida», un suplemento distribuido por el *New York Times* (noviembre de 1990):

- Escriba y envíe sus tarjetas de felicitación navideña con tiempo suficiente para incluirlas en los paquetes en el momento de efectuar la compra, de modo que vayan con éstos.
- Muchas tiendas ofrecen regalos preparados previamente; compre varios de ellos, incluyendo alguno extra para personas en las que piense mucho después, tras haber salido de la tienda.
- Utilice servicios de mensajería para entregar los regalos de última hora.
- Considere la idea de comprar regalos en los grandes museos. Tanto en ellos como en las grandes bibliotecas y salas de concierto existen a menudo tiendas de regalos que ofrecen lo insólito y lo inesperado. Allí también obtendrá mejores precios que en el mercado, con descuentos para los miembros.
- Utilice los servicios de compra por teléfono. Muchos grandes almacenes disponen de servicios de compra de regalos por teléfono durante las veinticuatro horas del día, y aceptan tanto las propias tarjetas de crédito como las más importantes.
- Hágase una lista. Anote lo que ha comprado y para quién, y guarde la lista en el dietario, para la Navidad del año siguiente. Incluya direcciones y códigos personales, y conserve las facturas en una carpeta aparte.

24

Dormir y descansar mejor

Conseguir el sueño suficiente y correcto le permitirá sentirse siempre en las mejores condiciones posibles, y alcanzar los beneficios de ese día en el que puede ahorrar mucho tiempo. Para ello, sin embargo, muchos tienen que emplear una de las principales formas de ganar tiempo: reducir las horas de sueño. Es importante mejorar su habilidad para obtener todos los beneficios de un descanso esencial en cuanto se encuentre bajo las sábanas.

Aquellos individuos que, en períodos de tensión y mucha actividad, son capaces de utilizar pautas condensadas para dormir sin sufrir impactos adversos, pueden funcionar a un ritmo sobrecargado durante el tiempo necesario para llevar a cabo las grandes tareas asignadas. Richard de Rochemont, el famoso productor cinematográfico, creador de *La marcha del tiempo*, utilizaba el sistema de dormir durante breves períodos de tiempo entre las sesiones de trabajo. Dormía tres o cuatro horas, se despertaba con un impulso renovado, trabajaba durante cuatro horas y luego volvía a dormir, repitiendo la pauta. De Rochemont explicó: «Eso interrumpe mi tensión de trabajo, me hace sentirme fresco, y consigo reducir el período habitual de ocho horas de sueño a uno de cinco, ganando así tres horas cada veinticuatro».

Para la mayoría de nosotros, sin embargo, será suficiente conseguir un mayor y mejor descanso del tiempo que pasamos en la cama. He aquí algunas sugerencias acerca de cómo lograrlo:

● *Duerma lo que necesite realmente.* Si se despierta fresco, sin necesidad de despertador, ha tenido un descanso suficiente. Si descubre que tiene que hacer un esfuerzo para levantarse por la mañana, se engaña a sí mismo, y lo pagará en forma de tensión y falta de energía subsiguientes que le harán perder tiempo.

● *Dormimos más profundamente y descansamos más durante las primeras una o dos horas de sueño.* Durante este período los músculos se hallan más relajados, la presión sanguínea es más baja y la sensibilidad de la piel es mínima. Dormir hasta horas avanzadas de la mañana no permite descansar tanto como durante el sueño inicial después de acostarse.

● *Para dormir con mayor facilidad, pruebe a tomar un baño soporífero.* El agua caliente a 38 ºC, a la que se haya añadido una cucharadita de polvo de mostaza o de esencia de pino, permite normalizar y tranquilizar la circulación si se remoja durante veinte minutos. Al secarse, no se frote la piel. Métase en seguida en la cama, que debe haber preparado antes.

● *Relaje cuidadosamente cada uno de los músculos del cuerpo.* Una vez metido en la cama, relaje deliberadamente los músculos de los brazos, las piernas, el tronco y el cuello. Evite cualquier posición forzada y extiéndase.

- *Cree monotonía. El ajetreo impide el sueño.* Intente que el dormitorio esté lo más oscuro y silencioso posible, o utilice un antifaz para los ojos.

- *Elimine el ruido.* Pruebe con una de las cintas que hemos citado con anterioridad, que le ofrece el sonido del océano, junto con el mensaje subliminal que usted mismo escoja, o cualquier otra variedad de temas. Eso ayuda a arrullar el sueño, haciendo uso del proceso de su cerebro, sin hacer daño al resto.

MEJORE LA CALIDAD DE SU SUEÑO

Mejorar la calidad del sueño es otra forma de ahorrar tiempo para obtener sus beneficios en menos minutos cada día. Michael J. Thorpy, director del Centro del Sueño del hospital Montefiore de Nueva York, es citado por George Sullivan en *Despiértese listo, no tenso*, diciendo: «Al considerar el sueño que necesita, no importa cuántas horas pase en la cama; lo importante es la calidad del sueño que consigue». Para hacerlo así, dice Sullivan, pruebe con el ejercicio diario. Éste le producirá más descanso con menos horas en la cama. No obstante, no haga ejercicio dentro de las dos horas anteriores a acostarse. Evite durante el día los estimulantes como la cafeína. En la actualidad, existen en el mercado tantas marcas de café y té descafeinados, que puede lograr buena parte del placer y el sabor sin los efectos adversos. Una copa de vino o una botella de cerveza antes de meterse en la cama interfieren en el sueño; si toma demasiado, puede aparecer el insomnio. Según Sullivan, son mucho más efectivos un baño y un vaso de leche caliente.

Intente recortar el tiempo que pasa en la cama. Mediante reducciones de quince minutos a la semana, volviendo al nivel superior si se siente realmente fatigado durante el día o se da cuenta de que desciende su nivel de eficacia, puede ir disminuyendo su tiempo de sueño. Las necesidades de sueño de la gente varían mucho; Thomas Edison decía dormir sólo cuatro horas por noche; parece que Albert Einstein se pasaba durmiendo la mitad del día.

UNA CAMA MEJOR PERMITE AUMENTAR EL DESCANSO

Descansará mejor en una cama que no ejerza presión contra su cuerpo mientras duerme. Utilice sábanas de tejidos porosos, almohadas y colchones de espuma, y en invierno una manta eléctrica (eliminando así el amontonamiento de sábanas que impiden la circulación), edredones o mantas de tejidos térmicos que proporcionan calor al mismo tiempo que permiten la circulación del aire.

El colchón debe tener por lo menos un metro de ancho para poder girarse durante la noche sin despertarse por el temor a caerse. No debe ser tan blando como para que el cuerpo se hunda, haciendo necesario despertar para girarse. Busque muelles que no estén demasiado desgastados como para cumplir con su función.

Todos estos pasos le ayudarán a quedarse dormido con mayor rapidez y obtendrá así mejor descanso. A menudo, le permitirán despertarse una hora antes de lo normal y aún podrá disfrutar de los beneficios de pasar una hora adicional en la cama.

PASE MENOS HORAS DURMIENDO

Godfrey M. Labhar, en *El uso del tiempo*, dice que muchas personas duermen más horas de las que suelen necesitar. No hay ninguna fórmula para determinar el sueño que se necesita, ni siquiera en el caso de aquellos que realizan un mismo tipo de trabajo. La cantidad de sueño que necesite dependerá de su constitución, trabajo e inclinaciones personales. Como ya hemos indicado, algunas grandes figuras históricas se las han arreglado con cuatro o cinco horas diarias. Otros necesitan de siete nueve.

Mediante experimentación, puede usted determinar cuánto tiempo de sueño necesita, asegurándose así un mínimo. El tiempo que pasa durmiendo más allá de lo necesario para el descanso físico y mental es tiempo perdido, y acorta su vida en el número de minutos en lo que podría denominarse el «sueño excesivo» que duerme.

Es posible que esté durmiendo más tiempo del que necesita y, sin embargo, no quiera cambiar sus hábitos. Quizás disfrute tanto durmiendo, que eso constituya su mayor placer. Sin embargo, la creencia común de que todos necesitamos un mínimo de ocho horas cada veinticuatro no está fundamentada. La cantidad depende, en buena medida, de los hábitos de sueño, y éstos se pueden alterar.

El profesor Nathiel Kleitman, de la universidad de Chicago, especializado en estudios sobre el sueño y la energía, dice que, según demuestran los experimentos, las necesidades de sueño son únicas para cada individuo. La mayoría de los animales obtienen el descanso total que necesitan mediante una serie de cabezaditas. Si desea ahorrar tiempo de sueño, pruebe estos experimentos:

- Si ahora duerme nueve horas diarias, trate de reducirlas a ocho. Compruebe si se siente satisfecho con eso, no quizás la primera vez, sino al cabo de por lo menos diez días.
- Sea cual fuere su pauta de sueño, trate de recortar el tiempo total en media hora sin acostarse necesariamente más tarde.
- Durante un cierto período de tiempo, ponga el despertador por lo menos quince minutos antes. Utilice el tiempo así obtenido en hacer algo que realmente desea hacer. Después del descanso y la relajación de una buena noche de sueño, siempre puede lograr más en menos tiempo por la mañana.

El profesor Thomas J. Quirk, de la universidad Webster de St. Louis, comenta: «En realidad, la mayoría de las personas adultas sólo necesita seis o siete horas de sueño nocturno. Si está durmiendo más, eso es como un hábito, y no una necesidad. La mayoría de nuestros padres nos enseñó estas exigencias de sueño diario cuando éramos niños. ¿Por qué? Probablemente, porque necesitaban descansar de nosotros durante ocho horas. Si usted duerme menos, ¿puede hacer más cosas y seguir funcionando adecuadamente? Vale la pena considerarlo».

La falta de sueño dificulta ser un ejecutivo modelo que acude con rapidez y está siempre atento, dispuesto a hacer más en menos tiempo. Según Walter Kiechell, III, en *Fortune* (8 de octubre de 1990), las mejores estimaciones han calculado que por lo menos cincuenta millones de estadounidenses tienen problemas para dormir. Los que ocupan puestos directivos son tan inclinados al insomnio como el resto de la población, o quizás un poco más. Las personalidades activas, del llamado tipo A, sufren insomnio en un número desproporcionado. Los expertos atribuyen el problema al estrés, a la necesidad de relacionarse socialmente por las noches, a los continuos viajes en los que se cruzan las zonas horarias y, en general, a la adicción al trabajo.

Según Kiechell: «Si se cuenta usted entre los que sufren ocasionalmente de insomnio, conserve la esperanza. Al menos un poco. Es posible que no pueda controlar con toda exactitud el proceso del sueño, lo que significa caer inmediatamente dormido y lograr cinco horas de sueño ininterrumpido, profundamente satisfactorio y con los ojos cerrados. Pero puede emprender pasos para mejorar sus oportunidades de acabar en brazos de Morfeo».

Kiechell sugiere empezar por comprender lo que es el sueño normal. Aunque los expertos todavía no saben por qué dormimos, y por qué soñamos, se han aprendido muchas cosas sobre la fisiología básica. Por la noche, hay dos tipos de sueño: el de movimiento rápido de los ojos, o REM, y el que no es REM, llamado sueño ortodoxo, tranquilo o de ondas lentas. Durante la noche, estos dos tipos de sueño se alternan. Eso explica por qué es más probable que se despierte a las cuatro de la madrugada, a causa de una pesadilla sobre la última actuación lunática de su jefe, y no le ocurra a medianoche. Según *Fortune*, los investigadores sospechan que la creatividad es lo que más sale perjudicado como consecuencia de un sueño inadecuado. He aquí algunas sugerencias de las dadas por Kiechell:

• Trate de establecer un horario regular para levantarse diariamente. Eso le ayudará a evitar el llamado insomnio de la noche del domingo.

• Dése cuenta de que no puede trabajar febrilmente hasta la hora de acostarse y esperar quedarse dormido de inmediato. Deje por lo menos una hora o dos de esparcimiento antes de acostarse.

• Una vez en la cama, no trabaje, ni vea la televisión, ni discuta con el cónyuge, ya que, en tal caso, su mente no aprenderá a asociar el irse a la cama con el quedarse dormido.

• Por lo menos seis horas antes de acostarse, no tome cafeína o alimentos que puedan ser estimulantes, como por ejemplo el chocolate. No tome nada de alcohol por lo menos dos horas antes de acostarse.

• El ejercicio regular puede estimular un mejor descanso.

Si no puede usted dormir, Kiechell sugiere lo siguiente:

• Váyase a otra parte, encienda una luz y lea algo aburrido, o dedíquese a cualquier otro entretenimiento no estimulante, hasta que se sienta soñoliento.

• Resista la tentación de tomar una pastilla para dormir. Todos los especialistas en desórdenes del sueño aseguran que tomar sedantes más de una vez a la semana ya es demasiado.

Kiechell concluye: «Algunos expertos aseguran que el mayor problema a la hora de tratar a los ejecutivos insomnes consiste en superar su falta de voluntad para tomarse el tiempo necesario para mejorar sus hábitos de sueño. Qué tontería. Es mucho mejor considerar la habilidad para dormir bien como una forma de comprobar si estamos realmente sintonizados con el orden natural».

DORMIR MENOS PARA PROSPERAR

Para muchos de los que lamentan el hecho de que nos pasemos durmiendo la tercera parte de nuestras vidas, Dale Hanson Bourke, editora de revistas, ha encontrado una solución radical: dormir menos. Puede sentirse mejor y conseguir más cosas. En su libro ¡Felices sueños!* (Harper, San Francisco), ofrece un programa en seis pasos del que afirma que «añade horas a la semana, aumenta la energía y equilibra una vida más activa y plena».

Bourke explora muchos de los que ella denomina mitos relacionados con el sueño. En realidad, asegura que la reducción del sueño tiene conocidos beneficios, sobre todo para los insomnes y las personas que sufren depresión crónica. Para los millones de hombres y mujeres que no encuentran tiempo suficiente durante el día para satisfacer las respon-

* Publicado por Grijalbo, 1992.

sabilidades y necesidades personales, profesionales y familiares, su plan afirma constituir un método único para lo que ella describe como «una vida más equilibrada».

Bourke suplementa su plan con consejos sobre autovaloración, gráficos de tiempo, planificadores de actividad, dietario del sueño e información sobre el sueño. Ofrece sabios consejos sobre nutrición y que abarcan aspectos tales como el alcohol, las grasas y los azúcares, los medicamentos que contienen cafeína, y qué alimentos contienen elevadas cantidades de triptófano, inductor del sueño. Añade un apéndice informativo en el que aborda lo que describe como las dieciocho preguntas planteadas con mayor frecuencia sobre el sueño, e incluye una lista de más de ciento treinta clínicas especializadas en tratar los problemas relacionados con el sueño, divididas por estados.

Aunque no es doctora, científica, nutricionista o entrenadora, sino simplemente una persona que se ha dejado absorber por la cuestión del control del sueño como correlacionada con el control del tiempo, la propia experimentación de Bourke desafía muchas de nuestras suposiciones básicas sobre el sueño y expone muchas de esas creencias como «mitos no científicos». Bourke ofrece lo siguiente:

• Ocho horas de sueño no constituyen una necesidad. Los especialistas establecen la norma entre seis y nueve. Muchas de las personas de mayor éxito en el mundo duermen menos de seis horas sin comprometer por ello ni su salud ni su bienestar.

• No se es necesariamente un insomne si se tienen problemas para quedarse y mantenerse durmiendo. Es posible que sea usted, por naturaleza, una persona que necesite dormir poco.

310

• Si se siente cansado, eso no quiere decir que, necesariamente, le falte sueño. Sentirse cansado es con mayor frecuencia un síntoma de estrés, depresión o una alimentación pobre, nada de lo cual se solucionará durmiendo más tiempo.

Bourke está convencida de que no todas las personas son buenas candidatas para introducir una reducción del sueño como forma de ahorrar tiempo, capaces de añadir minutos e incluso horas al día, y cientos de horas al año. Aconseja que las mujeres embarazadas, las madres lactantes, los niños y los adolescentes, así como quienes tengan problemas médicos, permanezcan más tiempo en la cama.

Eso mismo debería hacer «todo aquel a quien no se le ocurra otra cosa mejor que hacer con su tiempo». A continuación, explica: «Si tiene la impresión de que al día le faltan horas para poder seguir todos sus intereses, ya se trate de ejercicio, de lectura, de una afición o simplemente de relajación, está preparado para zambullirse en la bolsa del tiempo y aprovechar lo que ha estado consumiendo en sueño».

Este libro, bien escrito y desafiante, observa que la mejor forma de utilizar el tiempo ganado al sueño consiste en realizar ejercicio. Según su propio método, ella se levanta media hora antes de lo que realmente necesita, y utiliza ese tiempo para pedalear en su bicicleta. La mejoría en la circulación sanguínea, la reducción del estrés y un aumento de la temperatura corporal gracias al ejercicio, le proporcionan la energía y el estado de alerta que necesita para cumplir con el resto de su programa de actividades, así como el ímpetu para reducir aún más el tiempo que necesita dormir. Finalmente, comenta: «El plan de gestión del sueño no se refiere en realidad al sueño, sino a vivir».

CONCÉDASE UN DESCANSO

Trabajar de tal modo que utilice cada momento para ganar tiempo no significa necesariamente ejercer una presión despiadada sobre sí mismo. A menudo, un descanso relajante en la rutina le permite mejorar los niveles de energía y entusiasmo que siguen al descanso, de tal modo que los intervalos posteriores a la relajación le permiten trabajar con mayor rapidez y mejor. Para ello son útiles las siguientes técnicas, citadas por Lester R. Bittel en *Justo a tiempo* (McGraw-Hill):

- Un descanso de diez minutos es una forma excelente de recargar las baterías.
- Si las presiones de tiempo son prolongadas, tómese un día de descanso o un largo fin de semana.
- Si el cambio ha sido turbulento en su organización, intente estabilizar los programas de trabajo, o restablecer un cierto grado de normalidad.
- Intente alternar la respiración profunda con la superficial. Es una técnica de aumento de la actuación utilizada a menudo para estimular o calmar a los atletas.
- Un descanso para practicar algo de ejercicio aclara la mente y relaja el cuerpo, aliviando la presión. En muchas partes del mundo, particularmente en Corea y Japón, toda la plantilla de las fábricas, incluyendo a los altos directivos, realiza ejercicios

de grupo por las mañanas y por las tardes. Tómese descansos refrescantes.

LA SIESTA LE PERMITE EMPEZAR DE NUEVO

Algunas personas que pueden disponer de esa facilidad, y que a menudo son los ejecutivos de más alto rango, creen que una pequeña siesta después del almuerzo equivale por lo menos a tres horas de descanso nocturno. El presidente Franklin D. Roosevelt, que disponía de una gran energía, a pesar de verse reducido a una silla de ruedas, aprendió que una siesta de media hora después del almuerzo le proporcionaba un poderoso impulso. Su sucesor, Harry S. Truman, tuvo la misma idea, así como la habilidad para dormir en casi cualquier parte y a cualquier hora. Mientras estuvo en la Casa Blanca, el presidente Truman gustaba de dar pequeñas cabezaditas en los momentos más extraños, especialmente antes de tener que pronunciar discursos importantes. A partir de quince a treinta minutos de descanso obtenía la energía para pasar dos horas de intensas conversaciones o conferencias.

Echar una pequeña siesta al llegar a casa, después de la jornada diaria, puede permitirle estar más lleno de energía durante el resto de la tarde y la noche, y resulta especialmente útil si se tiene que salir. Tenderse durante diez a quince minutos y cambiarse antes de cenar, constituyen un estimulante muy efectivo. Algunas personas prefieren diez minutos de relajación en una bañera llena con agua caliente, mientras que otras prefieren tomar una ducha. Sea cual fuere el método, este pequeño descanso le aporta una sensación refrescante y estimulante para la cena y las actividades nocturnas.

En América Latina, donde he vivido durante muchos años, dormíamos infaliblemente la siesta después del almuerzo. Eso se convirtió en uno de los momentos más preciosos del día. En muchos lugares, la siesta de las primeras horas de la tarde no es práctica, y el aire acondicionado ha reducido su necesidad imperativa. No obstante, un pequeño descanso antes de cenar proporciona los mismos beneficios que una siesta en cualquier otro momento del día.

25

Tareas domésticas

Según la revista *Time*, llevar una casa y criar a 2,4 niños (que es la media estadounidense) constituye en sí mismo un trabajo equivalente a cualquier otro que se realice a tiempo completo, como sabe muy bien todo aquel que lo haya tenido que hacer. La creciente rareza del servicio doméstico ha hecho mucho más que cualquier otro factor por reducir el tiempo de ocio. En el 57 por ciento de las familias estadounidenses, tanto la madre como el padre trabajan para sacar a la familia adelante. Sin embargo, alguien tiene que encontrar tiempo para preparar el almuerzo, acordar las citas con el pediatra, ir de compras, cocinar, arreglar la ducha, ocuparse de la ropa que hay que lavar, llevar a los niños a sus actividades extraescolares y muchas más cosas. El programa resulta muy apretado en aquellos hogares donde sólo hay un padre o una madre.

Según añade *Time*, las familias se enfrentan a la situación compartiendo las tareas, enseñando a los niños a colocar el asado en el horno después de regresar a casa, tras la escuela, dejándolos en guarderías durante el día, contratando a niñeras, intercambiando con otros padres jornadas dedicadas a cuidar de los niños, enviando la ropa a la lavandería y pidiendo pizzas. En resumen, se pasan buena parte del tiempo comprando tiempo, contratando en el exterior servicios para la familia o el hogar.

El coste de una parte del creciente número de servicios disponibles para obtener esta ayuda vale la pena si se tienen en cuenta los minutos que dejan libres, suponiendo que uno se los pueda permitir, algo que debe juzgarse estableciendo un valor para el propio tiempo. De la ayuda externa nos ocupamos en el capítulo siguiente. Aquí vamos a hablar de cómo usted y su familia pueden ahorrar tiempo en el hogar, en lo que tienen que hacer para disponer de más tiempo para hacer lo que realmente quieren hacer.

Empiece por lo siguiente:

• Analice las cosas que usted y su familia tienen que hacer con la misma precisión que si estuviera en el despacho, la tienda o el mundo del trabajo.

• Establezca bien sus objetivos y prioridades, de modo que pueda disponer con efectividad de más tiempo para aquellas cosas que sean de una mayor importancia para sus seres queridos o para usted mismo.

• Al mismo tiempo tiene que eliminar de su lista de tareas todas aquellas que pueda; en cierto sentido, debe delegarlas o compartirlas con el cónyuge, los niños y otros que vivan en el hogar, o en el grupo familiar.

Diariamente, se dedican a ello muchas horas, y se recibe muy poco reconocimiento o recompensa por ello. No obstante, y a riesgo de encolerizarle, podría apostar a que, si es usted el ama de casa, puede realizar su trabajo en una tercera parte del tiempo que necesita ahora, y obtener mejores resultados, por el método de dedicar algo de atención y acción concentradas a la tarea de simplificar y mejorar sus actividades. Por mucha planificación que se necesite, incluso en un hogar de sólo dos personas, como sucede en muchas pequeñas oficinas, uno debe enfrentarse con cambios constantes, no todos los cuales se prevén. ¿Cómo mejorar?

LA ORGANIZACIÓN FACILITA EL TRABAJO EN EL HOGAR

Organizar el tiempo es tan importante en el hogar como en el trabajo, pero a menudo resulta más difícil, según explica Kathryn Walker, economista del hogar en *US News and World Report* (25 de enero de 1982): «Cada familia debe establecer su propio estándar de lo que considera como importante o como una pérdida de tiempo. Eso se aplica desde las horas que se pasan con los niños hasta los minutos dedicados a la limpieza. Con respecto a esto último, la decisión sobre cuándo está limpia una cosa constituye un elemento clave para determinar cuánto trabajo se necesita para mantener una casa».

La señorita Walker indica que el horario del hogar sólo puede ser, en el mejor de los casos, una simple guía. Las rutas alternativas siempre son esenciales. En la vida laboral, los objetivos y valores que uno establece son guías para planificar y organizar su propio tiempo, con el propósito de conseguir más con menos esfuerzo. Pues bien, objetivos y valores similares deberían guiar la gestión del tiempo dedicado al hogar.

Muchas amas de casa hacen simplemente eso, sobre todo a medida que un número cada vez mayor de mujeres, antiguamente dedicadas tradicionalmente al mantenimiento del hogar, se dedica ahora a trabajar una jornada completa, por lo que a menudo necesitan que el cónyuge participe en igualdad de condiciones en las responsabilidades del mantenimiento del hogar.

Las tareas del hogar varían ampliamente según la naturaleza de la vivienda, el estatus económico y el estilo de vida. Las ideas que se ofrecen a continuación no pueden aplicarse a todos; no obstante, y como sucede con otras cosas capaces de ahorrar tiempo, si descubre dos o tres que pueda utilizar con cierta regularidad, es muy posible que hayan valido la pena nuestros esfuerzos conjuntos.

Adapte al hogar la organización del lugar de trabajo

No son exactamente lo mismo, claro está. En muchos sentidos, los problemas de ahorro de tiempo a la hora de organizar las actividades del hogar son mucho mayores que las que se plantean en la oficina. Ello se debe, fundamentalmente, a que en el lugar de trabajo predomina un objetivo sobre los demás: realizar las tareas y obtener beneficios al mismo tiempo. En el hogar, en cambio, el objetivo consiste en lograr que su «castillo» sea lo más agradable y gratificante posible para todos aquellos que comparten un mismo techo. No obstante, lo que ese objetivo pueda significar es algo mucho más fluido y multifacético que el simple dedicarse a la realización de unas tareas.

En la mayoría de los hogares hay continuas necesidades que satisfacer: comprar y poner comida sobre la mesa, las tareas propias para que todo funcione, adaptar las esperadas diferencias de puntos de vista entre los miembros de la familia. Los niños aparecen con su propio conjunto y compleja serie de necesidades y deseos. No obstante, una vez que haya determinado cuánto se tarda en preparar una comida, pasar el aspirador por la casa, etcétera, puede empezar a destinar minutos de tiempo de acuerdo con un programa esencial debidamente planificado y escrito.

LISTAS DIARIAS Y SEMANALES PARA AHORRAR TIEMPO EN LA CASA

La abogada Christine Beshar, que trabaja en una de las grandes empresas de Manhattan, a pesar de lo cual ha criado una familia de cuatro hijos, dice que un sentido lógico para el orden ayuda a gestionar el tiempo para desempeñar las tareas igualmente exigentes de esposa, madre y abogada, según afirma en el *Christian Science Monitor*. En menos de diez minutos al día hace una lista de las cuestiones que hay que solucionar. Sus hijos se encargan de realizar casi todas las compras de comida y dos noches a la semana se ocupan de preparar la cena. Otras noches, la señora Beshar llega a tiempo a casa para cocinar para su esposo, que también es abogado, y para los niños. Gracias a una buena organización, la señora Beshar ha podido no sólo llevar adelante su trabajo profesional y a su familia, sino que también ha encontrado tiempo par participar en las actividades de la iglesia, la universidad, el colegio de los niños y la Asociación de Abogados de Nueva York, y ha realizado muy bien todas esas actividades.

En relación con la gestión del hogar para ahorrar tiempo, la doctora Doris Williams, economista del hogar, sugiere lo siguiente:

● Escriba programas para cada uno de los procesos del hogar; es decir, gestión de las comidas, etcétera.

● Utilice el tiempo en relación con los niveles de energía.

● Utilice el método del «encaje»: una tarea ayuda a hacer progresar otra.

● Comprenda sus propias motivaciones y su sistema de valores en relación con la utilización del tiempo.

● Alcance un equilibrio entre el trabajo y el ocio en relación con los objetivos personales.

Finalmente, debe darse cuenta de que el tiempo es un recurso valioso que en ocasiones exige el uso extravagante de otros recursos, como el dinero. A veces, vale la pena pagar un servicio externo si eso le alivia de la necesidad de realizar ese trabajo.

Planificar y desarrollar métodos mejorados para todas las actividades del hogar puede ayudarle a ahorrar minutos que se añaden hasta convertirse en horas. Lo mismo que establecer prioridades, delegar responsabilidades y adaptar buenos programas basados en la experiencia de trabajo en los negocios, todo eso también puede ser muy efectivo en el hogar. Para conseguirlo, usted y su compañero/a o cónyuge y los demás miembros de la familia (incluyendo a los niños cuando tengan edad suficiente) deberían hacer primero una lista de aquellas cosas que se tienen que hacer diaria, semanal y sólo ocasionalmente. Divida esas tareas en los siguientes períodos de tiempo:

Antes de empezar la jornada de trabajo: establezca momentos escalonados para despertarse entre todos los individuos, y programas rutinarios matinales para evitar tensiones en el cuarto de baño. Anote cualquier otra rutina matinal.

Actividades durante el día: en programas coordinados, anote las necesidades de los niños para ese día (a quién hay que llevar a la escuela o a cualquier otra parte, y quién puede hacerlo por cuenta propia), programe las entregas o reparaciones, etcétera, en relación con la persona que pueda quedarse en casa o que esté fuera.

Al final del día: anote las actividades nocturnas por grupos, asignando sólo media tarde a cada gran tema durante los días laborables. Aquellas noches en que se sienta muy enérgico, podrá ocuparse de dos.

Una vez que haya dejado constancia de todo eso sobre el papel, puede empezar a hablar al respecto. Divida las responsabilidades y anótelas en un gráfico instalado en la pared.

No siga adelante sin tener en cuenta a aquellos que pueden ayudarle más. A los niños, y a otras personas que puedan vivir bajo el mismo techo, también les gusta ser consultados sobre los planes familiares, e incluidos en las recompensas del trabajo conjunto. Tal y como se ha señalado previamente, muchos esposos tienen la impresión de que es tarea de la mujer ocuparse de llevar la casa, aunque ella también trabaje. No obstante, cada vez se acumulan más pruebas que indican la necesidad de compartirlo todo en el hogar.

Las mejores formas de conseguir cooperación

Decidan conjuntamente, discutiendo el problema, quién se encargará de hacer qué. Evidentemente, no todo el mundo podrá hacer el trabajo ideal del hogar, por lo que aquí se trata de distribuir de acuerdo con las habilidades, necesidades y deseos, tal y como se hace en los negocios. Ya no existe ninguna actividad que sea obligatoria del hombre o de la mujer.

Los siguientes son algunos consejos para conseguir la cooperación de los miembros de la familia:

• Haga una lista de las tareas inevitables del hogar que le horroricen, pero que tambien le permitan distribuir el trabajo de acuerdo con las capacidades e intereses de todos, desde los mayores hasta los más jóvenes. No se apresure a descartar las sugerencias de los más jóvenes para ganar tiempo; a menudo no se ven limitados por el hábito, y pueden aportar ideas interesantes y originales.

• Asigne las tareas por semanas. Haga alternar las tareas, de modo que nadie se encuentre haciendo siempre lo mismo y quizá lo menos deseable. Nadie puede sentirse entusiasmado con todo. Probablemente, la cooperación mejorará si se alternan las tareas domésticas, y se ahorrará así mucho más tiempo.

• Las alabanzas, que raras veces se expresan en el hogar, constituyen una forma fácil de crear un ambiente cooperativo. Cuando la hija sabe que se aprecian sus cuidados, o el padre se da cuenta de que se es consciente de que aporta una contribución que nadie más podría hacer, disminuyen las viejas actitudes de desgana. Al alabar su actuación, no sólo logrará más ayuda, sino también alabanzas por el propio trabajo bien hecho en menos minutos, para poder disponer de más tiempo que disfrutar en actividades placenteras, tanto individuales como familiares.

LA SIMPLIFICACIÓN DEL TRABAJO AHORRA TIEMPO

Las ideas capaces de ahorrar tiempo en la realización de las tareas cotidianas proceden de muchas fuentes. Las que se exponen en la industria o en el comercio resultan a menudo difíciles de poner en práctica porque pueden afectar a otras personas. Pero cuando el trabajador es uno mismo, y el lugar le pertenece, el tiempo que se ahorra lo gana uno mismo, el cónyuge y los niños, no los demás, por lo que es muchísimo más valioso.

Esta clase de conceptos proceden de un examen desarrollado originalmente por la doctora Lillian Gilbreth para la Asociación Cardiológica de

Nueva York. Su objetivo consistía en demostrar a las personas que habían padecido un infarto cómo conseguir más con menos energía y en menos tiempo. Pero sus ideas funcionan lo mismo de bien para cualquier ama de casa. Otro pionero en este campo, el doctor Eugene S. Murphy, de la Veterans Administration, Nueva York, llevó a cabo estudios similares para los veteranos de guerra incapacitados. El doctor Murphy ha dicho: «La mayoría de las amas de casan realizan trabajos innecesarios para sí mismas. Son víctimas del hábito y de la tradición. Ya va siendo hora de que se detengan a pensar qué es lo que pueden eliminar de su trabajo».

Naturalmente, el tiempo que pase en cualquier fase de sus tareas domésticas debe hallarse relacionado con el grado de satisfacción obtenido. Si es una cocinera *gourmet*, por ejemplo, planificar y preparar una comida puede considerarse como un empleo valioso del tiempo. No obstante, si el objetivo consiste en servir a una o dos personas en el menor tiempo posible, con una variedad sabrosa, bien preparada y bien servida, aunque sin darle el tratamiento propio de un establecimiento de tres estrellas en la guía Michelin, querrá utilizar todas las técnicas disponibles y tanto equipo nuevo como pueda permitirse para hacer las cosas lo mejor posible y en el menor tiempo.

Consiga extras

• Haga una pequeña inversión para conseguir duplicados de objetos que se necesitan con frecuencia en todo hogar. *Artículos de aseo*: compre varios iguales a la vez, con lo cual a menudo logrará mejores precios. Eso le evitará tener que comprar constantemente los artículos esenciales. *Paraguas:* disponer de uno extra en el despacho puede ahorrarle un indecible tiempo de espera, contribuir a mantener su ropa en buen estado y evitarle molestias.

● *Herramientas de trabajo en el hogar:* manténgalas juntas, y vuelva a guardarlas en su lugar después de usarlas.

● Bolígrafos, blocs de notas, tijeras extra, pañuelos de papel, etcétera, guardados en diferentes lugares, evitan una búsqueda innecesaria cuando necesita esos objetos.

● Las perchas extra en el armario de invitados le evitarán tener que ir de un lado a otro cada vez que vengan visitas.

Ponga las cosas allí donde pueda encontrarlas

A menudo, encontrar las cosas representa la tarea doméstica que más tiempo consume. Tenerlo todo en su lugar, fácilmente localizable, es un ideal que pocos alcanzan. Posiblemente se diga a sí mismo que la razón por la que no logra ese objetivo es porque no desea convertirse en un esclavo de «la manía del orden». Pero la verdad es que, con la existencia de cierto sistema, le resulta mucho más fácil dejar las cosas en su sitio en lugar de dejarlas abandonadas en cualquier estantería.

Convierta en su primera prioridad establecer un lugar para cada cosa y volver a dejar cada cosa en su lugar, de modo que se convierta en un hábito adquirido que le ahorrará muchos minutos al día. Por ejemplo, aunque no pueda ver más allá de la punta de su nariz, la presencia de una funda para las gafas en la mesa de despacho o en la mesita de noche, o dejada en una estantería, le permitirá encontrarlas y ponérselas con suma facilidad, si las deja siempre en el mismo sitio. Haga lo mismo con todo lo demás que desee tener al alcance de la mano.

Disminuya los trastos de la casa

Los aspectos relacionados con los trastos de la casa pueden hacer que nos sintamos débiles, incompetentes y culpables por dejar que éstos nos controlen, dice Stephanie Culp, autora de *Cómo conquistar los trastos*, citada por Beverly Hall Lawrence en *Newsday*.

Una vivió con la desorganización durante años, pero se las arregló de algún modo. Entonces, un buen día, se nos ocurre pensar que tenemos un problema de organización de proporciones bíblicas. Se puede llegar a ser improductivamente desorganizada si el día se inicia con una crisis: no se localizan las llaves, no se encuentra nada apropiado que ponerse, se llega tarde al trabajo y las cosas no hacen sino empeorar. Si ahorrar tiempo no constituye estímulo suficiente, ahorrar dinero puede llegar a serlo.

Se paga el alquiler o la hipoteca por una cantidad fija de espacio; si los trastos ocupan el diez por ciento de un apartamento alquilado por 650 dólares, el inquilino paga realmente 65 dólares mensuales, o 780 dólares al año, para almacenar trastos.

Se ha creado una industria de recogedores de trastos porque la gente ha visto el impacto que éstos ejercen sobre su tiempo, y quiere recuperar el control de su vida. Los fabricantes empiezan a ofrecer una variedad de productos para ayudarnos a organizarnos.

Hay incluso tiendas dedicadas exclusivamente al tema, donde se venden por correo o al por menor cientos de objetos para colgar, guardar y ocultar los trastos. Pauline Hatch y Alice Fulton, de Kennewick, Washington, que se consideran a sí mismas como «terapeutas de trastos», calculan que, al ser contratadas para reorganizar un edificio medio de casi 2.000 metros cuadrados, tienen que enfrentarse a entre cuarenta y cinco y cincuenta enormes bolsas de basura con capacidad para 1.350 litros.

Consejos para organizar el armario

Neil Balter, presidente de la California Closet Company, sugiere lo siguiente:

- Cuelgue las piezas de un conjunto o de un traje por separado. Eso le permite imaginar con mayor facilidad otras posibilidades de combinación. Categorice los vestidos; es decir, ponga juntas las blusas, los pantalones, las faldas, las chaquetas, etcétera.
- No guarde en cajones lo que pueda dejar doblado y colocado en estanterías. Se suele olvidar lo que se tiene si no está delante de usted.
- Guarde los bolsos en posición plana, llenos de tela, sin apretar, en una estantería o en un cajón.
- Mantenga en el interior de la puerta del armario una lista de lo que ha enviado a la lavandería, lo que necesita reparación o llevar a la modista y qué conjuntos se ha puesto y le han encantado, pero cuyo emparejamiento podría olvidar.
- Las bufandas y los pañuelos pueden guardarse, plegados, en una serie de cajones. Si éstos son transparentes, los pañuelos y bufandas se pueden

ver con facilidad sin necesidad de abrir los cajones. También puede colocarlos en un colgador de trapos de cocina fijado a una puerta o una pared, o en barras de toallas cortas o incluso en una percha convencional.

- Conserve los calcetines y las medias sin hacer nudos. Guarde las medias en bolsas de plástico transparentes. Separe los calcetines por colores y guárdelos por separado. Ponga en cada bolsa una etiqueta que indique el uso al que la destina, incluyendo aquellas en las que sólo se guarda la ropa interior. Meta los calcetines y las medias en pequeñas bolsas de compra que puede colgar de las perchas, de colgadores de plástico fijos, o en cajas de plástico de colores claros.

- No cuelgue en perchas los suéteres, jerseys de lana o similares. Dóblelos para que mantengan la forma, evitando así tener que plancharlos y gastar un tiempo precioso.

- Las redes de plástico colgadas de la pared son útiles para mantener visible y accesible la bisutería. También puede guardar las joyas en un cajón, separado en compartimientos mediante el uso de un utensilio divisor de cocina. Los pendientes se guardan muy bien en cubetas para hielo.

- Mantenga los tejidos que desprenden, como la angora, lejos de aquellos que recogen, como el terciopelo.

- No cuelgue inmediatamente en el armario aquello que se acabe de quitar. Cuélguelo en el cuarto de baño durante un tiempo para que desprenda los olores (como el humo del tabaco) y para suavizar las arrugas.

- Elimine cualquier cosa con una de esas manchas que nunca se quitan, todo aquello que le guste pero que nunca se pone, lo que le sobre de las muy usadas ropas de fin de semana (siempre habrá más), zapatos con las puntas levantadas que no se haya puesto en un año, y cualquier cosa que no encaje con la calidad de lo que lleve puesto ahora.

- Los bolsos viejos casi siempre ofrecen un aspecto anticuado y desgastado con respecto a lo que suele ponerse ahora. Elimine las cosas básicamente anticuadas: el chaleco que hacía juego con su primer traje; la blusa blanca con el cuello grande y puntiagudo; la ropa interior muy desgastada; el abrigo que ya no hace juego con ninguna de sus chaquetas y que es demasiado corto para sus vestidos; la falda o los pantalones que le han quedado un poco demasiado pequeños desde hace tres años.

- Cada vez que compre algo nuevo, despréndase de algo viejo. Eso no significa que tenga que desembarazarse de su vieja chaqueta de estudiante o del vestido de su primer baile. Significa que debe envolverlos cuidadosamente en una tela y guardarlos en el garaje o en la buhardilla. Se trata de objetos que ya no utilizará, pero que tienen un valor sentimental, aunque no deberían ocupar un valioso espacio en su armario.

El centro de llaves del hogar

Las llaves deben mantenerse juntas allí donde sean accesibles y fuera del alcance de los niños pequeños. Considere un artilugio como el *Easy Key Finder*, un llavero que responde. Dé cuatro palmadas y emitirá un pitido electrónico. ¿Cuánto tiempo suele perder en buscar las llaves?

Ponga juntos los objetos relacionados

Ejemplos: objetos de golf o de cualquier otro deporte, necesidades para viajes rápidos, objetos para fiestas especiales. Conozco a una mujer que guarda inmediatamente toda la parafernalia de los partidos de tenis en una sola bolsa, de modo que cada vez que quiere salir a jugar sabe que todo está junto y no necesita andar buscándolo. Esa misma clase de planificación y de preemplazamiento para guardar las cosas se puede aplicar a muchos de sus intereses habituales.

El armario de la ropa blanca

Guarde las sábanas junto con los almohadones que hagan juego, y las toallas de baño junto a las toallas de mano, en los armarios de la ropa blanca, en lugar de, por ejemplo, poner todas las sábanas en un sitio y todos los almohadones en otro.

EL CUARTO DE BAÑO

Después de la cocina, es la habitación más usada de la casa, y debería ser funcional y agradable. Observe todo el espacio desperdiciado, en las paredes, encima del lavabo o de la bañera y bajo el sumidero. Puede hacer instalar estanterías en muchos de esos lugares, y añadir ganchos y barras para las toallas detrás de las puertas. Utilice el espacio vacío que queda por encima de la bañera para colocar estanterías y armarios pequeños. Considere la idea de instalar cajones divisorios, o bandejas planas para los objetos de maquillaje y las joyas. Cuelgue cosas de las peras de la ducha cuando lo necesite. Si le falta espacio en los armarios, pero dispone de espacio en el cuarto de baño, utilice una pequeña mesa o armario para guardar objetos de aseo personal y otros suministros.

La habitación del niño

Sitúe el espacio de almacenaje en consonancia con la estatura del niño, con estanterías que se adapten al crecimiento y a las necesidades cambiantes. Guarde los juguetes por categorías. Los niños suelen coleccionar muchas cosas; ofrézcales colgadores y estanterías que les permitan mostrar sus colecciones. Ponga ruedas en las cajas donde guarden los juguetes, de modo que los pequeños puedan tirar de ellas para arrastrarlas con rapidez. Considere la idea de instalar una pequeña hamaca para sostener las muñecas y los animales de felpa. Utilice altillos para guardar los suministros para el colegio o la pintura. Los tableros de anuncios y las cestas de brillantes colores ayudan a tener las cosas ordenadas. Por cuestiones de seguridad, no guarde los juguetes en estanterías que su hijo pequeño pueda ver pero a las que no logre llegar. Eso es una invitación a escalar para tratar de alcanzar el juguete favorito.

El despacho en casa

Si dispone de espacio suficiente, considere la idea de convertir un gran armario en un minidespacho. Instale un tablero en un rincón, a modo de mesa, suspendiendo un gran trozo de madera o una puerta sobre cajas modulares o cajones sueltos. Instale estanterías a lo largo de toda una pared, donde puede dejar toda clase de objetos. Organice su sistema de archivo en casa para documentos personales y familiares. Etiquételo todo tal y como haría en el despacho o en el lugar de trabajo, dependiendo de la utilidad del sistema. Considere las siguientes categorías:

- Categorías generales: garantías de instrumentos del hogar, reparaciones, suministradores, seguros, viajes fuera de la ciudad, listas de cumpleaños, facturas relacionadas con la casa, el coche, los impuestos, toda clase de recibos, de ropa, de inversiones, médicos, folletos, regalos y misceláneas.

- Correspondencia para conservar, de negocios y personal: debe archivarla según sus propias necesidades personales. La autora Dorothy M. Johnson comenta que en la carpeta «Regalos» anota los regalos de cumpleaños y de Navidad que ha entregado y recibido, evitando así la habitual discusión familiar que se produce un año más tarde. Listas de personas con las que intercambia objetos de coleccionismo. Al lado de cada nombre, anote todo lo que haya intercambiado, para evitar enviar duplicados y perder minutos tratando de recordar qué hizo la última vez.

- Carpetas individuales para los niños; las fotografías familiares, la información sobre organizaciones comunitarias o fraternales, etcétera, deben guardarse aparte, en otras carpetas. Puede crearse un sistema sencillo o imaginativo, pero hágalo. Evite, sin embargo, las cosas demasiado complejas que exijen más tiempo para averiguar algo que los minutos que pueda ahorrar utilizándolas.

GUARDAR LOS DOCUMENTOS FAMILIARES AHORRA TIEMPO Y DINERO

Guardar los documentos familiares no sólo le permitirá ahorrar tiempo, sino que incluso puede hacerle ganar dinero y obtener otra clase de beneficios que de otro modo se perderían o se pasarían por alto. Los bancos estadounidenses, por ejemplo, disponen de millones de dólares en depósitos que no son reclamados por sus depositarios porque éstos han perdido u olvidado las cuentas.

Según las leyes de la propiedad abandonada, las pólizas que no se reclaman, las cuentas y otros objetos de valor se devuelven al Estado tras un período mínimo. Es posible que su familia hubiera podido recuperar una propiedad a la que tuviera derecho si hubiese mantenido en orden los papeles. Un registro por separado de hechos y cifras esenciales permite acelerar y facilita las reclamaciones.

• Si conserva datos en una caja de seguridad de un banco, hágase fotocopias con identificación de números y fechas de emisión de los documentos. Eso facilita la búsqueda en caso necesario. Si necesita reunir datos sobre la seguridad social o cualquier otro sobre salud, pensión, beneficios de compensación, etcétera, disponer de esos números puede ahorrarle horas, a menudo sin necesidad de recurrir al original.

• Las licencias, documentos borradores, acuerdos de hipotecas y contratos son valiosos. Si se pierden o se guardan mal, bendecirá el día en que tomó nota de los números y de otros datos y los mantuvo en lugares separados, en alguna caja resistente al fuego.

Consiga la ayuda de su familia

Al establecer carpetas familiares, consiga la ayuda de todos. Anote los números de las llaves del coche, los números de las cuentas bancarias, las fechas del certificado de matrimonio, los números de la seguridad social, los números de serie del servicio militar, las pertenencias a distintas organizaciones, etcétera.

Utilice una lista de comprobación. Cuando encuentre a faltar documentos, escriba pidiendo copias certificadas ante notario, consiga certificados de sustitución o bonos perdidos para seguridades que eche en falta. No tire nada hasta haberlo comprobado con su agente de seguros, banco, abogado, contable o cualquier otra autoridad en la materia. Luego, ya puede desembarazarse de lo innecesario, y pronto.

AHORRAR TIEMPO EN UN TRASLADO

El traslado constituye un verdadero trauma que consume mucho tiempo de las familias. Allied Van Lines, que afirma ser la mayor empresa mundial de traslados de hogar, transporta anualmente las posesiones de miles de familias, y sugiere los siguientes consejos para facilitar y acelerar cualquier traslado:

● *Antes de efectuar el traslado, haga planos del espacio de su nuevo hogar.* Entregue esos planos a las personas encargadas de efectuar el traslado, lo que les ahorrará tiempo y energía a la hora de colocar los muebles más grandes, al final de la jornada. Dibuje una letra en cada caja, indicando en dónde quiere que la dejen.

● *Deje que sean los hombres de la empresa de transportes los que se ocupen de embalarlo todo.* Ellos saben cómo proteger la porcelana, los objetos de hueso y otras cosas frágiles para que no sufran el menor desperfecto. Sólo por el ahorro de tiempo y preocupación vale la pena dejarlo todo en manos de profesionales expertos y pagar lo que vale.

● *Aproveche los contenedores especiales de ropa que los transportistas envían por adelantado.* Usted mismo puede colgar las ropas directamente, pasándolas desde los armarios hasta los guardarropas que le envían, y luego volverlas a colgar en los armarios de la nueva casa. Así, no se produce ningún jaleo, no se pierde nada, ni siquiera el tiempo.

● *Si usted o su familia emprenden la tarea de embalaje, asegúrese de hacer listas de contenidos.* Un sistema fácil consiste en asignar un número a cada caja y luego preparar una lista del contenido correspondiente sobre una hoja de papel. Evite amontonar las cacerolas, sartenes y utensilios de cocina si quiere encontrar algo con rapidez.

26
Más tareas domésticas

A continuación se ofrecen algunos consejos sobre esta actividad vital para ahorrar tiempo.

LA COCINA

La cocina es el corazón de la mayoría de los hogares, y también el lugar en donde se realizan continuamente una serie de tareas que exigen mucho tiempo y que contribuyen en buena medida al bienestar de la familia. Los expertos dicen que una tercera parte de las tareas domésticas se dedica a preparar la comida y a la limpieza. Por lo tanto, si puede usted ahorrar hasta seis o siete horas semanales con métodos nuevos y mejorados, reorganizando la disposición de los utensilios y el equipo, y empleando por completo las numerosas y nuevas ideas que han surgido al respecto, habrá ganado un verdadero premio.

La disponibilidad de alimentos precocinados, que sólo necesitan calentarse en el horno microondas, todavía ha reducido más el tiempo que se pasa en la cocina. Mejorar su instalación mediante una mejor organización, añadir unidades para guardar cosas, disponer de estanterías portátiles fáciles de instalar, mostradores de trabajo adicionales, etcétera, pueden ayudarle hasta ese día, si es que llega, en el que pueda disponer de la «cocina soñada» que, en general, sólo es eso: un sueño.

Empiece por limpiar el mostrador. Aparte todo tipo de utensilios, a menos que se dedique a preparar buñuelos todos los días. Cuelgue las sartenes y los cazos, que ofrecen una excelente decoración. Deje de guardar esas bolsas que piensa utilizar algún día, y que suele colocar entre la nevera y el horno; no hacen sino atraer bichos y más bolsas de plástico. A menos que pretenda archivar y utilizar recetas, no las cuelgue de ninguna parte.

Organizar la cocina

Sea cual fuere el tamaño de su cocina, asegúrese de que el equipo más importante está cerca, sobre todo el fregadero y el horno, entre los que se hacen los desplazamientos más frecuentes. Debe permitir que haya espacio suficiente para trabajar con eficacia, sin amontonar las cosas, pero no tanto como para efectuar desplazamientos continuos de un lado a otro.

• *Alturas de trabajo:* todas las alturas de las superficies de trabajo deberían ser cómodas para realizar las tareas en la zona. Debería estar sentada o de pie, pero en una posición relajada, trabajando sin necesidad de levantar o inclinar las manos por encima de la altura del codo. Los fregaderos de la cocina, por ejemplo, suelen estar situados a una altura demasiado baja para que sea cómoda. Como quiera que es difícil cambiarlos, intente ajustar la altura de la silla, de tal modo que la relación del codo con la altura de trabajo permanezca constante, ya esté usted de pie o sentada.

● *Trabajar sentada o de pie:* puede estar sentada cuando limpia, prepara cosas, etcétera, siempre y cuando tenga a mano todo lo que necesite. Permanecer de pie exige un 14 por ciento más de energía. Aunque tenga la sensación de hacer las cosas más deprisa estando de pie, el permanecer sentada le permite alcanzar una mayor eficiencia durante períodos prolongados. Siéntese con la espalda recta y los pies bien apoyados en el suelo, de modo que la parte superior de su cuerpo forme una línea recta. Inclínese hacia adelante a partir de las caderas, no de la cintura.

● *Preparar las superficies de trabajo:* el mostrador de trabajo no debe ser tan amplio como para que tenga que estirarse para llegar hasta el fondo. Prepare las superficies de trabajo de tal modo que pueda llegar a poco más de medio metro desde cada codo, en todas direcciones. En muchos casos, un mostrador portátil, una tabla o una mesa le permiten acercarse el trabajo, lo que le facilitará el ahorro de tiempo y de energía. Elimine de los mostradores de la cocina todo aquello que no vaya a utilizar con frecuencia. Resulta más fácil limpiar cuando se tienen pocas cosas sobre los mostradores, que invariablemente se ensucian.

● *«¿Dónde utilizo con más frecuencia este artículo?»:* guarde las cosas lo más cerca posible del lugar donde tenga que utilizarlas habitualmente. Tire o regale aquellos artilugios de uso único que haya acumulado y que no utilice. Lo más probable es que, con un poco de inspiración y de búsqueda, pueda llenar una caja entera.

• *Mesas y bandejas portátiles:* le permiten disponer de superficie de trabajo extra, y son útiles para reunir y transportar platos, alimentos, suministros de limpieza y otros artículos.

Almacenamiento y preparación

Ahorrar tiempo en el almacenamiento y la preparación de la comida exige disponer del equipo adecuado y establecer un sistema. A continuación se dan algunas ideas en este sentido:

• *Suministros que llegan:* asegúrese de poder guardar con eficiencia los nuevos suministros, con un mínimo de manipulación. Las estanterías de doce centímetros de profundidad son adecuadas para guardar casi todos los artículos adquiridos en el supermercado. Coloque los artículos uno al lado de los otros, eliminando así la necesidad de desplazarlos cuando busque algo.

A algunas personas les gustan el color y la conveniencia de los alimentos enlatados o embalados y dejados en estanterías abiertas. Otras consideran este sistema como una forma de atraer polvo. Pregúntese qué es lo que prefiere: ¿emplear tiempo en abrir y cerrar puertas o quitar el polvo de vez en cuando? ¿Prefiere guardarlos en lugares cerrados? Considere la idea de instalar puertas deslizantes de metal o de cristal, o de las que se pliegan en forma de acordeón.

• *Nevera cerca de la puerta:* si es posible, sitúe la nevera cerca de la puerta de salida. Disponga cerca de ella de una superficie para descargar los artículos, donde puede dejar las cosas mientras las saca de las bolsas y las va guardando.

● *Estanterías colocadas en diversos lugares libres*: los cuencos ocupan espacio; las tazas necesitan poco. Son pocos los hogares que disponen de estanterías adecuadas, pero los que se dedican a reorganizar cocinas suelen empezar por instalar estanterías ajustables. Coloque ganchos debajo de las estanterías para colgar tazas. Utilice rejillas para colocar los platos verticalmente, y deslizadores. Busque, sobre todo, aquello que sea práctico, en lugar de uniformidad.

● *Artículos necesarios para la mesa*: condimentos, servilletas, cereales para el desayuno, cubiertos extra, etcétera, todo ello debería estar al alcance de la mano, en estanterías colocadas cerca de la mesa del comedor, para eliminar viajes a la cocina mientras se está comiendo.

● *Estanterías circulares*: permiten aprovechar un espacio que de otro modo se perdería, ya que pueden girar sobre sí mismas alrededor de un eje vertical. Le permiten llegar hasta utensilios grandes, como cuencos de ensalada, haciendo girar la plataforma, en lugar de tener que buscar al fondo. También resulta práctica una serie de divisiones verticales en una estantería, para guardar fuentes grandes y bandejas, de las que puede tirar para sacarlas, en lugar de hacerlo por encima de otros objetos.

● *Estanterías más accesibles*: guarde todo lo que use habitualmente en estanterías abiertas y ajustables, dispuestas entre la cocina y la zona del comedor.

● *Bandejas deslizantes*: éstas, situadas en cajones grandes, le permiten acceder con gran facilidad incluso a los artículos más pequeños.

● *Movimientos innecesarios:* guarde los cuchillos en rejillas colgadas de la pared, y las sartenes suspendidas sobre el horno. El empleo de estas estrategias le permitirá evitar tener que agacharse y realizar otros movimientos innecesarios. Eso también anima a mantener limpios esos objetos.

Un centro de mezcla

Esto es esencial en cualquier cocina donde quiera ahorrar tiempo. Mantenga al alcance de la mano los utensilios utilizados con frecuencia. Las estanterías con divisiones verticales colocadas sobre el centro de mezcla le permitirán guardar verticalmente objetos como latas y bandejas para pasteles. Si las divisiones son ajustables, podrá seleccionar los objetos con facilidad, sin necesidad de revisar los montones. Guarde juntos el equipo para cocer y los utensilios que necesite para ello. Los contenedores verticales para el azúcar y la harina significan que los ingredientes más antiguos, los que están en el fondo, serán los primeros en utilizarse, conservando así la porción más reciente. Deje en cada contenedor cucharas medidoras.

El fregadero y la preparación de la comida

● Las sartenes y los utensilios usados para preparar la comida con agua deberían dejarse al alcance del fregadero.

● El armario existente bajo el fregadero puede contener trapos de cocina que permitan un fácil acceso.

● Guarde en los lugares más alejados posible las sartenes que sólo use en raras ocasiones.

• En algunos hogares se dispone de un sistema de eliminación de basuras. Si no lo tiene, instale un cubo especial bajo el fregadero para colocar en él una bolsa de basura de la que pueda desprenderse con rapidez.

• Los preparados de verduras y frutas deben realizarse alrededor del fregadero. Las verduras que no necesitan refrigeración deberían guardarse siempre cerca del fregadero.

Cocinar y servir

En el lugar donde cocine debe disponer de estanterías con todos los artículos que necesite, con un pequeño armario adjunto para los utensilios y los platos. Guarde los asadores, las cacerolas y otros utensilios cerca del horno. Utilice divisores ajustables, fáciles de limpiar, para mantenerlos verticalmente. Una rejilla con tapa le evitará tener que revolverlo todo para encontrar algo. Guarde los cereales en contenedores cercanos al horno, lo que ayuda a mantenerlos frescos porque los contenedores suelen estar algo calientes.

Microondas

En palabras de Toshiba, su microondas puede ser «su pasaporte hacia una experiencia de cocina versátil e innovadora». También le permitirá ahorrar mucho tiempo. Cada vez aumenta más la cantidad de alimentos que pueden prepararse con sencillez y facilidad en el microondas. Ahora, muchos alimentos se fabrican específicamente para este instrumento, embalados en bandejas de servicio individuales o dobles que sirven incluso para ahorrarse mayores preparativos, ya que sólo hay que calentarlos y servirlos, ahorrándose así tiempo de limpieza y esfuerzo.

Fregar platos

No importa cuál sea el tamaño de la cocina, disponer de un lavavajillas puede ahorrarle mucho tiempo y asegurarle una limpieza inmaculada. Tenga también en cuenta la amplia variedad de productos de papel reciclado, aceptables desde el punto de vista medioambiental, que eliminan la necesidad de fregar los platos.

Preparación de la mesa

Las amas de casa muy ocupadas, que disponen de poco tiempo, saben muy bien que cada minuto ahorrado antes de servir la comida se multiplica por dos después. He aquí algunos consejos para ayudarle a emplear esta estrategia:

● *Para poner o limpiar una mesa utilice siempre una bandeja o carrito.* Asegúrese de que no se utiliza para ninguna otra cosa ya que, en tal caso, se perdería el ahorro de tiempo. Guarde la porcelana utilizada con más frecuencia en la bandeja inferior o en las estanterías de la cocina. Los posaplatos de plástico, que se ponen y quitan con facilidad, eliminan la necesidad de lavar manteles.

● *Al poner la mesa, manténgase cerca de ella.* Eso le permite colocar la mayoría de las cosas sin necesidad de desplazarse alrededor de la mesa de forma indebida. Un solo desplazamiento alrededor para colocar los vasos y las servilletas que lleva en la bandeja o el carrito será más que suficiente. Utilice un carrito con dispositivo calientaplatos. De ese modo puede llevar a la mesa una comida completa en un solo instante, con los platos transportados en la parte inferior del carrito.

AHORRE TIEMPO EN LA LIMPIEZA

Ninguna otra actividad doméstica ofrece mayores posibilidades de ahorrar tiempo que la limpieza. Se ha calculado que una familia media se pasa hasta diecisiete horas semanales pasando el aspirador, manteniendo inmaculados los espejos y las ventanas, quitando el polvo a los muebles, sacando brillo a los suelos y realizando otra clase de tareas de limpieza del hogar. Sin embargo, mucha gente que dispone de las últimas maravillas del hogar pierde tiempo y se desplaza en exceso al no saber utilizarlas con eficacia. Tanto en el hogar como en la industria, la esencia de la eficacia consiste en situar los instrumentos que se utilizan en lugares accesibles; tener que hacer cada movimiento para buscarlos no es más que una doble tarea. La universidad Rutgers investigó a trescientas amas de casa con la intención de simplificar las tareas domésticas, y pudieron introducir, por término medio, un ahorro del 41 por ciento de tiempo, y del 56 por ciento de desplazamiento en la limpieza del hogar.

Aprender a limpiar la casa de la forma más fácil no significa adoptar una actitud perezosa; significa estar utilizando las mismas técnicas y métodos de los que se ha hablado en este libro para el mundo de los negocios. Los siguientes son algunos ejemplos de este principio:

• *Procedimiento básico.* lea de nuevo los libros de instrucciones de todos los aparatos que posea, o llame por teléfono a los fabricantes para que le indiquen locales donde se hagan demostraciones de su uso. Las principales firmas indican que son pocas las personas que aprovechan este servicio, que puede resultar muy útil.

• *Suministros:* siga el sistema más efectivo, empleado por los hoteles. Agrupe siempre los utensilios de limpieza en una cesta o carrito, y tenga artículos de limpieza en cada cuarto de baño y en la cocina.

• *Use un delantal grande con varios bolsillos amplios:* los delantales de carpintería y jardinería son buenos. Mientras efectúa los trabajos de limpieza, recoja los objetos mal colocados y «archívelos» de momento en los bolsillos del delantal. Al llegar al lugar designado para ellos, busque en el bolsillo y deje el objeto en su sitio. Eso elimina muchos pasos, así como la necesidad de crear montones para su posterior distribución.

Consejo: ganará mucho más tiempo si acostumbra a los miembros de la familia a dejar las cosas en su sitio, tal y como se ha sugerido antes.

VENTANAS

La universidad de California en Los Ángeles, investigó ampliamente los métodos para limpiar una ventana convencional y luego emitió un informe al respecto.

Utilizando un cubo doble, o dos cubos juntos, uno con agua caliente y jabón, y el otro con agua de aclarado y trapos para limpiar, secar y sacar brillo, se necesitaban 3,52 minutos por ventana. Utilizando agua clara y periódicos para secar sólo se necesitaban 2,3 minutos. Con el uso de cera para cristales y un trapo se empleaban 3,45 minutos. Con un preparado patentado en espray y trapos para sacar brillo se tardaban 3,5 minutos. El uso de amoniaco y una esponja salió favorecido como el método que menos tiempo y energía consumía.

Otra idea: ponerse unos viejos guantes de algodón le permite limpiar y secar los rincones más fácilmente con las yemas de los dedos, pero primero apliquese sobre los dedos una loción para manos.

EL ASPIRADOR

Casi todo hogar dispone de uno, pero en muchos de ellos no se aprovechan las ventajas y el ahorro de tiempo que permite su utilización. O bien no usan adecuadamente el aspirador, o no utilizan todos sus accesorios.

● *Use un cepillo de polvo* para la madera, las paredes, los muebles, las pantallas de las lámparas, los cuadros y hasta las lámparas. Eso elimina tener que inclinarse, e impide que el polvo vuelva a circular y se introduzca en grietas ocultas.

● *No lleve los ceniceros de un lado a otro.* Utilice para ello un ligero toque del aspirador.

● *Elimine el polvo en los lugares altos.* Con las extensiones del aspirador, puede quitar el polvo regularmente de la parte alta de ventanas, puertas y marcos de los cuadros, sin necesidad de ponerse de puntillas o pasar un cepillo.

● *No levante cajones pesados para aspirarlos.* Primero, vacíe su contenido. Luego, una sencilla pasada con el aspirador limpia el polvo. Inclinarse y levantarse exige tiempo y esfuerzo. Los accesorios para los rincones funcionan bien para quitar el polvo y los restos que hayan quedado en el interior del horno y en otros lugares de difícil acceso.

PLATA

Saque brillo a las joyas cuando limpie la cubertería de plata. Para una limpieza más frecuente, utilice un trapo químicamente procesado. Frote la plata para sacarle brillo con franelas suaves, una en cada mano para aumentar la velocidad. El uso de un viejo cepillo de dientes le permitirá llegar a todas partes.

- *Considere la cubertería de acero inoxidable, en lugar de la de plata.* El acero inoxidable no requiere sacarle brillo o limpiarlo de ninguna forma especial. Los utensilios de alpaca sirven para el mismo propósito.
- También puede *colocar la cubertería de plata en una cubeta de agua caliente* con una solución de vinagre (dos cucharaditas por casi cada dos litros de agua), para eliminar el deslustrado. Sin embargo, no hierva los cuchillos, porque a menudo hay pegamento en los mangos.

HACER LAS CAMAS

Hay muy buenas sugerencias para hacer las camas. Las sábanas con esquinas ajustables pueden ahorrarle la mitad de tiempo y no cuestan más que las otras de calidad comparable.

● Cosa etiquetas de colores en una esquina de la sábana para saber de un solo vistazo si son individuales o dobles. Guarde juntos los mismos juegos de sábanas y de almohadones, en lugar de hacerlo en montones diferentes, para ahorrar tiempo buscando los que hacen juego.

● Al hacer la cama, tome primero la parte izquierda de la sábana y extiéndala sobre la cama, desde el fondo hacia la almohada, para luego ajustarla por debajo del colchón, primero en la parte inferior y luego en la superior, siguiendo el orden adecuado. Haga lo mismo con la parte inferior derecha, asegurándose de que todo está bien liso. Finalmente, termine en la parte superior derecha.

● Si no dispone de sábanas con esquinas ajustables, coloque las esquinas por debajo del colchón, tal y como hacen en los hospitales, tensando la sábana con suavidad. Considere la idea de una cama dotada de ruedas, que es fácil de arrastrar y empujar sin necesidad de levantarla.

● Elimine los cubrecamas. Con la amplia variedad de sábanas de colores de las que se dispone ahora, las camas parecen muy bien vestidas sin necesidad de cubrecamas.

Conclusión:
utilice el tiempo que gane

Imagínese la escena: un grupo de apresurados hombres de negocios se abalanza hacia una ventanilla sobre la que un cartel dice: «El tiempo es nuestro». «¿Puedo ahorrarme un minuto?», pregunta uno. «Déme un par de horas», pide un segundo. «¿Puedo disponer hasta mañana por la mañana?», pregunta un tercero.

El tiempo que andan buscando puede que no esté tan disponible como un juguete que padres e hijos pueden adquirir en cualquier juguetería, pero la deseabilidad de conseguirlo es la misma, o incluso mayor.

Confío en que estas páginas le ayuden a conseguir alguno de esos preciosos minutos que, acumulados, pueden convertirse en una hora o más al día, ofreciéndole mis propios consejos que usted mismo puede adaptar y emplear, no como un niño con un juguete nuevo, sino más bien en forma de una o dos técnicas que puede utilizar durante toda su vida.

En esta obra no he perseguido el objetivo de

intentar esbozar todas las cosas que puede hacer con el tiempo que gane de este modo. Será suficiente con decir que el simple hecho de que haya usted comprado o pedido prestado este libro, y lo haya leído hasta el final, demuestra ampliamente su deseo de conseguir esa hora extra al día, porque tiene muchas cosas que desearía hacer «si sólo dispusiera de tiempo».

Incluyo a continuación algunas sugerencias para animarle a continuar.

Trate de hacer una lista de todas aquellas cosas que le gustaría hacer, y que ha deseado hacer durante mucho tiempo: a dónde le gustaría viajar, y cómo; qué le gustaría leer; qué distracción preferiría cultivar; qué actividades útiles podría emprender. A continuación, anote el tiempo que le gustaría dedicar a esas actividades, y a partir de ahí empiece a crear su propio «banco de tiempo» de una hora, un día, una semana, un mes o más.

En *El uso del tiempo*, Godfrey M. Lebhar explica: «Si confeccionara usted una lista completa de las cosas que le gustaría hacer, descubriría que puede disfrutar de muchas de ellas ahora mismo, con el tiempo ahorrado en esta misma semana, a la semana que viene y en los meses que tiene por delante. Cuanto más completa y detallada sea la lista, tantas más horas ganará, tantas más cosas descubrirá que puede hacer ahora mismo porque dispone del tiempo».

Evidentemente, no podrá conseguir tanto en las horas así ganadas como podría si todo el tiempo de que dispusiera fuera completamente suyo. Pero no es ésa la cuestión. Aquí se trata de ver qué podemos hacer hoy y mañana con las horas ganadas y que esté dentro de su alcance.

Esta obra, publicada por
EDICIONES GRIJALBO, S.A.,
se terminó de imprimir en los talleres
de Libergraf, S.A., de Barcelona,
el día 21 de junio
de 1993

Algunos tendrán la impresión de ser demasiado jóvenes para empezar, pensando que tienen toda la vida por delante; a otros les parecerá que ya son demasiado mayores para cambiar. Pero nunca es demasiado tarde para empezar a ganar tiempo. Nunca será demasiado tarde para comenzar a emplear su tiempo de una forma más sabia, siempre y cuando disponga de ese tiempo; de hecho, cuanto menos tiempo se imagine que le queda, tanto más podrá aprovecharlo, relativamente hablando, siempre y cuando lo utilice cuidadosamente. Y, a la inversa, si cree ser demasiado joven, debería parecerle aún más importante gestionar su tiempo, pues entonces obtendría de él lo máximo y durante la mayor parte de sus años de vida.

¡Mis buenos deseos para todos ustedes!